U0516538

中國古代地理總志叢刊

太平寰宇記 九

〔宋〕樂 史 撰
王文楚等 點校

中華書局

目　録

例言···　1

筆畫與四角號碼對照表·····································　3

四角號碼檢字法··· 23

《太平寰宇記》索引··　1

例　言

　　一、本索引收録《太平寰宇記》及《太平寰宇記闕卷逸文》（簡稱"闕逸"）所載各府州縣地名及文物遺存條目，羈縻州下僅存其名的各縣，亦予收録。同一頁面名目相同的條目，只收録一次。

　　二、《太平寰宇記·四夷》部分，以及各府州縣下所載部族、物産、民俗等條目，不在本索引收録范圍之内。

　　三、《太平寰宇記》地名條目下説明該地"舊名"、"一名"、"亦名"、"本名"、"俗名"等，一律編入索引。

　　四、除州城、縣理外，其他同名異地，不作區分，讀者使用時當自鑒別之。

　　五、爲便於檢索，特將歷史沿革中産生的古、故、廢等字後移，以括號表示，例如：

　　　　第二册卷三七第789頁"古長城"，改作"長城（古）"；

　　　　第五册卷一〇六第2116頁"故吳真人宅"，改作"吳真人宅（故）"；

　　　　第一册卷一第14頁"廢苑陵縣城"，改作"苑陵縣城（廢）"；

　　六、條目下的數字，前者爲册數，中間爲卷數，後者爲頁碼。例如：

　　　　鞏縣

1/5/67

表示"鞏縣"見本書第一册卷五第67頁。

　　　辰溪

　　8/闕逸/3866

表示"辰溪"見第八册《太平寰宇記闕卷逸文》第3866頁。

　　七、對原書中的異體字,本索引不作歸併,一仍其舊。

　　八、原書中若干缺損條目,按所缺字數以□表示,附于索引之後,以備查核。

　　九、本索引按首字四角號碼順序排列,前附"筆畫與四角號碼對照表",以便不同方法檢索。

筆畫與四角號碼對照表

本對照表爲便利習慣使用筆畫筆順檢字法的讀者使用。表中的第一字依筆畫順序排列,同筆畫的,再依一 丨 丿 、 乙排列,每字後注明四角號碼,使用者可憑此以檢索索引字頭。

一畫

一 1000_0
乙 1771_0

二畫

一起

二 1010_0
十 4000_0
丁 1020_0
七 4071_0

丨起

卜 2300_0

丿起

八 8000_0
人 8000_0
几 7721_0
九 4001_7

乙起

刁 1712_0
刀 1722_0

三畫

一起

三 1010_1
干 1040_0
于 1040_0
土 4010_0
士 4010_0
下 1023_0
大 4003_0
弋 4300_0

丨起

上 2110_0
小 9000_0
山 2277_0
巾 4022_7

丿起

千 2040_0
乞 8071_7
夕 2720_0
久 2780_0
凡 7721_0

、起

亡 0071_0
之 3030_7

乙起

尸 7727_0
已 1771_7
弓 1720_7
子 1740_7
女 4040_0

四畫

一一

王 1010_4
井 5500_0
天 1043_0
夫 5003_0
元 1021_1

一丨

木 4090_0
五 1010_7
支 4040_7

一丿

不 1090_0
犬 4303_0
太 4003_0
尤 4301_0
厄 7121_2

一乙

巨 7171_7
牙 7124_0
屯 5071_7
比 2171_0

互 1010₇	介 8022₀	巴 7771₇	右 4060₀	斥 7223₁
切 4772₀	父 8040₀	孔 1241₀	布 4022₇	瓜 7223₀
瓦 1071₇	分 8022₇	丏 1077₂	一丶	丿丶
	一	公 8073₂		乙丶	平 1040₉	令 8030₇
止 2110₀	丿乙	允 2321₀		一	丿乙
	丿	月 7722₀		北 1111₀	印 7772₀
少 9020₀	欠 2780₂	**五畫**		乙	氏 7274₀
	乙	丹 7744₀		且 7710₀	句 2762₀
日 6010₀	勾 2772₀	一一	目 6010₁	外 2320₀
中 5000₆	丶一	玉 1010₃	申 5000₆	包 2771₂
内 4022₇	卞 0023₀	未 5090₀	甲 6050₀	丶一
水 1223₀	六 0080₀	末 5090₀	田 6040₀	主 0010₄
丿一	文 0040₀	邢 1742₇	由 5060₀	市 0022₇
午 8040₀	亢 0021₇	邨 1722₇	叱 6401₀	立 0010₈
牛 2500₀	方 0022₇	一		冉 5044₇	邝 0772₇
毛 2071₄	丶丿	打 5102₀	四 6021₀	玄 0073₂
壬 2010₄	火 9080₀	正 1010₁	丿一	丶丿
升 2440₀	丶丶	邛 1712₇	生 2510₀	半 9050₀
丿		斗 3400₀	功 1412₇	禾 2090₄	丶丶
仁 2121₀	丶乙	甘 4477₀	丿		汀 3112₀
什 2420₀	心 3300₀	艾 4440₀	丘 7210₁	氾 3711₂
化 2421₀	乙一	古 4060₀	代 2324₀	穴 3080₂
仇 2421₇	尹 1750₇	可 1062₀	仙 2227₀	丶乙
丿丿	引 1220₀	丙 1022₇	白 2600₀	永 3023₂
反 7124₇	弔 1752₇	一丿	他 2421₂	乙一
丿丶	乙		左 4001₁	丿丿	司 1762₀
		石 1060₀		

尼 77211	共 44801	同 77220	丿、	池 34112
弘 12230	勾 44327	吃 68017	全 80104	汝 34140
乙丿	芒 44710	回 60600	合 80601	汉 37140
奴 47440	芝 44307	丿一	邠 87227	守 30342
召 17602	西 10600	朱 25900	丿乙	宅 30714
加 46000	一丿	先 24211	危 27212	安 30404
皮 40247	百 10600	竹 88220	旭 46010	、乙
乙、	存 40247	丿丨	名 27600	祁 37227
台 23600	匠 71712	休 24290	多 27207	乙一
乙乙	夸 40207	伍 21217	色 27717	那 17527
幼 24727	灰 40089	伎 24247	、一	乙丨
六畫	成 53200	伏 23234	冰 32130	阮 71211
一一	列 12200	臼 77770	交 00408	阪 71247
匡 71711	死 10212	延 12401	充 00213	防 70227
耒 50900	成 53200	仲 25206	、丿	丞 17103
邦 57027	一乙	仵 28240	羊 80501	乙丿
邢 17427	夷 50032	任 22214	并 80441	如 46400
戎 53400	至 10104	仰 27220	米 90904	好 47447
一丨	丨丿	自 26000	州 32000	乙、
吉 40601	尖 90430	伊 27257	、、	羽 17120
考 44207	丨、	血 27100	汗 31140	牟 23500
老 44711	光 90211	向 27220	江 31110	**七畫**
地 44112	丨乙	丿丿	汸 37120	一一
耳 10400	早 60400	后 72261	汎 37110	弄 10441
芋 44401	吐 64010	行 21221	汲 37147	一丨
	曲 55600	舟 27440	汜 37117	

5

扶 55030	更 10506	丿一	丶一	決 35130
走 40801	束 50906	利 22900	言 00601	忻 92021
赤 40331	吾 10601	禿 20217	床 00294	快 95030
圻 42121	豆 10108	秀 20227	冷 38137	宋 30904
折 52021	邶 17227	私 22930	序 00222	牢 30502
孝 44407	一丿	每 80507	冶 33160	丶乙
均 47120	辰 71232	丿丨	丶丿	良 30732
投 57047	夾 40038	何 21220	羌 80211	社 34210
坑 40117	丨一	作 28211	丶丶	祀 37217
抗 50017	步 21201	伯 26200	汧 31140	邲 37027
坊 40127	丨乙	低 22240	沅 31111	乙一
志 40331	旱 60401	位 20218	沐 34190	君 17607
芙 44530	貝 60800	皂 26714	沛 35127	即 77720
邯 47727	吳 60430	佛 25227	沔 31127	乙丨
芮 44227	見 60210	丿丶	汰 34130	阿 71220
花 44214	里 60104	余 80904	沚 31110	壯 24210
芹 44221	虬 52110	谷 80608	沙 39120	附 74200
芳 44227	困 60904	孚 20407	汭 34127	陂 74247
芭 44717	呂 60600	含 80607	沃 32134	乙丿
杜 44910	別 62400	丿乙	沂 32121	妒 43477
杏 40609	吹 67082	邸 77727	汾 38127	邵 17627
杉 42922	叫 64000	狂 41214	沛 35127	乙丶
巫 10108	吳 26430	狄 49280	汴 30130	甬 17227
李 40407	岐 24747	角 27227	汶 30140	八畫
車 50006	邮 57427	删 72400	沈 34112	——
甫 53227	岑 22207	迎 37302	沁 33100	

奉	5050_3	苧	4420_1	郁	4722_7	昉	6002_7	依	2023_2
武	1314_0	直	4010_7	剙	4220_0	典	5580_1	卑	2640_0
青	5022_7	苔	4460_2	奔	4044_4	固	6060_4	很	2723_2
孟	1010_7	茄	4446_0	奇	4062_1	忠	5033_6	卓	2740_7
一丨		茅	4422_2	奄	4071_6	呼	6204_9	丿丿	
長	7173_2	枉	4191_4	廊	5722_7	咄	6207_2	欣	7728_2
邦	4712_7	林	4499_0	一乙		岢	2262_1	邱	7722_7
拓	5106_0	枝	4494_7	妻	5040_4	帖	4126_0	征	2121_1
拔	5304_7	杯	4199_0	郅	1712_7	岵	2871_1	徂	2721_0
拍	5600_0	柜	4191_7	丨一		峄	2221_1	郇	2742_7
抱	5701_2	枚	4894_0	叔	2794_0	岣	2772_0	丿、	
拂	5502_7	析	4292_1	卓	2140_6	峒	2772_0	舍	8060_4
招	5706_2	板	4194_7	虎	2121_7	岷	2774_7	金	8010_9
披	5404_7	來	4090_8	丨、		岡	7722_0	部	8762_7
亞	1010_7	粉	4892_7	尚	9022_7	丿一		斧	8022_1
其	4480_1	松	4893_2	丨乙		邾	2792_7	采	2090_4
取	1714_0	杭	4091_7	盰	6104_0	垂	2010_4	受	2040_7
苦	4460_4	枋	4092_7	具	7780_1	和	2690_0	乳	2241_0
昔	4460_1	述	3330_9	味	6509_0	季	2040_7	忿	8033_2
若	4460_4	杼	4792_2	果	6090_4	委	2040_4	丿乙	
茂	4425_3	東	5090_6	昆	6071_1	丿丨		朋	7722_0
英	4453_0	臥	7370_0	門	7777_7	岳	7277_2	肥	7721_7
苻	4224_0	兩	1022_7	昌	6060_0	使	2520_6	服	7724_7
苑	4421_2	雨	1022_7	昇	6044_0	兒	7721_7	周	7722_0
苞	4471_2	協	4402_7	明	6702_0	岱	2337_2	郈	2762_7
范	4411_2	一丿		易	6022_7	佩	2721_0	狐	4223_0

狗 47220	泡 38112	宓 30332	**九畫**	茶 44904
、一	泊 36100	、乙		荀 44627
京 00906	孤 32130	郎 37727	一一	茗 44607
夜 00247	泠 38137	戾 30234	契 57430	荒 44211
府 00240	泒 32140	房 30227	奏 50430	茫 44110
底 00242	泃 37120	祈 32221	春 50603	故 48640
郊 07427	泡 37112	役 37247	珍 18122	胡 47620
効 04427	注 30114	乙一	珊 17140	茹 44460
宄 00213	泫 30132	建 15400	珉 17147	荔 44442
庚 00237	泮 39150	居 77264	毒 50507	南 40227
放 08240	沱 33111	屈 77272	一丨	枯 44960
於 08233	泌 33100	弦 10232	挂 54014	柯 41920
育 00227	泥 37111	乙丨	封 44100	柘 41960
、丿	沸 35127	承 17232	垣 41116	相 46900
卷 90712	泓 32130	孟 17107	城 43150	柤 47910
炎 90809	波 34147	陋 71212	挺 52041	查 40106
、、	治 33160	陌 71260	括 52064	柏 46900
沫 35190	性 95010	孤 12430	郝 47327	柳 47920
法 34131	宗 30901	降 77254	垓 40182	枹 47912
沾 34160	定 30801	函 10772	垤 43114	柱 40914
沭 33194	宕 30601	乙丿	甚 44711	勃 44427
河 31120	宜 30107	姑 44460	荆 42400	軌 54017
沾 31160	官 30777	姐 46410	茬 44214	部 17627
沮 37110	空 30101	始 43460	草 44406	要 10404
油 35160	穹 30207	弩 47207	莒 44606	一丿
泗 36100	宛 30212	迦 36300	茱 44904	咸 53200

威 5320_0　咽 6600_0　禹 2042_7　庭 0024_1　洵 3712_0

研 1164_0　哆 6702_7　侯 2723_4　帝 0022_7　洛 3716_0

厚 7124_7　峥 2775_7　　丿丿　施 0821_2　洛 3716_4

砂 1962_0　迴 3630_0　律 2520_7　　、丿　洤 3014_8

奎 4010_4　骨 7722_7　很 2723_2　美 8043_0　洋 3815_1

郯 4702_7　幽 2277_0　後 2224_7　羙 8080_7　津 3510_7

　　|一　　丿一　舡 2141_0　姜 8040_4　洳 3610_0

韭 1110_1　拜 2155_0　　丿、　送 3830_3　恒 9101_6

貞 2180_6　看 2060_4　俞 8022_1　迷 3930_9　宣 3010_6

　　|丿　矩 8141_7　逃 3230_1　前 8022_1　宥 3022_7

省 9060_2　柯 2152_0　卻 8762_0　首 8060_1　宫 3060_6

　　|乙　香 2060_9　郤 8762_7　逆 3830_4　突 3043_0

郢 6712_7　秭 2592_7　爰 2044_7　為 3402_7　穿 3024_1

則 6280_0　秋 2998_0　盆 8010_7　　、、　　、乙

禺 6042_7　重 2010_4　　丿乙　洭 3111_1　冠 3721_4

星 6010_4　　丿|　胙 7821_1　洪 3418_1　軍 3750_6

曷 6072_7　段 7744_7　脆 7821_2　洹 3111_6　扁 3022_7

昭 6706_2　便 2124_6　胸 7722_0　洧 3412_7　祐 3426_0

昹 6303_4　修 2822_2　負 2780_6　浒 3414_7　被 3324_7

毗 6101_0　俏 2922_7　風 7721_0　洞 3712_0　祖 3721_0

毘 6071_1　保 2629_4　狠 4723_2　洙 3519_0　神 3520_6

界 6022_8　俄 2325_0　急 2733_7　洗 3411_1　祝 3621_0

虹 5111_0　信 2026_1　　、一　洣 3313_4　祠 3722_0

思 6033_0　皇 2610_4　計 0460_0　派 3213_2　　乙一

咢 6620_7　泉 2623_2　亭 0020_1　洮 3211_3　郡 1762_7

品 6066_0　鬼 2621_3　亮 0021_7　洈 3711_2　退 3730_3

屋 77214	素 50903	栖 41960	逍 39302	笏 88227
乙｜	一｜	栭 41927	｜乙	丿丿
韋 40506	馬 71327	桐 47920	時 64041	倚 24221
眉 77267	振 51032	桃 42913	畢 60504	郳 77227
胥 17227	起 47801	栒 47920	晃 60211	倒 22200
陝 74238	捍 56041	格 47964	晁 60113	條 27294
陘 71211	貢 10806	校 40948	晏 60404	俱 27281
乙丿	袁 40732	索 40903	蚌 55100	候 27234
姚 42413	都 47627	軑 54030	員 60806	倪 27217
飛 12413	盍 40107	連 35300	圃 60227	倫 28227
盈 17107	耿 19180	哥 10621	恩 60330	健 25240
乙、	華 44504	鬲 10227	益 50107	射 24200
柔 17904	莆 44227	栗 10904	唤 67034	皋 26403
乙乙	都 47627	一丿	峽 24738	息 26330
紆 21940	恭 44338	厝 71261	崐 26710	郫 27427
紅 21910	莫 44430	夏 10247	峨 23750	烏 27332
絃 28917	荷 44221	破 14647	峩 22553	師 21727
紀 27917	荻 44289	原 71296	峯 22504	丿丿
	莘 44401	烈 12330	峻 23747	徒 24281
十畫	莎 44129	一乙	剛 72200	徑 21211
	莞 44211	郪 57427	丿一	徐 28294
一一	真 40801	晋 10601	特 24541	殷 27247
泰 50132	莊 44214	｜一	造 34306	般 27447
秦 50904	桂 44914	柴 21904	乘 20901	丿、
珠 15190	郴 47927	虔 21240	秣 25990	殺 47947
班 11114	桓 41916	｜、	笄 88441	釜 80109
敖 58240				

豹 2722$_0$	郯 9782$_7$	涌 3712$_7$	孫 1249$_3$	琅 1313$_2$
奚 2043$_0$	丶丶	浚 3314$_7$	蚩 2213$_6$	一丨
倉 8060$_7$	浙 3212$_1$	悦 9801$_6$	陰 7823$_1$	堵 4416$_0$
翁 8012$_7$	浦 3312$_7$	害 3060$_1$	陶 7722$_0$	掩 5401$_6$
丿乙	涑 3519$_6$	家 3023$_2$	陷 7727$_7$	焉 1032$_7$
胭 7620$_0$	浩 3116$_1$	宵 3022$_7$	乙丿	推 5001$_4$
狼 4323$_2$	涅 3111$_8$	宴 3040$_4$	娥 4345$_0$	逵 3430$_1$
卿 7772$_0$	酒 3116$_0$	宷 3090$_4$	娘 4343$_2$	採 5209$_4$
猖 4727$_2$	涇 3111$_1$	容 3060$_8$	乙丶	教 4844$_0$
逢 3730$_4$	涉 3112$_1$	宰 3040$_1$	通 3730$_2$	掖 5004$_7$
留 7760$_2$	消 3912$_7$	丶乙	能 2121$_1$	接 5004$_4$
智 2760$_1$	涅 3611$_4$	朗 3772$_0$	務 1722$_7$	執 4441$_7$
丶一	涓 3612$_7$	扇 3022$_7$	桑 7790$_4$	掘 5707$_2$
訓 0260$_0$	涔 3212$_7$	被 3424$_7$	乙乙	聊 1712$_0$
高 0022$_7$	浩 3416$_1$	祥 3825$_1$	剝 2210$_0$	菁 4422$_7$
亳 0071$_4$	浰 3210$_0$	冥 3780$_0$	純 2591$_7$	莨 4473$_2$
郭 0742$_7$	海 3815$_7$	冤 3741$_3$	納 2492$_7$	萊 4490$_8$
庫 0025$_6$	浴 3816$_8$	乙一	紐 2791$_5$	黃 4480$_6$
唐 0026$_7$	浮 3214$_7$	書 5060$_1$	邕 2271$_7$	菖 4460$_6$
旂 0821$_4$	浼 3214$_4$	剥 1210$_0$		萆 4440$_6$
旅 0823$_2$	淦 3816$_7$	弱 1712$_7$	**十一畫**	菟 4441$_3$
丶丿	涣 3713$_4$	乙丨	一一一	菊 4492$_7$
粉 9892$_7$	流 3011$_3$	陸 7421$_4$	春 5077$_7$	菩 4460$_1$
益 8010$_7$	浣 3311$_1$	陵 7424$_7$	現 1611$_0$	菏 4412$_1$
朔 8742$_0$	浪 3313$_2$	陳 7529$_6$	理 1611$_4$	萍 4414$_9$
剡 9280$_0$	浸 3714$_7$	詳 2825$_1$	琉 1011$_3$	菅 4477$_7$

11

菀	4421_2	鹵	2160_0	崞	2074_7	敘	8894_0	竟	0021_6
乾	4841_7	處	2124_1	嵁	2774_7	斜	8490_0	商	0022_7
菰	4443_2	丨丿		崇	2290_1	釣	8712_0	旌	0821_4
梵	4421_7	雀	9021_4	崆	2371_1	郵	8722_7	族	0823_4
婪	4440_4	丨、		崌	2776_4	悉	2033_9	旋	0828_1
梗	4194_6	堂	9010_4	崛	2777_2	貪	8080_6	望	0710_4
梧	4196_1	常	9022_7	丿一		貧	8080_6	率	0040_3
梅	4895_7	丨乙		甜	2467_0	脚	7722_0	牽	0005_0
栀	4291_7	敗	6884_0	梨	2290_4	丿乙		、丿	
麥	4020_7	鄹	6732_7	移	2792_7	魚	2733_6	兼	8052_7
梓	4094_1	野	6712_2	動	2412_7	象	2723_2	烽	9785_4
桶	4792_7	婁	5040_4	竿	8821_1	逸	3730_1	、、	
郾	7772_7	晚	6701_6	符	8824_3	猫	4426_0	清	3512_7
曹	5560_6	啄	6103_2	笠	8810_8	猗	4422_1	添	3213_3
副	1260_0	畦	6401_4	第	8822_7	斛	2420_0	渚	3416_0
郫	1712_7	略	6706_4	丿丨		猛	4721_7	凌	3414_7
一丿		圉	6040_1	偃	2121_4	祭	2790_1	淇	3418_1
戚	5320_0	蛇	5311_1	偪	2126_6	、一		淖	3416_4
帶	4422_7	累	6090_3	偶	2622_7	許	0864_0	淅	3212_1
瓠	4223_0	鄂	6722_7	進	3030_1	庱	0024_7	淶	3419_8
奢	4060_4	唱	6606_0	鳥	2732_7	麻	0029_4	涿	3113_2
盛	5310_7	國	6015_3	兜	7721_7	庚	0023_7	渠	3190_4
一、		崖	2221_4	皐	2640_3	康	0023_2	淺	3315_3
雩	1020_7	崑	2271_1	丿丿		庸	0022_7	渦	3712_7
雪	1017_7	崒	2271_4	從	2828_1	鹿	0021_1	況	3711_7
丨一		崔	2221_4	丿、		章	0040_6	淮	3011_4

淖 36140	張 11232	琳 14190	萬 44227	一丿
淦 38119	乙丨	琥 11117	萬 44427	厨 71240
渝 38127	隋 74227	斑 11114	葛 44727	硤 14638
涼 30196	郿 77227	琰 19189	董 44104	硯 16610
淳 30147	將 27240	一丨	萯 44806	雁 71214
涪 30161	階 71261	堯 40211	敬 48640	厥 71282
淯 30127	陽 76227	塔 44161	蔥 44332	雄 40714
淡 39189	隆 77214	項 11186	落 44164	一、
深 37194	乙丿	越 43805	朝 47420	雲 10731
淲 35140	婦 47427	提 56081	葭 44247	一乙
淥 37132	乙、	揚 56027	喪 40732	雅 70214
婆 34404	習 17602	博 43042	葦 44506	丨一
梁 33904	參 23202	喜 40605	葵 44430	紫 21903
淄 32163	乙乙	彭 42122	楮 44960	虛 21217
愻 90032	綠 27932	煮 44336	植 44917	丨、
寅 30806	貫 77806	達 34304	棲 45944	棠 90904
宿 30261	鄉 27727	壺 40107	椒 47940	掌 90502
密 30772	紺 24970	堵 47127	椑 46940	丨乙
、乙	細 26900	惡 10331	棟 45932	貯 63821
鄆 37527	終 27933	斯 42821	軹 56080	鼎 22221
扈 30217	巢 22904	期 47820	軡 58037	戢 63150
啓 38604	十二畫	欺 47882	軥 57020	開 77441
乙一	——	葉 44904	惠 50333	閑 77904
逮 37303	琵 11711	葬 44441	粟 10904	閔 77400
敢 18140	琴 11207	貰 44806	棘 55992	景 60906
尉 74200		鄭 47427	棗 50902	貴 50806

蛟 50148	順 21086	勝 79227	湡 36127	寒 30303
郾 67827	集 20904	猶 48261	溫 36117	富 30606
喝 66027	雋 20227	鄒 27427	渭 36127	甯 30227
單 66506	焦 20331	丶一	湍 32127	丶乙
帽 46260	傍 20227	馮 31127	滑 37127	運 37304
崤 26727	皖 23611	鄗 07227	湫 39180	祺 34281
嵐 22217	鄔 27327	敦 08440	涅 37111	禍 37227
嵯 28711	丿丿	衷 00732	溲 37147	禄 37232
黑 60331	街 21104	童 00104	湟 36114	鄅 37827
圍 60506	御 27220	遊 38304	渝 38121	乙一
丿一	復 28247	棄 00904	溢 38117	尋 17346
無 80331	循 22264	丶丿	盜 37107	畫 50106
鉼 88741	須 21286	善 80605	渡 30147	犀 77253
智 86600	丿丶	翔 87520	游 38147	屛 77247
犍 25540	舒 87622	普 80601	湔 38121	弼 17227
稬 23972	畬 80609	道 38306	滋 38132	強 16236
程 26914	鉅 81117	遂 38303	渾 37156	費 55806
犂 27502	欽 88182	曾 80606	溉 31114	乙丨
喬 20227	鈞 87120	勞 99427	渥 37114	疏 10113
等 88341	番 20609	丶丶	漳 34156	隔 71227
筑 88117	傘 80408	湛 34111	湄 37167	隂 76286
筆 88507	爲 20227	湖 37120	滁 38194	陯 78217
丿丨	舜 20252	湘 36100	湧 37127	乙丿
備 24227	貂 27262	渤 34127	愜 91013	賀 46806
傅 23242	丿乙	滇 31186	惲 97056	乙丶
蛞 12136	腄 72214	湯 36127	割 32600	登 12108

發	1224₇	蒜	4499₁	裒	4373₂	丨乙		筠	8812₇
婺	1840₄	蓍	4460₁	甄	1111₇	睦	6401₄	節	8872₇
乙乙		蓋	4410₇	賈	1080₆	睢	6001₄	丿丨	
毳	2771₁	鄞	4712₇	一丿		愚	6033₂	傳	2524₃
結	2496₁	勤	4412₇	感	5320₀	盟	6710₇	鼠	7771₇
絳	2795₄	蓮	4430₄	感	5333₀	歇	6778₂	鰈	2409₄
絕	2791₇	幕	4422₇	碎	1064₈	暗	6006₁	鄒	2792₇
統	2091₃	夢	4420₇	一丶		暉	6705₆	梟	2721₇
絲	2299₃	蒔	4422₇	鄂	1722₇	照	6733₆	粵	2620₇
		蒼	4460₇	電	1071₆	跳	6211₃	丿丿	
十三畫		蓬	4430₄	雷	1060₃	路	6716₄	衙	2160₁
		蒿	4422₇	零	1030₇	園	6023₂	微	2824₀
一一		蒟	4412₇	雹	1071₂	蜈	5613₄	丿丶	
瑟	1133₁	蒲	4412₇	一乙		蛾	5315₀	鉗	8417₀
瑞	1212₇	蒗	4413₂	頓	5178₆	罨	6071₆	鈷	8416₀
瑗	1214₇	蒙	4423₂	盞	5310₇	罩	6040₆	鉏	8711₀
瑕	1714₇	幹	4844₁	丨一		蜀	6012₇	鉛	8716₀
獒	5877₂	蒸	4433₁	督	2760₄	嶁	2273₄	鉤	8712₀
一丨		楠	4492₇	歲	2125₃	嵩	2222₇	會	8060₆
肆	7570₇	楚	4480₁	訾	2160₁	圓	6080₆	遙	3230₇
馴	7230₀	楨	4198₆	虞	2123₄	丿一		愛	2024₇
鄠	1732₇	楊	4692₇	虜	2122₇	雉	8041₄	丿乙	
遠	3430₃	槐	4691₃	丨丨		稜	2494₇	腥	7621₄
鼓	4414₇	榆	4892₁	業	3290₄	稠	2690₀	猿	4423₂
塘	4016₇	楓	4791₀	丨丶		稠	2792₀	獅	4122₇
聖	1610₄	槎	4891₁	當	9060₆	愁	2933₈	解	2725₂
斟	4470₀								

15

、一		漾	3419₃	辟	7064₁	蔘	4420₂	閣	7760₄
話	0266₄	漣	3513₀	**乙丨**		輒	5101₀	嘔	6101₆
詳	0865₁	漍	3112₇	障	7024₆	輔	5302₇	踠	6413₈
亶	0010₆	溧	3119₄	**乙乙**		輕	5101₁	蜻	5512₇
廓	0022₇	源	3119₆	經	2191₁	歌	1768₂	蜡	5416₁
廉	0023₇	湏	3618₆	綏	2294₄	監	7810₇	團	6034₃
廊	0722₇	湅	3112₇			㽄	5580₉	鳴	6702₁
廓	0722₇	潑	3714₇	**十四畫**		酺	1362₇	幘	4528₆
麀	0021₁	塗	3810₄	**一一**		酸	1364₇	嶕	2073₂
資	3780₆	滢	3811₉	静	5725₇	**一丿**		嶂	2074₆
靖	0512₇	滔	3217₇	碧	1660₁	屬	7122₇	**丿一**	
新	0292₁	溪	3213₄	瑤	1217₂	厭	7123₄	舞	8025₁
郛	0742₇	滄	3816₇	**一丨**		碩	1168₆	種	2291₄
意	0033₆	滈	3012₇	髣	7222₇	碭	1662₇	箕	8880₁
雍	0071₄	潯	3712₇	塼	4514₃	碣	1662₇	箬	8860₄
、丿		滂	3012₇	駁	7434₀	磁	1863₂	箏	8850₇
義	8055₃	溢	3811₇	趙	4980₂	爾	1022₇	管	8877₇
羨	8018₂	溶	3316₈	嘉	4046₅	臧	2325₀	箜	8810₁
豢	9023₂	湟	3213₆	臺	4010₄	**丨一**		**丿丨**	
慈	8033₃	慎	9408₁	赫	4433₁	蜚	1113₆	僕	2223₄
煬	9682₇	窟	3027₂	塾	4410₄	裴	1173₂	偽	2222₇
、、		**、乙**		壽	4064₁	雌	2011₄	僅	2021₄
溱	3519₄	褚	3426₀	慕	4433₃	**丨乙**		鼻	2622₁
潋	3814₀	福	3126₆	蔡	4490₁	聞	7740₁	鼻	2644₆
漠	3413₄	**乙一**		蔚	4224₀	閩	7713₆	**丿丿**	
滇	3418₁	蕭	5022₇	蔣	4424₇	閒	7760₆	槃	2790₄

丿丶	榮 9923₂	漏 3712₇	**十五畫**	輞 5702₀
銅 8712₀	熒 9980₉	寨 3090₄		輪 5802₇
銀 8713₂	丶丶	賓 3080₆	一一	敷 5824₀
都 2762₇	漢 3413₄	寡 3022₇	璇 1818₁	甌 7171₇
餅 8874₁	滿 3412₇	蜜 3013₆	一丨	歐 7778₂
丿乙	漆 3413₂	寧 3020₁	撫 5803₁	豎 7710₈
鳳 7721₀	漸 3212₁	寢 3024₇	赭 4436₀	一丿
雛 2061₄	漕 3516₆	乙一	熱 4433₁	磕 1461₇
鄭 7782₇	漚 3111₆	暨 7110₆	播 5206₉	碻 1062₇
丶一	漂 3119₁	乙丨	撳 5802₇	碾 1763₂
槀 0090₄	漙 3114₉	墮 7410₄	摯 1750₆	鴈 7122₇
廣 0028₆	澎 3211₂	隨 7423₂	增 4816₆	遼 3430₉
遮 3030₃	漊 3514₄	隕 7528₆	穀 4794₇	
瘦 0014₇	漫 3614₇	墜 7810₄	鞍 4354₄	一丶
彰 0242₂	漢 3618₁	乙丶	蕨 4428₂	震 1023₂
韶 0766₂	潔 3619₃	翟 1721₄	黃 4480₆	霄 1060₁
端 0212₇	濱 3818₆	翠 1740₈	蕉 4433₁	一乙
齊 0022₃	漁 3713₆	熊 2133₁	蕃 4460₉	鴉 7722₇
丶丿	浦 3012₇	鄧 1712₇	蕩 4412₇	丨一
鄯 8762₇	漳 3014₆	乙乙	橫 4498₆	劇 2220₀
養 8073₂	漄 3011₄	綾 2494₇	樗 4192₇	膚 2122₇
鄰 9722₇	滴 3012₇	綽 2194₆	樓 4594₄	慮 2123₆
鄭 8742₇	漾 3813₂	維 2091₄	樅 4898₁	丨丨
鄶 8762₇	滾 3311₄	綿 2692₇	樊 4443₀	鄭 3792₇
榮 9990₄	演 3318₆	綸 2892₇	樟 4094₆	丨乙
嵺 9922₇	滬 3311₇	綵 2299₄	橄 4894₀	閬 7773₂
				遲 3630₁

17

踐 63153	衛 21506	廢 00247	彈 16256	薦 44227
跏 66100	盤 27107	凜 30194	乙ノ	薄 44142
遺 35308	ノ、	、ノ	嫣 42427	翰 48427
蝦 57147	銷 89127	導 38304	乙、	蕭 44227
嶢 24711	鋤 84127	導 38343	豫 17232	薛 44641
罵 60327	劍 82800	、、	乙乙	薩 44214
礁 20731	鄶 87627	澆 34111	練 25996	樹 44900
嶓 22769	虩 21317	潮 37120	緱 27934	橄 41982
墨 60104	餘 88794	潭 31146		橋 42927
ノ一	ノ乙	潛 31161	**十六畫**	樵 40931
稽 23961	滕 79232	潤 37120	一一	橘 47927
稷 26947	膠 77222	澗 37120	靜 52257	整 58101
稻 22977	魯 27603	潘 32169	一丨	賴 57986
黎 27132	穎 21286	潙 32127	駱 77364	橐 50904
簏 88713	獠 44296	潼 30114	駁 70348	融 15236
箭 88221	劉 72100	澇 39127	擔 57061	頭 11186
ノ丨	、一	潯 37146	壇 40116	一ノ
牖 23027	諸 04660	澄 32118	擁 50014	歷 71211
儋 27261	諾 04664	潲 37127	毅 47947	一、
儀 28253	論 08627	寶 30806	鄻 47627	霖 10994
樂 22904	調 07620	寫 30327	磬 47601	霍 10214
ノノ	熟 04331	窮 30227	蕎 44601	丨一
質 72806	廟 00227	乙--	燕 44331	冀 11801
德 24231	摩 00252	熨 74809	薙 44211	頻 21286
徵 28240	襃 00732	履 77247	薛 44741	盧 21217
徹 28240	慶 00247	層 77266	薊 44320	丨乙

縣 6299₃	衡 2143₀	燒 9481₁	隱 7223₇	擊 5750₂
鴨 6752₇	丿、	燋 9083₁	乙乙	臨 7887₆
閻 7760₆	錢 8315₃	燉 9884₀	繾 2196₁	一丿
閡 7740₇	錫 8612₇	歠 9788₂		鄭 1742₇
閣 7777₇	鍋 8712₇	營 9960₆	**十七畫**	磻 1266₉
闀 7723₃	錦 8612₇	燈 9281₈		磯 1265₃
蟆 5413₄	歙 8718₂	、、	一一	丨一
戰 6355₀	館 8377₇	澓 3414₇	環 1613₂	圙 2277₀
嘯 6502₇	丿乙	濛 3413₂	一丨	戲 2325₀
還 3630₃	雕 7021₄	澠 3711₇	鬏 7222₇	丨乙
嶧 2674₁	鮒 2430₀	潞 3716₄	騁 7532₇	嬰 6640₄
嶮 2878₆	鮑 2731₂	澧 3511₈	驊 7034₁	闊 7716₄
默 6333₄	獲 4424₇	澤 3614₁	戴 4385₀	螳 5911₄
黔 6832₇	獬 4622₇	濁 3612₇	盩 4810₇	螺 5619₃
丿一	鴛 2732₇	澮 3816₆	擲 5702₇	巑 2225₃
積 2598₆	、一	澹 3716₁	聲 4740₁	嶺 2238₆
穆 2692₂	諶 0461₁	澶 3011₆	磬 4777₂	嶽 2223₄
勳 2432₇	諫 0569₆	瀧 3011₄	聰 1613₀	丿一
篚 8871₁	諤 0662₇	憲 3033₆	藜 4423₂	魏 2641₃
篤 8832₇	磨 0026₁	、乙	鞞 4654₀	繁 8890₃
築 8890₄	廩 0029₄	褡 3726₂	藍 4410₇	丿丨
丿丨	瘴 0014₆	禪 3625₆	藏 4425₃	輿 7780₁
興 7780₁	龍 0121₁	乙一	舊 4477₇	鵂 2722₇
學 7740₇	、丿	壁 7010₄	貌 4421₆	儲 2426₀
儒 2122₇	義 8025₃	乙丨	韓 4445₆	徽 2824₀
丿丿	甑 8161₇	隩 7623₃	檀 4091₆	禦 2790₁
			戀 4433₉	

丿、	濮 3213₄	聶 1014₁	丿一	瀆 3418₆
錫 8612₇	濠 3013₂	藝 4473₁	鵠 2762₇	瀑 3613₂
鍾 8211₄	濟 3012₃	藥 4490₄	鵝 2752₇	濼 3219₄
斂 8884₀	濱 3318₆	藤 4423₂	穢 2195₃	瀍 3011₄
爵 2074₆	盪 3511₇	藴 4491₇	簡 8822₇	、乙
丿乙	澀 3711₁	轉 5504₃	丿丨	禱 3424₁
鰐 2632₇	濯 3711₄	覆 1024₇	雙 2040₇	乙一
鹹 2335₀	濰 3011₄	一丿	邊 3630₂	璧 7010₃
鮦 2732₀	竃 3071₇	醫 7760₁	歸 2712₇	乙丨
鮮 2835₁	、乙	礎 1161₆	丿、	隴 7121₁
、一	禮 3521₈	殯 1328₆	鎮 8418₁	乙乙
講 0564₇	乙一	一、	鎬 8012₇	繞 2491₁
謝 0460₀	甕 7071₇	霧 1022₇	翻 2762₀	繳 2894₀
襄 0073₂	彌 1122₇	丨一	雞 2041₄	繚 2499₆
糜 0029₄	乙、	豐 2210₈	丿乙	繙 2296₉
應 0023₁	翼 1780₁	齔 2871₇	鯉 2631₄	織 2395₀
麋 0029₄	乙乙	丨丨	龜 2711₇	斷 2272₁
、丿	績 2598₆	叢 3214₇	鯀 2239₃	
糟 9596₆	總 2693₀	丨乙	颺 7621₂	十九畫
糠 9093₂		瞿 6621₄	、一	
、、	十八畫	闔 7710₇	雜 0091₄	一一
鴻 3712₇		闕 7748₂	離 0041₄	藜 5829₈
濤 3414₁	——	蟠 5216₉	顏 0128₆	一丨
壅 3210₄	瓊 1714₇	顙 2128₆	、丿	鵶 1712₇
濫 3811₇	一丨	檮 2222₇	糧 9691₄	難 4051₄
濡 3112₇	騏 7438₁	黠 6732₇	、、	鵲 4762₇
	騎 7432₁			蓬 4430₃

蘆	4421₇	羅	6091₄	瀧	3111₁	蠣	5112₇	瀵	3918₁
藺	4422₇	丿一		瀛	3011₇	蠑	5318₆	寶	3080₆
蘄	4452₁	贊	2480₆	懷	9003₂	嚶	6604₄	寶	3080₆
蘇	4439₄	簸	8884₇	寵	3021₁	巍	2241₃	乙乙	
警	4860₁	丿丿		乙乙		巉	2771₃	響	2760₁
顛	4188₆	懲	2833₄	繩	2791₇	鯨	6039₆		
麓	4421₁	丿、		繹	2694₁	鶡	7722₇	二十一畫	
櫟	4299₄	鏡	8011₆	繡	2592₇	丿一		一起	
麴	4722₀	丿乙		二十畫		籍	8896₁	鰲	5833₆
櫧	4496₀	獺	4728₆	一丨		丿丨		攝	5104₁
繫	5790₃	譚	0164₆	馨	4760₉	犨	2050₁	歡	4728₂
麗	1121₁	譙	0063₁	藤	4429₃	丿丿		權	4491₄
一丿		鶉	0742₇	蘭	4422₇	艦	2841₇	欄	4792₀
礞	1162₇	麛	0021₁	輻	5603₂	丿、		轟	5055₆
礦	1068₆	廬	0021₇	醴	1561₈	鐔	8114₆	覽	7821₆
一、		麒	0428₁	丨一		鐘	8011₄	酈	1722₇
酃	1762₇	鼟	0110₄	酆	2712₇	饒	8471₁	霸	1052₇
丨一		、丿		鹹	2365₀	丿乙		露	1016₄
罃	2760₁	羹	8043₀	獻	2323₄	臘	7423₁	霹	1064₁
丨乙		、、		丨、		騰	7922₇	丿起	
曝	6603₂	瀚	3812₇	耀	9721₄	、一		鄸	2782₇
闞	7714₈	瀟	3412₇	黨	9033₁	護	0464₇	儷	2624₈
關	7777₂	瀨	3718₆	丨乙		廮	0024₄	鐵	8315₀
蹲	6814₆	瀝	3111₁	懸	6233₉	、、		鑊	8414₇
嚴	6624₈	瀣	3111₄	蹕	6640₇	灌	3411₄	鐸	8614₁
獸	6363₄	瀘	3111₇			瀼	3013₂	飜	2261₃

鶏 2742_7	丨起	鷔 4432_7	丿起	鹽 7171_8
鰱 2533_0	疊 6010_7	釄 1463_1	籬 8841_4	**二十七畫**
、起	巖 2224_8	丨起	鱨 7780_6	驪 7431_4
廯 0024_1	巏 7622_7	顯 6138_6	衢 2121_4	鸇 2722_7
礐 0160_1	丿起	丿起	、起	灝 3718_6
夒 8024_7	穰 2093_2	鱔 2836_5	讓 0063_2	**二十八畫**
鶼 8722_7	籠 8821_1	鱗 2935_9	鸛 0712_7	鑿 3710_9
爛 9782_0	儻 2923_1	、起	鷹 0022_7	鸚 6742_7
潘 3114_1	、起	欒 2290_4	贛 0748_6	**二十九畫**
灅 3112_7	讀 0468_6	麟 0925_9	罎 9871_7	驦 7131_1
灘 3011_4	戀 2277_2	乙起	灞 3112_7	鬱 4472_2
灘 3011_4	鷓 0722_7	纓 2694_4	灤 3619_3	**三十畫**
顧 3128_6	龔 0180_1	**二十四畫**	**二十五畫**	鸞 2232_7
鶴 4722_7	襲 0173_2	一起	鬪 7712_1	**三十一畫**
乙起	灑 3611_4	觀 4621_0	蠱 6671_7	灨 3411_7
蠡 2713_6	**二十三畫**	鹽 7810_7	鸞 4332_7	
二十二畫	一起	靈 1010_8	蠻 2213_6	
一起	鼉 5871_7	蠶 7113_6	**二十六畫**	
懿 4713_8	驛 7634_1	丨起	驢 7131_7	
蘿 4491_4	驗 7838_6	羈 6052_7		
驚 4832_7				

四角號碼檢字法

第一條 筆畫分為十種，用0到9十個號碼來代表：

號碼	筆名	筆形	舉 例	說 明	注 意
0	頭	亠	言主广疒	獨立的點和獨立的橫相結合	123都是單筆，04 56789 都由二以上的單筆合為一複筆·凡能成為複筆的，切勿誤作單筆；如山應作0不作3，寸應作4不作2，厂應作7不作2，凵應作8不作3、2，小應作9不作3、3.
1	橫	一乙乚	天江 土元 地風	包括橫挑(提)和右鈎	
2	垂	丨丿亅	山月千則	包括直撇和左鈎	
3	點	丶丷	宀厶 禾之 衣	包括點和捺	
4	叉	十乂	草刈 杏大 皮對	兩筆相交	
5	插	扌	扌戈申史	一筆通過兩以上	
6	方	口	國四 鵯甲 目由	四邊齊整的方形	
7	角	フ厂丁 乛乚フ	羽門灰陰 雪衣學穵	橫和垂的鋒頭相接處	
8	八	八ソ人	分災羊水 足午	八字形和它的變形	
9	小	小忄小	尖糸辦杲惟	小字形和它的變形	

第二條 每字只取四角的筆形，順序如下：

(一)左上角 (二)右上角 (三)左下角 (四)右下角

(例)　　(一)左上角………端………(二)右上角

　　　　(三)左下角………端………(四)右下角

檢查時照四角的筆形和順序，每字得四碼：

(例) 顏 =0128　　截 =4325　　烙 =9786

第三條　字的上部或下部，只有一筆或一複筆時，無論在何地位，都作左角，它的右角作 0，

(例) 宣 直 首 冬 軍 宠 母

每筆用過後，如再充他角，也作 ⌣．

(例) 干 之 持 掛 犬 卅 軎 畤

第四條　由整個 囗 門 鬥 行 所成的字，它們的下角改取內部的筆形，但上下左右有其它的筆形時，不在此例．

(例) 因 =6043　　閒 =7724　　鬪 =7712　　衡 =2143

茵 =4460　　瀾 =3712　　荇 =4422

附　則

I 字體寫法都照楷書如下表：

正	宀	佳	匕	反	衤	戶	妥	心	卜	斤	勿	业	亦	草	真	執	禺	衣
誤	宀	隹	匕	反	衤	戶	妥	心	卜	斤	双	业	亦	草	真	執	禺	衣

II 取筆形時應注意的幾點：

(1) 山 卤 等字，凡點下的橫，右方和它筆相連的，都作 3，不作 0．

(2) 尸 罒 門 等字，方形的筆頭延長在外的，都作 7，不作 6．

(3) 角筆起落的兩頭，不作 7，如 コ．

(4) 筆形 “人” 和它筆交叉時不作 8，如 美．

(5) 业 业 中有二筆，水 氺 旁有二筆，都不作小形．

Ⅲ取角時應注意的幾點：

(1)獨立或平行的筆，不問高低，一律以最左或最右的筆形作角．

(例) 菲 肯 疾 浦 帝

(2)最左或最右的筆形，有它筆蓋在上面或托在下面時，取蓋在上面的一筆作上角，托在下面的一筆作下角．

(例) 宗 幸 寧 共

(3)有兩複筆可取時，在上角應取較高的複筆，在下角應取較低的複筆．

(例) 功 盛 頗 鴨 奄

(4)撇為下面它筆所托時，取它筆作下角．

(例) 春 奎 碎 衣 辟 石

工上的撇作左角，它的右角取作右筆．

(例) 勾 鈞 俸 鳴

Ⅳ四角同碼字較多時，以右下角上方最貼近而露鋒芒的一筆作附角，如該筆已經用過，便將附角作0．

(例) 苦=4471。元 拼 是 疝 歆 畜 殘 儀 難 達 毬 禧 繕 蠻 軍 覽 功 郭 疫 癥 愁 金 速 仁 見

附角仍有同碼字時，再照各該字所含橫筆(即第一種筆形，包括橫挑(提)和右鈞)的數目順序排列．

例如"市""帝"二字的四角和附角都相同，但市字含有二橫，帝字含有三橫，所以市字在前，帝字在後。

0010₄ 主

88主簿山
　　3/74/1504
　　5/104/2068

童

12童水
　　3/61/1251
17童子谷
　　2/50/1049
22童山
　　4/92/1847

0010₆ 亶

32亶洲山
　　4/98/1960

0010₈ 立

22立山縣
　　7/163/3125

0014₆ 瘴

31瘴江
　　7/158/3044

0014₇ 瘦

44瘦姑山
　　2/45/944

0020₁ 亭

00亭市山
　　4/93/1864
22亭山縣（廢）
　　1/19/391
44亭勸縣
　　3/78/1582

0021₁ 鹿

10鹿靈巖
　　3/62/1272
11鹿頭山
　　3/73/1492
12鹿水
　　3/61/1255
22鹿山
　　5/118/2380
26鹿泉
　　3/61/1252
鹿泉水
　　3/61/1251

27鹿角故關
　　3/64/1308
31鹿源山
　　5/106/2111
34鹿瀆山
　　2/45/941
40鹿臺
　　3/56/1157
鹿臺山
　　2/44/922
鹿臺祠
　　2/26/566
44鹿苑原
　　2/26/566
55鹿井
　　5/106/2104
60鹿蹄山
　　1/6/110
　　1/6/113
鹿邑縣
　　1/12/235
76鹿脾山
　　5/104/2063
77鹿門廟
　　6/145/2819
80鹿谷山

1

2/45/939

90鹿堂山

3/73/1491

靡

32靡州

3/79/1597

88靡筓山

2/51/1065

廗

32廗溪

4/101/2018

0021₃　充

32充州

5/120/2399

5/122/2432

60充國故城

4/86/1715

兖

32兖州

1/21/431

0021₆　竟

74竟陵郡

6/144/2802

竟陵故城

6/144/2800

0021₇　亢

80亢父城

1/14/282

亮

32亮州

5/120/2399

廬

22廬山

4/90/1792

5/111/2251

31廬江王墳

6/126/2498

廬江郡

6/126/2489

廬江縣

6/126/2497

32廬州

6/126/2489

74廬陵郡

5/109/2205

廬陵江

5/109/2207

廬陵故城

5/109/2208

5/109/2212

廬陵縣

5/109/2207

0022₂　序

32序州

3/81/1637

0022₃　齊

17齊子嶺

1/5/78

22齊山

5/105/2086

齊樂故城(廢)

3/74/1505

30齊寧縣(故)

6/123/2446

齊安郡

6/131/2580

32齊州

　　1/19/381

40齊難故城

　　2/31/674

41齊桓公冢

　　1/18/357

43齊城

　　1/18/354

　　5/106/2105

77齊門

　　4/91/1823

80齊姜墓

　　2/47/986

0022₇ 方

10方石城

　　6/140/2720

22方山

　　1/5/69

　　1/6/97

　　1/18/366

　　2/40/843

　　2/40/854

　　2/45/942

　　3/52/1080

　　3/56/1155

4/86/1717

4/88/1741

4/89/1765

4/90/1784

4/100/1993

5/117/2367

6/147/2862

7/162/3106

方山祠

　　2/46/957

方山縣

　　2/42/886

31方渠縣（廢）

　　2/33/710

40方臺山

　　5/113/2302

43方城（故）

　　3/70/1413

方城山

　　1/8/148

　　6/142/2763

　　6/143/2786

方城縣

　　6/142/2763

80方倉坑

　　5/117/2370

市

00市亭山

　　4/94/1896

33市心湖

　　5/107/2137

42市橋

　　3/72/1466

72市丘城

　　1/17/338

帝

77帝嚳陵

　　3/57/1176

育

27育犂

　　1/20/411

商

12商水縣

　　1/10/189

32商州

　　3/79/1604

　　6/141/2733

37商洛川

3

6/141/2739

商洛山
6/141/2738

商洛縣
6/141/2738

71商原
2/28/595

高

00高亭
3/55/1137

高亭山
5/117/2363

高亭湖
4/90/1778

高亭縣
5/117/2363

高齊神武陵
3/56/1162

高帝廟
6/141/2731

高唐亭城
1/19/388

高唐城（古）
1/19/387

高唐故縣城

2/48/1013

高唐縣
3/54/1119

高廣
1/24/503

高辛城（故）
1/12/225

07高望堆
2/25/523

高郭故城
3/66/1348

10高要郡
7/159/3057

高要峽
7/159/3058

高要縣
7/159/3058

高平郡
2/44/915

高平郡城
1/16/313

高平苑
4/100/2002

高平縣
2/44/918

高平縣城（古）

5/115/2335

高平陵
3/59/1216

11高麗山
1/20/419

22高樂故城
3/65/1330

26高泉山
2/31/674

27高御山
6/135/2648

高鄉城（故）
1/24/502

高郵軍
6/130/2570

高郵縣
6/130/2571

30高涼山
7/161/3089

高安縣
5/106/2118

高富縣（廢）
5/121/2410

高密郡
1/24/492

高密縣

1/24/503

31高遷亭
4/96/1927

高遷樓
4/96/1936

高渠郡城（廢）
4/82/1653

32高州
4/88/1743
7/161/3087

高漸離城
3/67/1360

33高梁水
3/69/1399

高梁河
3/69/1399

高梁大山
6/149/2887

高梁城
2/43/900

35高連山
5/122/2428

37高湖
4/89/1765

高冢城
1/16/313

39高沙湖
6/146/2836

40高力士宅墓
7/161/3091

高士冢
1/18/354

43高城戍
6/140/2721

44高蓋山
4/100/1995

高苑故城
1/19/379

高苑縣
1/19/380

高獲墓
5/105/2087

46高堤廢縣
3/63/1289

高相山
4/98/1964

47高都水
2/25/529

高都山
6/148/2876

高柳縣（漢）
2/49/1035

50高車山
6/141/2736

高貴鄉郭
1/11/211

高貴鄉公陵
1/3/57

60高昌縣
7/156/2994

高昌壁
7/156/2995

高邑故城
3/60/1234

高邑縣
3/60/1233

高是山
2/51/1063

71高驪山
4/89/1759

74高附都督府
7/156/3001

高陂
1/12/233

高陵王廟
5/113/2307

高陵津
3/57/1178

高陵縣
2/26/566
76高陽池
6/145/2815
高陽城
1/1/16
2/28/601
高陽故城
1/1/5
1/24/505
高陽里
1/7/127
高陽縣
3/66/1344
高陽縣（廢）
1/24/505
高陽原
2/25/529
高陽丘
1/10/191
77高闕
2/39/827
高門原
2/28/601
80高前山
6/142/2757

高谷水
2/29/615
88高筐山
6/147/2862

廓

22廓川縣
3/81/1637
32廓州
7/155/2982

庸

25庸生宅
1/20/416
43庸城山
6/143/2787

廟

22廟山
1/19/384
4/87/1728

鷹

27鷹鵠山
5/107/2145
77鷹門山

3/78/1574

0023₀　卞

07卞望之墓
4/90/1790
22卞山
4/94/1880

0023₁　應

10應靈縣
4/85/1701
應天山
5/107/2157
應天寺
5/106/2106
16應聖宮
5/106/2107
22應山縣
6/132/2597
31應江縣
5/122/2430
43應城（故）
1/8/150
應城縣
6/132/2596

0023₂ 康

10康王城
　5/111/2253

22康山
　5/107/2145

康樂水
　5/109/2203

康樂縣故城
　5/106/2120

32康州
　7/164/3133

33康浪水
　1/18/356
　1/19/378

37康郎山
　5/107/2140

40康臺澤
　3/58/1193

43康城
　1/7/133

74康陵
　2/26/561

78康陰縣城（廢）
　1/1/14

0023₇ 庚

78庚除山
　3/73/1491

庚

00庚齊臺
　5/111/2265

10庚雲墓
　5/112/2284

32庚冰宅
　4/92/1851

廉

12廉水
　4/83/1664
　5/108/2179

31廉江水
　3/73/1490

廉江縣（廢）
　7/167/3197

32廉州（廢）
　7/169/3227

35廉津
　6/133/2614

41廉頗冢

3/58/1200

廉頗臺
　3/58/1193
　3/62/1273

廉頗墓
　3/62/1276

60廉里
　1/15/298

77廉桑口
　3/73/1486

0024₀ 府

32府州
　2/38/812

43府城（故,建州）
　4/101/2013

80府谷縣
　2/38/814

0024₁ 庭

32庭州
　7/156/2996

麝

20麝香山
　6/146/2841

6/148/2879

0024₂ 底

12底水縣
　5/122/2432

40底柱山
　1/6/103

0024₄ 廑

77廑陶故城
　3/60/1233

0024₇ 夜

37夜郎郡
　5/122/2425

夜郎縣
　5/122/2426

77夜叉穴
　3/77/1560

庱

00庱亭輔
　4/92/1842

慶

10慶雲山

2/45/937

32慶州
　2/33/706

80慶善宮
　2/27/586

廢

72廢丘城
　2/27/578

0025₂ 摩

01摩訶池
　3/72/1469

44摩坡城（古）
　1/22/462

0025₆ 庫

17庫磑川
　2/35/744

22庫利川
　2/35/745
　2/36/756

0026₁ 磨

10磨石嶺
　2/31/665

17磨豫縣
　3/79/1597

22磨山縣
　3/78/1581
　3/81/1636

31磨河山
　6/130/2567

43磨城
　6/146/2848

44磨勒城水
　2/38/807

88磨笄山
　2/51/1065

90磨米州
　3/71/1448

0026₇ 唐

00唐高宗則天乾陵
　2/31/672

唐高祖廟
　2/46/962

唐高祖獻陵
　2/31/664

唐文宗章陵
　2/31/662

唐玄宗聖容

7/161/3092

唐玄宗泰陵

2/28/604

01唐龍水

3/71/1434

10唐王冢

1/7/135

12唐水

3/62/1274

13唐武山

6/142/2763

唐武宗端陵

2/31/664

20唐位縣

3/81/1633

21唐順宗豐陵

2/31/662

唐睿宗橋陵

2/28/604

22唐邕墓

2/40/850

唐糾山

5/115/2335

23唐代宗元陵

2/31/662

24唐德宗崇陵

2/31/668

唐僖宗靖陵

2/28/604

2/31/672

27唐鄉

6/144/2798

唐叔虞墓

2/40/847

30唐宣宗貞陵

2/31/668

唐永康陵

2/31/664

唐憲宗景陵

2/28/604

唐安郡

3/75/1527

31唐河

3/62/1270

3/62/1271

32唐州

6/142/2759

33唐述山

7/154/2970

唐述窟

7/151/2925

34唐池

3/62/1273

40唐太宗廟

2/26/563

唐太宗昭陵

2/26/563

唐臺澤

3/58/1193

43唐城

2/47/990

唐城（古）

6/144/2798

唐城（故）

2/40/846

2/47/991

唐城縣

6/144/2798

44唐封縣

3/79/1597

唐孝敬陵

1/5/76

唐林縣

2/49/1030

7/171/3278

47唐懿宗簡陵

2/31/662

48唐敬宗莊陵

2/31/664

50唐中宗定陵
2/31/662

唐中興頌碑
5/116/2351

唐肅宗建陵
2/26/563

唐惠文太子陵
2/28/604

唐惠宣太子陵
2/28/604

唐惠莊太子陵
2/28/604

62唐縣
3/62/1271

67唐明宗五廟
1/3/50

唐昭宗陵
1/5/75

77唐興縣
3/79/1595

唐興縣(廢)
3/66/1348

78唐監牧
2/33/705

80唐倉柵

6/134/2628

唐公房
6/138/2690

88唐節愍太子陵
2/31/662

0028₆ 廣

07廣望城
3/68/1377

10廣至故城(漢)
7/153/2961

廣平郡
3/58/1190

廣平故城
3/58/1193

廣晉縣(廢)
5/107/2139

13廣武澗
1/9/169

廣武故城
2/49/1027

廣武縣
7/151/2928

22廣川故城
3/63/1289

廣豐縣(廢)

5/109/2203

24廣德軍
5/103/2051

廣德故城
5/103/2052

廣德縣
5/103/2052

廣納縣(廢)
6/140/2723

30廣濟渠
1/17/330

廣濟軍
1/13/263

廣濟縣
6/127/2510

廣寧故縣
7/164/3144

廣安軍
6/138/2696

31廣福院
5/107/2152

32廣州
7/157/3009

40廣壽原
2/31/674

47廣都縣

3/72/1472

53廣成澤
1/8/145

廣成城
1/8/145

廣威縣
7/155/2984

60廣固城
1/18/354

71廣阿澤
3/59/1220

74廣陵
6/123/2443

廣陵郡
6/123/2441

廣陵縣
6/123/2447

76廣陽山
1/5/71

廣陽山
3/57/1176

廣陽故城
3/69/1401

廣陽國城（故）
3/70/1412

廣陽縣城（舊）

2/50/1052

廣陽門
1/3/56

0029₄ 床

47床柵山
7/169/3237

80床谷務
7/150/2910

麻

22麻嶺
7/169/3229

麻山
3/80/1618
5/110/2236
5/116/2347

32麻州
3/79/1601

37麻湖
6/124/2456

43麻城（故）
1/14/285

麻城縣
6/131/2582

44麻姑山

5/110/2240

麻姑城
3/65/1329

76麻陽縣
8/闕逸/3867

糜

88糜竺冢
1/22/462

廩

22廩山
5/108/2185

72廩丘
1/13/262
1/14/277

麇

61麇䱲
6/130/2566

0033₆ 意

95意悚山
3/75/1526

0040₀ 文

10文王故城
2/30/644

12文登山
1/20/410

文登縣
1/20/409

文水
2/40/849
2/41/867

文水縣
2/40/848

22文川
6/133/2613

25文牛山
7/170/3259

28文徹縣
3/78/1580

30文進縣
3/78/1580

文安郡
3/66/1346

文安城（古）
3/67/1368

文安縣

3/67/1366

文字山
6/137/2678

32文州
6/134/2630
6/134/2635
7/168/3221

文脊山
5/103/2050

37文湖
2/41/867

43文城郡
2/48/1003

文城故城
2/48/1006

文城縣
2/48/1005

60文昌縣
7/169/3237

70文璧山
5/108/2175

76文陽郡
7/171/3278

文陽縣
7/171/3278

80文翁宅

5/107/2138

文翁學堂
3/72/1467

文谷水
2/50/1049

88文竹山
5/115/2334

0040₃ 率

22率山
5/104/2064

0040₆ 章

12章水
5/108/2177
5/117/2364

22章山
4/94/1893
6/146/2846

27章鄉城
3/65/1332

32章溪
4/92/1848

33章浦亭
4/92/1849

44章華臺

1/10/190

6/146/2839

6/146/2845

6/146/2847

47章邯臺

2/27/579

72章丘

1/19/389

　章丘縣

1/19/389

0040₈ 交

10交石山

5/111/2263

12交水

2/25/525

22交川郡

3/81/1629

　交川縣

3/81/1632

27交黎城

3/71/1434

31交河

7/156/2995

　交河水

7/156/2995

交河郡

7/156/2993

交河城

7/153/2962

交河縣

7/156/2995

32交州

7/170/3249

43交城山

2/50/1048

　交城縣

2/50/1048

44交村江

7/170/3257

61交趾縣

7/170/3255

71交牙城

2/51/1065

0041₄ 離

10離石山

2/42/886

　離石縣

2/42/885

22離崖

3/77/1553

40離支水

5/121/2410

0050₃ 牽

31牽渠

1/9/167

43牽城

3/54/1114

0060₁ 言

21言偃宅

4/91/1828

0063₁ 譙

17譙郡

1/12/229

　譙郡城

1/12/231

22譙山戍

4/89/1760

43譙城（故）

1/12/226

50譙貴谷

5/104/2067

　譙東

1/12/234

62譙縣
　1/12/230

0063₂ 讓

10讓王臺
　1/7/132
　讓栗堂
　5/106/2110
12讓水
　4/83/1664
22讓川州
　3/77/1558

0071₀ 亡

47亡起山
　3/79/1591

0071₄ 亳

32亳州
　1/12/229
43亳城
　1/12/225
　亳城(古)
　2/47/995

雍

12雍水
　2/27/584
　2/30/635
　2/30/636
21雍齒山
　3/73/1490
　雍齒墓
　3/73/1490
32雍州
　2/25/515
43雍城
　1/7/133
47雍奴縣故城
　3/69/1400
72雍丘故城
　1/1/15
　雍丘縣
　1/1/14
77雍門
　1/18/357
　雍門城
　1/15/299

0073₂ 玄

10玄石山
　5/113/2302
13玄武山
　4/82/1650
　玄武湖
　4/90/1786
　玄武苑
　3/55/1139
　玄武縣
　4/82/1650
27玄龜之野
　1/18/353
　玄象山
　2/26/556
　2/29/624
30玄扈山
　6/141/2739
32玄州
　3/71/1440
34玄池
　1/1/8
　玄池州
　7/156/2998
　玄池縣

2/42/891

哀

32哀州
　3/79/1598

襄

10襄王陵
　3/56/1153
12襄水
　6/145/2815
13襄武縣
　7/151/2921
17襄子淀
　3/67/1364
22襄樂縣
　2/34/728
25襄仲臺
　1/21/438
27襄鄉故城
　6/144/2798
32襄州
　6/145/2811
40襄貴城
　1/23/478
41襄垣縣

2/45/943
43襄城縣
　1/8/152
60襄邑縣
　1/2/24
74襄陵故城
　2/43/899
　2/43/902
　襄陵縣
　2/43/902
76襄陽郡
　6/145/2811
　襄陽山
　3/78/1574
　襄陽縣
　6/145/2814

褒

12褒水
　6/133/2616
20褒信縣
　1/11/206
43褒城縣
　6/133/2615
50褒中
　6/133/2613

80褒谷
　6/133/2616

0080o 六

10六石人
　2/29/618
26六泉
　7/151/2921
30六安縣
　6/129/2552
43六城
　6/126/2500
　六城（故）
　6/129/2549
47六胡州
　2/39/825
70六壁府
　2/41/868
77六門堰
　2/27/585
　6/142/2752
80六合山
　6/123/2448
　6/124/2455
　六合縣
　6/123/2448

0090₄ 橐

43橐城縣
　3/61/1250

72橐丘堡
　2/34/721

棄

34棄波水
　2/43/909

0090₆ 京

12京水
　1/9/173

　京水縣
　7/168/3221

22京山縣
　6/144/2801

26京峴山
　4/89/1760

31京江水
　4/89/1761

32京兆郡
　2/25/515

43京城
　1/9/173

46京觀
　1/9/163
　7/165/3155

　京觀（後漢）
　3/61/1258

74京陵
　2/41/869

0091₄ 雜

60雜羅故城
　4/102/2036

0110₄ 壐

22壐山
　4/94/1881

0121₁ 龍

00龍亭故城
　6/138/2690

　龍亭縣
　3/79/1597

　龍亢城
　1/12/225
　1/12/234

　龍亢故城
　1/17/331

龍亢縣（廢）
　6/124/2458

龍豪縣（廢）
　7/167/3194

龍磨角石
　7/157/3018

龍章山
　6/139/2709

02龍新山
　5/108/2185

07龍望山
　6/139/2711

10龍平縣
　7/163/3123

龍石山
　7/164/3139
　7/166/3179

11龍頭山
　4/87/1727
　6/134/2633

龍頭壁
　2/46/970

龍背潭
　4/101/2015

12龍水
　7/161/3085

龍水郡
　7/168/3214
　7/171/3279
龍水溪
　3/76/1542
龍水縣
　3/76/1542
　7/168/3215
　7/171/3279
13龍武州
　7/171/3285
17龍子山
　4/83/1666
龍子祠
　2/43/901
21龍虎山
　5/107/2135
　5/107/2156
龍頷
　1/19/387
22龍川江
　7/159/3061
龍川縣
　7/159/3061
龍巖縣
　4/102/2034

龍山
　2/40/844
　3/67/1358
　3/71/1433
　5/105/2082
　5/116/2351
　6/126/2499
　7/160/3068
龍山城(廢)
　1/17/333
龍山縣
　3/71/1444
23龍編縣
　7/170/3254
24龍化水
　7/167/3196
龍化山
　5/106/2118
龍化縣(廢)
　7/167/3196
龍德山
　7/168/3216
26龍伯高冢
　5/116/2350
龍泉
　2/48/1015

　6/142/2758
龍泉廟(漢)
　2/27/579
龍泉水
　1/6/97
　1/11/203
　2/44/925
　2/49/1027
龍泉山
　3/78/1574
龍泉池
　5/107/2143
龍泉寺
　5/111/2254
龍泉故郡城
　2/48/1011
龍泉縣
　4/99/1985
　5/109/2218
龍泉縣(廢)
　2/38/799
龍泉陂
　2/26/564
27龍血山
　4/84/1676
龍盤山

1/19/390

2/32/689

6/137/2679

龍角山

4/86/1711

5/113/2306

龍像巖

4/84/1676

龍魚山

4/87/1731

30龍安縣

4/83/1666

龍穴

6/146/2844

龍穴山

4/84/1676

7/170/3256

龍窠

2/48/1015

龍窠水

2/48/1015

31龍江

7/168/3215

龍江水

7/157/3020

龍潭場(廢)

5/115/2336

龍源縣

7/168/3220

7/171/3283

龍額縣

7/171/3283

32龍州

4/84/1681

7/166/3175

龍淵宮

3/57/1181

龍洲

3/74/1503

6/146/2834

龍溪

3/79/1591

龍溪水

5/106/2114

龍溪郡

5/122/2432

龍溪山

7/158/3036

龍溪縣

4/102/2033

龍祇山

6/143/2786

34龍池

1/13/260

3/74/1510

4/87/1727

5/118/2382

龍池郡

7/166/3183

龍池山

4/83/1666

龍池宮

2/46/966

龍池縣

7/166/3183

37龍沮故城

1/22/459

龍洞溪

6/148/2875

龍湖

4/102/2031

龍祠山

4/84/1675

38龍游縣

4/97/1946

龍遊縣

3/74/1508

龍遊原

2/37/782

39龍沙

　5/106/2103

　龍沙廟

　5/106/2108

40龍臺澤

　2/26/554

　龍臺城

　1/24/498

　龍南縣

　5/108/2187

　龍女山

　6/134/2628

　6/137/2676

　龍支縣

　7/151/2925

　龍奔山

　4/86/1716

41龍標縣

　5/122/2431

43龍城

　1/2/30

　1/8/152

　1/15/303

　龍城砧

　7/163/3117

龍城郡

　7/168/3212

龍城山

　4/86/1710

　4/86/1712

龍城寺

　5/110/2237

龍城縣

　7/168/3213

龍城縣(廢)

　5/111/2258

44龍基山

　6/137/2677

　龍蘭山

　6/138/2696

　龍蓬州

　3/77/1556

　龍姥廟

　5/109/2200

47龍鶴山

　3/74/1505

50龍夷城

　7/152/2938

52龍蟠山

　7/162/3103

60龍目峴

4/94/1894

龍固山

　4/82/1652

62龍蹊

　6/133/2614

67龍鳴寺

　5/109/2202

　龍眼水

　7/169/3237

　龍躍宮

　2/26/567

68龍吟泉

　7/169/3234

70龍壁山

　6/137/2679

　龍驤水

　7/163/3117

　龍驤山

　6/137/2676

71龍馬山

　7/150/2909

　龍馬泉

　7/150/2904

72龍丘山

　4/93/1871

　4/97/1947

4/97/1950

龍丘縣

7/171/3285

74龍陂水

5/109/2214

76龍陽縣

5/118/2384

77龍且城

1/24/504

龍尾水

2/36/754

龍岡

3/59/1215

龍岡山

7/168/3214

龍岡坑

5/117/2370

龍岡縣

3/59/1214

龍駒澗

1/5/66

龍母廟

7/158/3044

龍母媼墓

7/164/3136

龍門

2/28/600

2/51/1063

龍門山

2/28/600

2/46/960

5/111/2253

6/133/2620

6/135/2648

8/闕逸/3866

龍門臺

1/2/26

龍門戍

2/28/601

龍門縣

2/46/961

龍門關

2/28/601

2/46/962

龍興觀

5/106/2106

龍興縣

1/8/151

78龍腹山

6/139/2705

6/139/2708

6/140/2721

79龍騰水

3/59/1222

龍騰山

3/59/1222

80龍龕穴

5/108/2177

龍首山

2/25/528

7/158/3036

龍首渠

2/25/532

2/28/596

龍谷水

2/47/985

82龍鍾潭

5/108/2182

87龍舒水

6/126/2499

龍舒鄉

6/126/2500

龍舒城

6/126/2500

龍舒故城

6/126/2498

90龍焙監

4/101/2020

0128₆ 顏

12顏延之宅
　7/162/3101
21顏師古墓
　2/25/527
27顏叔子墓
　1/21/438
60顏羅縣（廢）
　7/169/3236

0160₁ 礜

32礜叢山
　5/104/2065

0164₆ 譚

22譚山
　5/110/2239
32譚州
　7/166/3175
　7/166/3176
34譚波羅山
　7/157/3021
43譚城
　1/19/386

0173₂ 襲

32襲州
　5/120/2399

0180₁ 龔

32龔州
　7/158/3044
72龔丘縣
　1/21/442
79龔勝墓
　1/15/300
80龔公山
　5/108/2177

0212₇ 端

22端山
　7/164/3135
32端州
　7/159/3057
　端溪山
　7/159/3058
　端溪縣
　7/164/3134
72端氏縣
　2/44/920

0242₂ 彰

67彰明縣
　4/83/1664

0260₀ 訓

32訓州
　5/120/2399

0266₄ 話

10話石山
　5/117/2361

0292₁ 新

00新市
　5/114/2319
　6/132/2596
　新市故城
　3/61/1249
　6/144/2802
10新平郡
　2/34/718
　新平城
　1/10/186
　新平縣
　2/34/720

新平縣(廢)
5/107/2144

15新建縣
5/106/2108

新建縣(廢)
5/110/2237

18新政縣
4/86/1716

22新川縣
3/81/1636

新豐故城
2/27/582

新豐縣
3/79/1595

新豐路
2/27/581

新豐原
2/29/623

新山
1/24/503

新樂縣
3/62/1275

26新堡
2/36/764

新息縣
1/11/205

27新黎縣
3/71/1443

新鄉縣
3/56/1153

30新寧城(故)
6/137/2678

新寧縣
6/137/2677
7/164/3144

新安縣
5/122/2430

新定郡
4/95/1909

新定縣
4/88/1744

新賓縣
4/88/1744

31新江
7/159/3059

32新州
7/163/3117
6/146/2840

33新浦縣
6/137/2673

35新津縣
3/75/1530

37新汲故城
1/2/33

新祠城
1/2/34

38新淦縣
5/109/2208

新淦縣城(廢)
5/109/2210

40新臺
1/14/274
3/57/1178

43新城
1/17/328
2/28/597
2/51/1069

新城(故)
3/60/1238

新城州都督府
3/71/1447

新城故縣城
2/48/1012

新城壘
3/53/1095

新城縣
3/70/1414
3/81/1633

4/93/1871

44新茨山

　5/109/2214

　新蔡縣

　1/11/206

47新婦石

　7/167/3192

　新婦水

　3/73/1490

　新婦巖

　4/98/1960

　新婦山

　3/70/1418

　4/97/1953

　新婦泉

　3/72/1470

　新婦灘

　6/149/2887

　新婦港

　6/124/2458

　新婦洞

　4/93/1871

　新都縣

　3/72/1470

50新泰縣

　1/23/486

　新秦郡

　2/38/807

　新秦縣

　2/38/808

55新井

　4/85/1697

　新井縣

　4/86/1715

60新里縣故城

　1/1/6

　新昌廟

　5/107/2144

　新昌城

　3/70/1413

　新昌縣

　3/70/1414

　4/96/1937

　5/106/2121

　7/170/3259

　新羅王子陵

　1/5/67

62新縣城（古）

　5/115/2335

67新明縣

　6/138/2698

　新野縣（廢）

　6/142/2756

68新喻縣

　5/109/2202

76新陽故城

　1/11/205

77新開直河

　1/16/318

　新興冶

　1/21/447

　新興場

　6/124/2465

　新興縣

　5/122/2429

　7/163/3118

80新會縣

　7/157/3020

87新鄭縣

　1/9/170

88新繁縣

　3/72/1471

0428₁ 麒

09麒麟山

　7/164/3139

0433₁ 熟

43熟城
　1/12/226

0442₇ 効

22効山
　2/47/992

0460₀ 計

22計山
　4/92/1846
72計斥城
　1/24/505
88計籌山
　4/94/1888

謝

22謝山
　5/106/2120
37謝禄廟
　1/22/464
　謝禄山
　1/22/462
　謝過城
　1/21/444

40謝塘
　4/94/1885
　謝真人祠
　4/86/1710
43謝城
　6/142/2762
72謝朓宅
　5/105/2083
80謝公山
　5/105/2082
　謝公池
　4/99/1977
88謝篤墓
　4/89/1766

0461₁ 諶

77諶母峯
　5/106/2113

0464₇ 護

17護邛州
　3/77/1562
22護川州
　3/77/1562
32護溪水
　4/86/1717

60護甲水
　2/40/844
　2/50/1046
　護甲嶺
　2/50/1045

0466₀ 諸

43諸城(漢)
　1/24/496
　諸城縣
　1/24/494
44諸葛亮宅
　6/145/2816
　諸葛誕城
　6/129/2546
　諸葛武侯祠
　3/72/1469
　3/77/1560
　諸葛武侯冢
　6/133/2618
　諸葛城
　6/133/2618
71諸暨縣
　4/96/1933

0466₄ 諾

22諾川縣
3/81/1635

32諾州
3/81/1635

諾溪
6/136/2662

38諾祚州
3/77/1557

44諾莋州
3/77/1561

0468₆ 讀

50讀書臺
2/30/646
3/72/1468

0512₇ 靖

30靖安縣
5/106/2113

32靖州
3/79/1604

74靖陵
2/31/672

0564₇ 講

13講武臺
2/40/847

0569₆ 諫

42諫獵冢
6/146/2839

0662₇ 謁

26謁泉山
2/41/867

30謁戾山
2/41/869
2/50/1050

0710₄ 望

00望帝祠
3/72/1469
3/73/1495

望京樓
1/1/8

12望到山
6/129/2550

望水縣
3/79/1597

21望仁縣
5/122/2430

22望仙山
7/150/2909

望仙澤
2/30/646

望仙臺
1/6/95
2/29/620

望仙觀
2/29/620

27望鄉山
4/88/1747

31望江縣
6/125/2480

37望潮樓
4/93/1866

38望海臺
1/20/411
1/20/416
3/70/1420

望海岡
7/158/3040

望途溪
6/149/2891

44望姑山

5/107/2156

望楚山

6/145/2814

45望姨橋

4/92/1853

46望相山

6/147/2863

47望都縣

3/62/1274

50望夫嶺

2/45/944

望夫山

2/45/944

5/105/2081

5/111/2259

5/113/2299

望夫臺

6/146/2844

望夷宮（秦）

2/26/564

77望風臺

3/61/1256

望兒原

2/32/694

望母臺

1/9/168

80望氣臺

1/2/32

96望烟山

1/7/127

0712₇　鸎

78鸎陰城

7/152/2938

0722₇　鄗

43鄗城

3/60/1232

廊

32廊州

2/35/735

43廊城縣

2/35/738

廓

43廓城

3/56/1153

3/56/1154

鷗

47鷗鶻洞

5/109/2218

0742₇　郊

40郊壇岡

5/112/2281

郭

00郭文舉臺

4/90/1791

12郭璞宅

4/92/1851

郭水

3/54/1118

21郭嶸山

5/104/2065

22郭山

4/94/1893

25郭仲産宅

6/146/2839

43郭城

3/54/1118

44郭林宗冢

2/41/870

鄣

12鄣水

26

7/151/2922

17郭郡故城

　　4/94/1892

62郭縣

　　7/151/2922

70郭壁城

　　2/47/991

鶊

22鶊觚縣(廢)

　　2/34/723

　鶊觚原

　　2/34/722

0748₆ 贛

10贛石山

　　5/109/2210

12贛水

　　5/108/2174

48贛榆故城

　　1/22/463

62贛縣

　　5/108/2174

0762₀ 調

20調絃亭

6/146/2843

0766₂ 韶

10韶石

　　7/159/3055

22韶山

　　1/21/442

　　7/167/3196

32韶州

　　7/159/3052

0772₇ 邴

22邴山

　　1/3/47

0821₂ 施

76施陽縣

　　4/88/1743

0821₄ 旌

24旌德縣

　　5/103/2050

76旌陽山

　　5/106/2110

80旌義鄉

　　2/31/670

旐

72旐丘

　　3/57/1179

0823₂ 旅

58旅撤州

　　7/156/3002

0823₃ 於

31於潛縣

　　4/93/1866

74於陵故城

　　1/19/379

0823₄ 族

00族亭湖

　　5/107/2141

0824₀ 放

26放皋山

　　1/8/144

47放鶴池

　　3/57/1177

　放鶴陂

　　5/115/2336

27

5/118/2383

0828₁　旋

40旋臺
　2/47/987
77旋門阪
　3/52/1080
　旋門關
　3/52/1081

0844₀　敦

27敦物山
　2/27/584
32敦州
　5/120/2399
72敦丘
　3/57/1177
77敦與山
　3/60/1235

0862₇　論

22論川州
　3/77/1558

0864₀　許

00許玄度巖

4/96/1936
12許水縣
　7/168/3217
17許子將墓
　5/106/2107
　許君里
　4/96/1932
27許紹墓
　5/109/2209
32許州
　1/7/124
34許遠廟
　1/12/221
40許真人墓
　4/90/1796
50許由廟
　1/3/50
　許由臺
　1/7/134
60許昌宮
　1/7/131
　許昌縣
　1/7/131

0865₁　詳

00詳高山

2/47/990

0925₉　麟

32麟州
　2/38/807
　3/81/1633
38麟遊縣
　2/30/642

1000₀　一

24一升泉
2/40/852

34一斗泉
1/5/77

44一横山
7/166/3174

1010₀　二

01二龍澤
1/11/202

10二疏墓
1/22/466

二石闕
3/74/1508

17二子祠
3/54/1111

31二江
3/72/1464

40二十四嶽
2/25/539

二十四陂
1/11/203

二臺
3/72/1468

44二横山
4/92/1841

47二妃陵
2/46/955

74二陸宅
4/95/1916

二陵
1/6/104

1010₁　三

00三童山
4/98/1966

三亭岡
1/1/13

三市（洛陽）
1/3/54

三章溪
7/163/3119

三交水
1/5/76
2/43/899
2/43/902

三交川水
2/32/694

三交城
2/37/786

三交故城
2/30/642

三交縣
3/81/1633

三京灣
4/99/1980

02三新婦山
5/104/2068

07三部縣
3/79/1597

10三王冢
6/143/2785

三王城
6/143/2781

三王陵
1/12/221

三天子都山
5/104/2065

三天洞
5/103/2047

三石山
4/100/2001

三石山下城
5/114/2320

三石人
3/73/1496

11三張宅
　3/63/1286
12三水
　2/34/722
　7/157/3017
　三水故城
　2/32/692
　三水縣
　2/34/721
　三畷亭
　1/13/260
　1/13/265
17三鵶水
　7/169/3232
　三鵶崗
　4/94/1894
20三垂山
　2/45/940
　三香水
　2/32/694
21三衢山
　4/97/1947
　三峿山
　5/120/2396
22三川水
　2/35/738

三川縣
　2/35/738
三鼎石
　7/164/3137
三巋山
　2/46/957
三峯山
　5/107/2157
三山
　1/20/417
　2/46/953
　3/52/1080
　4/90/1776
　4/94/1881
24三峽
　6/135/2648
　三峽山
　6/148/2874
26三皇山
　3/52/1082
　三泉故城
　6/133/2620
　三泉縣
　3/81/1633
　6/133/2619
　三峿山

4/85/1692
三嵋谷
　6/133/2614
27三危山
　7/153/2956
三角山
　6/126/2499
　6/131/2583
　6/137/2677
　6/139/2712
三角城
　2/40/846
三角城（古）
　3/67/1368
三角戍
　2/42/887
三將宅
　3/61/1250
30三户
　6/142/2752
三良冢
　1/21/438
31三河冶
　2/51/1065
三河口
　7/164/3143

三河縣
　3/70/1416

32三溪
　4/100/1998

三溪縣
　5/122/2425

三叢山
　5/116/2348

33三梁故縣
　7/167/3194

34三洪灘
　5/106/2116

36三湘
　5/116/2353

40三九山
　4/93/1871

三臺
　3/55/1139

三臺嶺
　2/44/924

三臺城
　3/67/1365

三堆城
　2/41/875

三女樓
　6/142/2753

三女陵
　3/66/1343

三雄山
　4/95/1911

43三城湖
　4/90/1779

44三封山
　1/7/133

三封故城
　2/39/825

三苑
　3/80/1617

三菁山
　3/72/1471
　3/74/1505

三恭州
　3/77/1557

三姑山
　5/104/2067

47三塪山
　2/36/756

三鶴山
　4/90/1794

48三松山
　6/134/2628

50三夫人峯

　6/143/2781

55三井州
　3/77/1555

三井岡
　4/90/1777

57三輅山
　2/46/953

60三足城
　7/154/2975

三累山
　2/28/600

64三時原
　2/27/584
　2/30/635
　2/30/636

70三雅池
　5/118/2382

71三隴
　7/153/2958

三原縣
　2/31/662

74三陵
　3/55/1140

77三風亭
　7/159/3056

三岡水

31

6/137/2679

三岡縣
　6/137/2678

三鴉路
　1/8/151

三鴉鎮
　1/8/151

三閭大夫祠
　5/113/2303

三門
　1/6/103

三門水
　2/29/623

三門山
　3/56/1162

三門穴
　5/116/2349

80三奠石
　7/164/3137

三合樹
　7/160/3072

三會水
　2/42/890

三公山
　6/126/2497
　6/129/2554

三公臺
　3/67/1361

三公城
　6/142/2753

82三鍾山
　6/144/2796

87三鉤鎮
　6/148/2875

正

10正平郡
　7/171/3283

正平縣
　2/47/984
　7/168/3220
　7/171/3283

77正覺山
　7/170/3257

78正陰城
　7/152/2938

80正義縣
　7/163/3125

1010₃　玉

10玉石山
　5/108/2175

玉石障
　7/152/2947

16玉環山
　1/16/321
　4/99/1980

21玉虛洞
　6/148/2881

22玉乳泉
　4/89/1764

玉山
　2/26/555
　5/104/2065
　7/159/3054

玉山郡
　7/171/3276

玉山縣
　3/81/1636
　5/107/2154

26玉泉山
　1/3/50

玉峴山
　4/98/1965

32玉州
　3/81/1636

玉溪縣
　3/78/1581

35玉津縣
　3/74/1510
37玉澗
　1/6/106
39玉沙縣
　6/146/2844
40玉女山
　1/5/73
　2/31/670
　4/87/1732
　6/133/2612
　玉女泉
　2/45/941
　玉女房
　3/73/1495
　6/135/2648
　玉女潭
　6/133/2612
　玉女祠
　2/30/642
　玉女井
　6/130/2571
　玉女岡
　5/109/2201
42玉荆山
　5/109/2213

43玉城縣
　1/6/113
　3/81/1635
　玉梭水
　2/45/941
44玉華宫（廢）
　2/35/742
　玉華洞
　5/111/2260
45玉樓山
　6/137/2679
47玉磐山
　4/94/1890
55玉井
　1/3/52
60玉壘山
　3/73/1494
　3/78/1575
　玉田
　5/110/2237
　玉田縣
　3/70/1416
70玉壁故城
　2/47/992
71玉馬山
　5/107/2140

76玉陽山
　7/169/3237
77玉岡山
　5/109/2196
　玉局壇
　3/72/1470
　玉門故關
　7/153/2958
　玉門縣
　7/152/2947
80玉鏡山
　6/125/2475
87玉鉤山
　2/46/967
88玉笥山
　5/109/2207
　5/109/2208
90玉堂
　2/25/532

1010₄ 王

00王庭州
　7/156/3002
　王章墓
　1/24/499
　王離城

2/44/922

王褒墓

3/76/1541

12王水

5/109/2213

王水口

6/141/2733

14王珪墓

2/25/527

16王琨墓

4/92/1845

17王弼墓

1/5/83

王子喬壇

1/5/75

王子城

3/73/1486

王子陵墓

4/92/1845

20王喬山

6/126/2496

王喬凫

1/8/147

王喬洞

5/111/2260

王喬壇

5/106/2105

王喬谷

2/29/615

21王佐山

5/107/2145

22王仙君廟

1/5/75

王仙君洞

6/126/2496

王山

5/109/2211

7/159/3054

王山祠

3/61/1256

25王仲德墓

1/15/299

27王粲墓

1/14/282

28王修墓

1/24/500

王僧辯城

1/23/479

王僧達墓

4/92/1845

30王官城

2/28/597

王官故城

2/46/956

31王潘冢

1/6/111

33王梁渠

1/11/205

36王澤

2/47/986

王澤嶺

3/58/1192

37王祠

2/40/846

王冢山

6/143/2787

38王祥池

6/125/2481

王祥墓

1/23/479

王導故居

1/23/479

40王右軍故宅

5/110/2234

42王彭父墓

1/16/319

44王莽河

3/54/1107

3/54/1109
3/54/1110
3/54/1114
3/54/1119
3/54/1120
3/57/1177
3/57/1178
3/57/1183
王莽城
3/56/1159
王莽枯河
3/64/1309
3/64/1310
47王猛冢
2/29/621
王朝場
5/113/2303
50王肅墓
1/23/486
王表巖
5/107/2155
王表祠
4/99/1980
53王戎墓
1/3/57
67王昭君宅

6/148/2881
74王陵城
2/40/848
77王屋
2/44/920
王屋山
1/5/77
2/45/937
2/47/994
王屋縣
1/5/77
王母澗
1/5/66
王母祠
3/55/1143
王母樗蒲山
7/153/2957
80王翦墓
2/31/662
王翁孺墓
3/54/1108
王尊冢
3/66/1344

至

44至孝關

4/102/2038
53至扶州
7/156/3002

1010₇　五

00五鹿津口
3/60/1239
五鹿墟
3/54/1108
五鹿城
3/57/1181
五帝畤
2/30/635
01五壘山
6/142/2752
五龍巖
5/108/2186
五龍山
1/20/419
2/36/754
2/45/938
3/73/1486
5/113/2306
6/147/2866
五龍泉
2/36/755

五龍原
2/34/720

五龍谷泉
2/31/665

07五部湖
4/92/1844

五部祠
2/29/615

五畝橋
4/97/1947

10五面石
5/107/2156

12五水
2/30/635

五孤城
4/94/1881

17五子山
4/84/1675

五郡山
4/84/1675

20五禿山
2/48/1012

22五巖山
3/56/1155

五仙山
7/150/2907

五峯
3/61/1254

五山
4/94/1890

五彩山
5/107/2141

24五牸山
2/26/554

26五泉渠
2/27/586

五泉縣
7/151/2927

五峴山
6/125/2479
6/129/2554

27五侯石
7/167/3192

五將山
2/30/640

30五汶
1/21/443

五渡水
7/159/3056

五户祠
2/47/995

五穴水

3/56/1159

31五渠水
3/67/1367

32五溪
5/120/2396

五溪水
5/117/2367

五溪山
5/114/2324

五溪河
5/105/2088

33五瀉水
4/92/1844

五梁溝
1/10/185

34五渚
5/113/2299

五祐場
6/124/2465

36五迴山
3/67/1363

五迴縣（廢）
3/67/1362

五迴路
3/55/1140

37五湖

4/92/1844

五澗谷水

7/152/2937

40五臺

3/61/1254

五臺山

2/49/1028

五臺縣

2/49/1028

五女冢

1/7/132

五女墓

3/57/1180

43五城水

5/104/2063

五城縣（廢）

4/82/1651

44五花峯

5/107/2143

五花山

6/146/2845

五孝城

3/57/1176

五茄山

6/132/2597

五華山

6/144/2803

五老仙人祠

2/46/957

五老峯

5/111/2251

五老山

2/46/961

五老人廟

5/116/2343

五葉湖

6/146/2836

47五弩山

1/24/494

五婦山

4/83/1663

4/84/1678

五柳館

5/111/2263

48五柞亭

2/34/724

五柞宮（秦）

2/30/646

五松橋

5/111/2252

50五丈河

1/2/35

五丈溝

1/14/286

五丈湖

5/112/2281

五丈原

2/30/638

51五指山

2/44/924

60五里泉

3/53/1097

五壘山

1/20/410

五壘城

3/65/1327

65五味山

3/78/1575

五味坡

2/31/672

五味陂

2/28/604

71五陌洲

6/145/2822

五原

2/37/782

五原郡

2/37/781

五原塞城
2/38/808

五原縣
2/37/782

五原鹽川
2/37/783

76 五陽水
1/6/113

77 五層山
4/82/1651
4/83/1667

五門山
2/44/917

80 五父衢
1/21/440

五美水
5/114/2319

五羊城
7/157/3015

五合城
2/38/806

五公城
3/67/1360

互

27 互鄉城

1/10/188

亞

50 亞夫山
4/86/1711

80 亞父山
6/126/2495

盂

43 盂城(故)
2/40/843

62 盂縣
2/40/854

1010₈ 巫

22 巫山
1/13/253
6/148/2876

巫山縣
6/148/2876

53 巫咸廟
2/47/987

巫咸山
1/6/105

巫咸祠
1/6/105

60 巫里
4/96/1933

71 巫馬期碑
1/14/285

豆

22 豆山
3/62/1275

44 豆莫山
4/83/1664

靈

00 靈府山
4/99/1979

03 靈鷲山
5/107/2149
7/159/3055

10 靈石山
4/98/1964

靈石縣
2/41/870

13 靈武郡
2/36/759

靈武城
2/33/710
2/36/764

靈武縣（廢）
　2/36/764
22靈川縣
　7/162/3102
　靈巖縣
　4/88/1743
　靈仙洞
　5/109/2196
　靈山
　1/18/358
　3/56/1163
　3/58/1192
　4/83/1663
　4/98/1960
　5/104/2059
　5/105/2084
　5/107/2149
　7/159/3054
　靈山石人
　5/107/2152
　靈山縣
　7/167/3201
23靈伏山
　7/167/3202
26靈泉
　1/7/128

2/36/763
2/41/871
靈泉溪
　7/160/3069
靈泉池
　3/72/1473
　7/152/2937
27靈龜
　6/142/2752
30靈寶縣
　1/6/100
31靈河縣
　1/9/164
　靈源山
　1/9/172
32靈州
　2/36/759
　靈洲山
　7/157/3012
　靈溪
　4/98/1967
　靈溪水
　7/167/3192
　靈溪池
　1/12/238
34靈池山

7/159/3056
靈池縣
　3/72/1473
37靈沼
　2/25/531
　3/62/1273
40靈臺
　1/12/227
　靈臺山
　4/83/1664
　靈臺縣
　2/32/693
　靈壽溪
　6/139/2705
　靈壽縣
　3/61/1254
43靈城（故）
　3/54/1120
47靈都觀
　1/5/78
53靈蛇山
　4/102/2036
55靈井
　3/52/1085
　3/62/1272
60靈星山

39

6/139/2712

靈星池
4/87/1727

靈星塢
1/5/74

靈囿
2/25/531

靈昌郡
1/9/159

靈昌津
1/9/164

靈昌湖
1/9/164

70靈壁城
1/17/328

72靈丘故城
2/49/1027

靈丘縣
2/51/1063

靈隱山
4/93/1864

77靈鼠石
7/164/3140

靈居山
4/87/1731

靈關山

3/77/1552

靈關路
3/77/1552

靈關鎮
3/77/1552

靈門
1/24/502

80靈谷山
5/110/2233

88靈竹縣（廢）
7/166/3182

90靈光殿
1/21/435

1011₃　琉

10琉璃山
5/108/2186

琉璃寺
5/106/2106

琉璃城（廢）
3/77/1561

疏

00疏廣墓
1/23/485

20疏受墓

1/23/486

44疏勒都督府
7/156/3000

77疏屬山
2/38/800

1014₁　矗

18矗政冢
1/2/32
3/54/1118

44矗甘井
4/85/1692

47矗都山
5/108/2183

1016₄　露

12露水
6/138/2696

40露臺祠
2/27/582

88露筋驛
6/130/2566

1017₇　雪

22雪山
1/15/302

2/50/1054

2/50/1055

3/81/1632

7/152/2937

7/152/2939

30雪宮基

　1/18/358

33雪浪閣

　5/109/2218

1020₀ 丁

32丁溪山

　5/107/2149

　丁溪場

　6/124/2465

43丁城

　6/142/2754

44丁蘭木母冢

　6/127/2516

　丁姑祠

　6/128/2526

60丁固宅

　5/112/2280

　丁固墓

　4/94/1889

77丁卯橋

4/89/1760

80丁公山

　1/15/303

　丁公墳

　1/15/304

1020₇ 雩

12雩水

　5/108/2182

22雩山

　5/108/2180

47雩都縣

　5/108/2179

50雩婁城(廢)

　6/129/2551

　雩婁縣(廢)

　6/129/2551

77雩門

　1/21/436

1021₁ 元

17元子晳碑

　5/110/2237

27元魯山墓

　1/5/67

41元姬山

2/51/1068

43元城縣

　3/54/1107

　元載墓

　2/25/527

71元辰山

　5/111/2263

　元馬河銅船

　3/80/1617

72元氏縣

　3/61/1256

1021₂ 死

00死亭灣

　4/95/1914

1021₄ 霍

00霍童山

　4/100/1995

12霍水

　2/43/901

22霍山

　2/43/901

　2/43/904

　2/50/1046

　2/50/1050

6/129/2553

7/160/3071

霍山廟

　2/43/906

霍山縣（廢）

　6/129/2553

27霍侯山

　1/18/365

霍將軍祠

　2/43/900

32霍州城（廢）

　6/129/2554

40霍去病墓

　2/27/579

60霍邑縣

　2/43/904

72霍丘縣

　6/129/2549

霍丘縣（廢）

　6/129/2551

76霍陽山

　1/8/144

90霍光冢

　2/25/526

10227 丙

12丙水

　6/133/2616

兩

22兩乳山

　2/48/1007

24兩岐水

　3/73/1486

兩岐山

　3/73/1486

25兩生墳

　4/94/1891

46兩觀臺

　1/21/439

47兩歂山

　1/20/414

90兩當縣

　6/134/2629

爾

70爾雅臺

　6/147/2862

雨

08雨施陂

　6/127/2513

10雨石山

　5/107/2151

37雨湧泉

　5/109/2202

77雨母山

　5/115/2330

80雨金堡

　2/31/661

鬲

35鬲津河

　3/65/1332

鬲津枯河

　3/64/1308

　3/64/1310

　3/65/1329

43鬲城（故）

　3/64/1308

霧

10霧露山

　6/127/2517

22霧嶺岡
7/161/3091

1023₀ 下

00下辯縣城（廢）
4/84/1675

17下邳縣
1/17/334

22下川洲
7/157/3021

31下涇
5/103/2051

32下溪水
7/169/3228

38下溠戍
6/144/2798

40下壺山
2/49/1026

43下博縣
3/63/1294

下城
1/22/468

44下蓬州
3/77/1561

下蔡故城
6/129/2545

下蔡縣
6/129/2544

下杜城
2/25/533

46下相故城
1/17/336

47下邽縣
2/29/616

下邽縣城（廢）
2/29/617

55下曲陽城
3/61/1258

60下邑縣
1/12/225

80下雉縣（故）
5/113/2308

83下館城
2/51/1069

88下符江
6/137/2680

1023₂ 弦

17弦歌山
5/114/2318

弦歌臺
3/58/1201

44弦蒲藪
2/32/687

震

10震雷山
6/132/2601

22震山
5/109/2198

36震澤
4/94/1883

1024₇ 夏

00夏亭城
1/10/192

12夏水
6/144/2803
6/144/2804

夏水池
2/43/900

20夏禹祠
2/40/847

夏禹臺
1/6/105

27夏侯皋墓
1/20/421

夏侯湛墓

1/12/231

夏侯嬰冢
　2/25/526

30夏宮
　1/6/105

32夏州
　2/37/783

35夏津縣
　3/54/1112

　夏津縣城（故）
　3/58/1200

41夏姬墓
　1/12/224

46夏駕山
　4/94/1892

60夏口水
　6/146/2835

　夏口浦
　5/113/2300

62夏縣
　1/6/104

72夏后祠
　1/1/16

76夏陽城
　2/28/601

　夏陽縣

2/28/599

77夏屋山
　2/49/1026

　夏門
　1/3/56

覆

27覆奧山
　1/6/105

　覆舟山
　1/5/81

　覆船山
　4/82/1650
　4/101/2013
　5/107/2151
　5/110/2241

30覆宿山
　2/49/1026

40覆袁水
　7/152/2942

50覆車山
　2/26/555

80覆釜山
　4/98/1964

88覆笥山
　5/108/2175

1030₇ 零

12零烈水
　7/167/3197

27零緑縣（廢）
　7/167/3197

32零溪水
　7/164/3135

74零陵郡
　5/116/2346

　零陵縣
　5/116/2347

1032₇ 焉

40焉支山
　7/152/2943

44焉耆都督府
　7/156/3000

1033₁ 惡

12惡水
　7/160/3073

22惡山
　5/104/2069

32惡溪
　4/99/1984

44

1040₀ 干

00干言山
　3/59/1221

27干將城
　3/56/1164
　3/58/1193

　干將墳
　5/105/2084

43干城
　3/57/1176

　干越亭
　5/107/2141

　干越渡
　5/107/2141

78干隧
　4/91/1822

于

04于謹墓
　2/31/664

12于延水
　3/69/1398

30于定國墓
　1/22/466

耳

22耳山
　3/61/1252

1040₄ 要

00要離冢
　4/91/1824

21要衝城（廢）
　3/77/1561

77要册湫
　2/34/728

1040₉ 平

00平高城
　1/8/151

　平高縣
　2/33/703

　平康縣
　3/81/1632

　平度城（故）
　1/20/422

　平襄城
　7/150/2905

05平靖關（故）
　6/132/2601

10平西城
　6/138/2690

　平西縣
　7/168/3218

　平晉縣
　2/40/843

11平琴州（廢）
　7/165/3156

12平水
　2/43/900

21平盧河
　1/18/353

　平虜渠
　3/65/1328

22平山
　2/43/899
　2/49/1030
　5/108/2182

　平山縣
　3/61/1253

　平利縣
　6/141/2730

　平樂郡
　7/163/3121

　平樂江
　7/163/3122

平樂縣
7/163/3122

26平泉縣
3/76/1538

平皋城
3/53/1096

平皋故城
1/8/151

平皋陂
3/53/1096

27平烏石
7/165/3155

平鄉水
3/77/1553

平鄉縣
3/59/1218

30平塞軍
3/68/1383

平塞縣
3/68/1383

平涼郡
2/33/700

平涼縣
7/151/2919

平定軍
2/50/1050

平定縣
2/50/1051

31平江縣
5/113/2303

平河水
2/38/811

32平州
3/70/1417

平州水
6/139/2706
6/140/2723

平遥縣
2/41/869

34平波山
6/137/2681

36平澤河
3/63/1294

37平湖
5/106/2119

平逢山
1/3/47

38平道縣
7/170/3256

40平臺
1/12/226
3/59/1219

平南縣
7/158/3045

平壽縣(廢)
1/18/363

43平城
2/51/1069

平城(漢)
1/14/285

平城縣
2/44/927

平城縣城(故)
2/49/1027

44平林縣
7/168/3220

46平堤廢縣
3/63/1289

47平都山
6/149/2890

平都縣(廢)
5/109/2215

50平夷
3/79/1596

平夷縣
2/42/886

53平戎軍
3/68/1386

55平井
4/85/1694
平曲子
3/68/1381
平曲城
3/67/1366
平曲故城
1/22/461
平棘縣
3/60/1231
60平蜀臺
3/73/1492
平蜀縣
6/135/2649
平恩縣
3/58/1193
平吳臺
1/6/107
平昌故城（漢）
1/24/498
平邑
3/54/1109
平邑縣（漢）
2/49/1035
62平縣城（故）
1/5/83

71平原君墓
3/58/1196
平原郡
3/64/1306
平原縣
3/64/1309
平原縣（廢）
7/158/3046
72平丘城
1/1/11
平劉黑闥壘
3/58/1193
74平陸縣
1/6/99
平陵
2/26/561
平陵王墓
1/19/391
平陵山
4/90/1794
平陵城
1/19/386
2/26/559
3/67/1368
4/92/1849
平陽郡

2/43/896
平陽城
1/9/163
平陽故城
3/55/1142
平陽縣
4/99/1981
5/117/2363
77平陶城
2/40/849
平屙湯
6/124/2456
平興縣（廢）
7/159/3058
平輿故城
1/11/200
平輿縣
1/11/202
平桑水
6/140/2720
78平陰城
1/13/253
平陰故城
1/3/53
平陰縣
1/13/252

47

80平羌水
　3/74/1505
　3/77/1553
平羌化山
　3/74/1509
平羌縣
　3/74/1509
平谷故城
　3/69/1403
87平舒城
　2/29/622

1043₀ 天

00天齊
　1/18/353
天齊池
　1/18/357
天齊原
　2/31/663
10天靈洞
　5/107/2151
12天水郡
　7/150/2897
天水故城
　3/73/1486
天水縣

　7/150/2902
天水縣（廢）
　5/111/2258
17天子道
　4/89/1764
22天乳山
　2/31/661
天山
　7/152/2939
　7/153/2963
　7/156/2995
　7/156/2997
天山軍
　7/156/2998
天樂寺
　3/55/1140
23天台山
　4/83/1666
　4/98/1966
天台縣
　4/98/1966
24天德軍
　2/39/828
26天泉山
　4/94/1888
天魏山

　6/134/2634
27天岬山
　4/87/1732
30天室山
　1/20/420
天寶洞
　5/106/2102
31天河縣
　7/168/3216
　7/171/3279
32天溪洞
　4/86/1717
33天心山
　6/143/2782
34天池
　2/41/875
　3/79/1594
天池山
　4/84/1682
　6/133/2613
　6/142/2757
天池大澤
　7/154/2973
天池縣
　2/42/891
　3/79/1597

天社山
　3/75/1530
35天津橋
　1/3/46
37天冠山
　5/107/2157
40天壇山
　1/5/71
　1/5/78
天柱峯
　5/107/2159
天柱山
　2/30/639
　4/82/1651
　4/83/1664
　4/86/1716
　6/129/2553
　6/141/2736
42天彭山
　3/73/1494
44天花井山
　5/111/2253
天姥山
　4/96/1933
55天井
　2/43/899

6/132/2601
天井水
　2/47/988
天井山
　1/20/420
　4/95/1912
天井泉
　2/44/917
天井澤
　3/62/1270
天井岡
　7/157/3016
天井關
　2/44/917
　2/45/943
　2/48/1012
60天目山
　4/86/1717
　4/93/1866
　4/94/1890
　6/130/2566
　6/142/2761
天固堡
　2/34/727
71天階山
　4/100/2001

天長軍
　6/130/2571
天長縣
　6/130/2572
74天陵山
　1/5/67
77天門山
　3/53/1097
　3/56/1158
　5/105/2082
　5/107/2147
　5/116/2344
　5/118/2380
天興縣
　2/30/634
88天竺山
　5/108/2175

1044₁ 弄

45弄棟縣
　3/80/1621

1050₆ 更

25更生水
　5/109/2213
更生山

5/109/2213

更生鄉

5/116/2350

43更始水

5/120/2396

1052₇ 霸

12霸水

2/25/524

22霸岸

2/25/523

32霸州

3/67/1365

3/80/1612

74霸陵

2/26/561

1060₀ 石

00石亭水

3/73/1488

石膏山

4/93/1864

6/128/2531

石康縣

7/169/3227

石廩

5/110/2233

石廩峯

5/114/2323

01石龍

5/110/2235

石龍山

6/132/2597

6/146/2844

石龍洞

5/104/2069

石龍縣

7/167/3196

石龍岡

7/167/3196

02石新婦

4/83/1664

石新婦山

4/83/1665

4/98/1964

10石西州

7/166/3175

7/166/3176

石瓦山

6/146/2842

6/149/2892

11石頭山

4/91/1827

4/93/1868

石頭渚

5/106/2104

石頭城

4/90/1788

石磧

3/73/1495

12石烈井

4/85/1697

石孔山

2/43/899

17石子岡

3/56/1164

4/90/1777

石君山

5/108/2183

20石季龍墓

3/56/1162

石雞翁山

6/139/2712

21石虎

1/3/50

5/114/2319

石虎池

3/72/1473

石虎故城
3/55/1139

22石川水
2/26/566

石巖山
6/132/2594

石嶺關
2/42/890

石嶺鎮
2/40/843

石乳山
7/164/3142

石乳城水
3/76/1538

石崇宅
1/3/54

25石牛
3/72/1467

石牛道
4/84/1677

石牛縣
5/122/2430

石佛井
1/15/299

26石堡城
7/150/2903

石泉碑
5/111/2259

石泉故城
1/24/498

石泉縣
3/78/1575
6/141/2733

27石盤水
2/35/742
6/134/2629

石盤戍
3/75/1525

石侯祠
5/106/2112

石縫井
4/85/1698

30石室
1/5/78
3/78/1575
5/109/2198
5/114/2318

石室山
2/40/844
3/80/1618
4/97/1945
4/99/1978

5/116/2348
7/166/3179

石潼關
5/122/2429

石扇山
1/5/66

石窟泉
2/39/825

石安原
2/26/557
2/26/564

石窆
1/19/392

石寶穴
5/108/2182

31石潭鎮（廢）
6/125/2478

32石州
2/42/884

33石梁巖
5/107/2151

石梁山
6/145/2814

石梁溪
6/123/2449
6/130/2572

34石斗山
　　4/94/1880
　石港場
　　6/130/2570
　石漆
　　7/152/2946
37石洞庭
　　6/142/2753
　石湖
　　7/167/3194
　石袍山
　　7/167/3193
　石郎洞
　　5/109/2216
40石九子母祠
　　7/170/3255
　石坑阜
　　1/21/446
　石南縣（廢）
　　7/165/3154
　石柱
　　3/54/1119
　　3/60/1232
　　3/67/1361
　　4/98/1960
　　5/106/2112

42石橋
　　6/146/2847
　石橋山
　　4/97/1945
　　5/107/2150
　石橋海神
　　1/20/409
43石城
　　6/129/2546
　　6/144/2804
　石城（故）
　　6/149/2889
　石城山
　　3/76/1538
　　3/76/1542
　　4/91/1821
　　4/94/1883
　　4/94/1887
　　4/97/1952
　　4/98/1967
　　5/113/2309
　　6/132/2603
　　6/137/2676
　石城故縣城
　　2/48/1012
　石城縣

　　3/70/1420
　　5/108/2186
　　5/122/2430
　石城縣（廢）
　　7/167/3197
44石鼓
　　2/29/620
　　4/91/1823
　　5/107/2157
　　5/114/2323
　　5/116/2352
　　6/137/2677
　石鼓文
　　2/30/636
　石鼓山
　　2/49/1026
　　4/91/1820
　　4/94/1892
　　5/104/2067
　　5/107/2143
　　5/111/2259
　石鼓崐山
　　5/113/2306
　石鼓溪
　　5/107/2155
　石鼓縣

6/137/2677

石鼓原
　2/31/665

石塔山
　6/137/2672

石塔縣
　3/79/1598

石藏山
　5/107/2143

石鸞山
　5/116/2351

石鸞洞
　5/116/2351

石鸞場
　5/117/2370

石姥山
　5/109/2202

石姥祠
　2/40/854

石勒冢
　3/59/1216

石勒陵
　2/44/921

石勒母王夫人冢
　3/59/1216

石英山

7/164/3142

石英渠
　5/118/2383

石苞臺
　3/65/1330

石黄山
　5/107/2150

45石埭水
　5/105/2089

石埭縣
　5/105/2088

石樓
　3/75/1526
　4/98/1960

石樓山
　2/36/762
　2/48/1014
　4/96/1936
　5/107/2156

石樓縣
　2/48/1014

石槽祠
　2/48/1006

47石帆
　4/99/1979

石帆山

4/96/1929
4/99/1983
4/100/2001
5/118/2381

石磐山
　4/83/1665

48石梯山
　2/50/1045

51石虹山
　5/107/2146

55石井
　5/107/2159

石井山
　5/117/2363

石井岡
　3/59/1215

57石搥水
　2/47/988

60石瞳山
　3/61/1254

石墨
　7/158/3042

石墨池
　4/89/1765

石墨井
　5/104/2067

石邑縣
　　3/61/1250
70石壁山
　　5/111/2258
　　5/111/2263
71石隴縣
　　3/81/1633
　　石階山
　　　6/143/2780
　　石馬山
　　　2/48/1010
　　石馬泉
　　　6/134/2633
72石丘
　　1/9/164
76石陽故城
　　5/109/2208
　　5/109/2218
　　石隁山
　　　1/6/110
77石屋巖
　　5/109/2207
　　石岡溪
　　　3/76/1538
　　石犀
　　　3/72/1468

石犀潭
　　3/74/1511
石母臺
　　1/11/202
石閣山
　　2/35/745
石印
　　7/167/3194
石印山
　　5/107/2135
石臼嶺
　　2/50/1046
石臼泉
　　4/85/1693
石臼河
　　3/62/1273
石臼池
　　5/106/2104
石臼湖
　　4/90/1793
石門
　　5/104/2062
　　5/118/2378
　　5/120/2391
　　6/133/2615
石門水

　　3/71/1436
　　3/81/1632
　　7/157/3012
石門山
　　1/20/410
　　2/31/673
　　2/34/722
　　2/44/921
　　2/48/1006
　　3/59/1215
　　3/81/1632
　　4/84/1682
　　5/105/2088
　　5/111/2257
　　5/117/2364
　　5/122/2428
　　6/137/2673
　　6/146/2843
　　6/148/2880
　　7/154/2971
石門灘
　　5/104/2070
石門冶
　　1/21/447
石門澗
　　5/111/2251

石門縣
　5/118/2377
石門關
　2/49/1029
80石人
　3/74/1509
石人山
　2/44/917
　3/76/1540
石人谷
　6/132/2602
石鐘山
　5/111/2262
石錐山
　2/46/956
石鏡山
　4/93/1870
　5/111/2252
　7/155/2986
石鏡縣
　6/136/2656
石羊山
　4/99/1983
石羊津
　3/74/1511
石羊故城

　2/48/1013
石羊井
　4/85/1697
石首山
　6/146/2843
石首縣
　6/146/2843
石首魚
　4/91/1828
石倉城
　1/1/12
石谷溪
　4/82/1649
石公山
　4/91/1821
　4/97/1952
石公泉
　2/44/926
81石甑
　4/97/1950
石甑山
　4/93/1867
82石劍閣道
　6/135/2649
84石鈷鉧
　147/2863

87石鍋
　5/109/2204
石銘陘嶺
　2/51/1063
88石筏山
　4/92/1846
石筍山
　6/149/2888
石簣山
　4/96/1929
石簀山
　4/99/1978
90石堂
　5/107/2157
石堂山
　2/35/741
石堂溪水
　3/74/1508
石掌灘
　5/106/2113
98石鱉屯
　1/17/335
石鼉山
　6/124/2461

百

10 百工神廟
1/5/75

21 百頃山
5/120/2398

百頃澤
2/27/578

22 百巖山
3/59/1215

25 百生墓
1/5/75

26 百泉水
3/59/1216

百泉河
3/59/1215

百泉縣
2/33/705

30 百家巖
3/53/1097

百牢關
6/133/2618

35 百神廟
4/84/1678

41 百頗州
3/77/1557

44 百坡州
3/77/1556

48 百梯山
2/46/956

50 百丈水
2/27/582

百丈嶺
5/107/2157
5/110/2238

百丈山
4/100/2001
5/106/2114
5/109/2202

百丈溪
4/102/2038

百丈澗
2/46/960

百丈縣
3/77/1553

55 百井山
6/147/2866

百井戍
2/39/825

百井谷
2/48/1014

60 百里奚墓
6/142/2754

百里嵩祠
1/15/297

百里嵩墓
1/1/9

百里洲
6/146/2840

67 百眼泉
2/44/920

72 百脈水
1/19/390

77 百尺水
1/24/496

百尺堰
1/10/189
1/11/209

百尺樓
1/3/50

百尺堤
1/8/153

百尺陂
1/24/497

百門陂
3/56/1158

90 百尖山
3/56/1163

西

00西疲灣
5/111/2255

西亭場
6/130/2570

西充山
4/86/1711

西充縣
4/86/1710

西高州
5/122/2425

10西王母祠
2/32/692

西五城
3/73/1489

西下密縣（廢）
1/18/363

西平郡
7/151/2922

西平城（故）
1/11/203

西平故城
7/151/2925

西平縣
1/11/202

西平縣故城
5/106/2112

西石門山
1/6/112

12西水
4/86/1715
4/86/1716
4/86/1717
4/86/1718

西水縣
4/86/1717

20西受降城
2/39/830

21西熊洲
7/157/3021

西衡澤
7/158/3036

22西豐水
7/158/3036

西巖
5/107/2150

西巖嶺
4/101/2015

西山
1/19/377
6/143/2781

西山冶
2/50/1048

西山寺
4/99/1975

西樂城古城
6/133/2618

24西射堂
4/99/1977

25西使縣
3/81/1636

26西魏文帝陵
2/31/662

27西鄉城
3/70/1412

西鄉縣
6/138/2690

30西塞山
5/112/2281

西淮水
6/135/2645

西濠水
6/128/2532

西漳水
2/45/943

西寧水
5/110/2237

西寧縣(廢)
5/110/2238

西安江
7/164/3143

西安縣
3/79/1594
4/97/1945

西安縣故城
5/106/2112

西安陽縣
2/38/808

西宅
3/63/1287

31西江水
6/126/2497
7/164/3139

西河
2/39/827
3/55/1137

西河水
5/108/2185

西河郡
2/41/865

西河泊
2/41/867

西河縣

2/41/867

西源洞
5/107/2158

西顧山
4/94/1893

西渠
3/54/1107

32西州
7/156/2993

西溪水
4/86/1711

西溪館
6/125/2476

33西潦水
6/132/2596

西浦
4/89/1760
4/90/1787

34西池
5/109/2199

西漢水
4/86/1711
4/86/1714

西瀆河水祠
2/28/602

35西津橋

6/126/2493

37西湖
4/93/1865
4/94/1894
5/107/2159

40西塘坑
5/117/2370

西嘉梁州
3/77/1558

西壽春縣(廢)
6/129/2547

43西城
7/150/2902

西城故城
6/141/2730

西城縣
6/141/2729

西城縣(廢)
7/158/3041

44西華山
5/108/2176

西華城
1/10/191

西華縣
1/10/192

47西期城

1/12/228

50西秦山

2/32/690

55西曲陽縣城（廢）

6/129/2547

56西捍海堰

1/22/463

60西昌山

4/83/1667

西昌故城

5/109/2212

西昌縣

4/83/1667

62西縣

6/133/2617

64西噎山

4/94/1893

70西防故城

1/14/284

71西陘山

2/49/1027

西陘關

2/49/1028

74西陵山

4/94/1880

西陵峽

6/147/2862

76西隗山

4/99/1983

西陽泉水

2/48/1012

西陽城（故）

6/127/2513

77西丹水

1/18/366

西門豹祠

3/55/1138

西門橋

3/55/1138

西門樓

3/72/1466

西門樓山

3/75/1531

78西鹽州

7/156/2998

80西金臺

3/67/1361

西余山

4/94/1882

90西光城

3/68/1379

1060₁ 吾

22吾山

1/13/254

晉

00晉康郡

7/164/3133

晉康縣（廢）

7/164/3135

晉文公廟

2/48/1011

晉文公墓

2/47/993

10晉王斜路

1/6/101

晉靈公臺

1/6/95

晉靈公墓

2/47/986

12晉水

2/40/844

2/40/848

13晉武帝陵

1/3/53

22晉嶺

5/117/2370

23晉獻公冢
6/128/2535

30晉寧縣
3/79/1596

晉安縣
4/86/1715

31晉江
4/102/2031

晉江縣
4/102/2031

晉渠
2/40/848

32晉州
2/43/896

36晉澤
2/40/844

37晉祠
2/40/846

晉祠碑
2/40/847

43晉城縣
2/44/917

47晉朝五廟
1/3/50

50晉中宗陵

4/90/1783

60晉昌郡
7/153/2959

晉昌縣
7/153/2960

晉景帝陵
1/5/80

71晉厲公墓
2/47/991

晉原縣
3/75/1528

72晉虒祁宮
2/47/985

74晉陵縣
4/92/1841

76晉陽故宮
2/40/846

晉陽縣（廢）
5/111/2258

雪

12雪水
4/94/1892

32雪溪
4/94/1884

雪溪館

4/94/1884

1060₃ 雷

10雷夏澤
1/14/276

雷石
5/107/2147

雷石戍
5/116/2350

25雷牛山
7/150/2907

32雷州
7/169/3229

36雷澤
3/61/1258
4/94/1883
4/94/1894

雷澤縣
1/14/275

37雷洞
5/106/2116

40雷塘
6/123/2446

74雷陂
6/123/2445

77雷門

4/96/1931

80雷首山

1/6/97

雷公廟

7/169/3232

雷公山

3/59/1223

5/110/2233

1062_0 可

10可雲山

3/79/1594

30可寒堆

2/48/1012

32可州

3/81/1634

36可邏水

7/166/3175

37可瀨山

7/170/3259

可通水

5/120/2396

43可狼山

7/151/2927

44可藍山

2/33/705

7/151/2919

可蒙山

4/82/1653

67可野寺（廢）

2/35/746

80可無山

3/79/1592

1062_1 哥

10哥靈州

3/79/1604

22哥係州

7/156/2998

27哥勿州都督府

3/71/1447

88哥籟山

6/140/2723

1062_7 碻

18碻磝津

1/13/256

1064_1 霹

10霹靂山

1/18/362

1064_8 碎

10碎石務

7/150/2910

1068_6 礦

40礦坑阜

1/21/446

1071_2 霉

12霉水

3/66/1344

3/67/1359

22霉山

1/23/480

1071_6 電

26電白縣

7/161/3088

1071_7 瓦

00瓦亭

2/32/692

瓦亭川水

7/150/2900

瓦亭山

7/150/2900

瓦亭關
2/33/704

30瓦窑池
2/37/783

31瓦河水
3/67/1366

1073₁ 雲

01雲龍山
5/108/2186

11雲頂山
3/76/1543

12雲水源
7/159/3054

22雲巖山
2/35/745

雲巖縣
2/35/745

雲山
5/114/2318

雲山郡
3/80/1621

雲山縣
3/80/1622

27雲響城

1/1/8

29雲秋山
5/115/2331

30雲安郡
6/148/2871

雲安軍
6/147/2866

雲安縣
6/147/2867

32雲州
2/49/1031

雲州故城
2/40/850

雲溪山
5/112/2287

40雲臺山
4/86/1716

雲臺觀
2/29/621

雲南山
3/79/1600

44雲蓋山
5/106/2102

雲夢澤
5/113/2299

6/132/2594

6/146/2847

雲夢城
6/144/2803

雲夢縣
6/132/2596

雲黃山
4/97/1951

雲杜故城
6/144/2804

47雲棚城
5/106/2121

50雲中水
2/42/890

雲中郡
2/49/1031

雲中城
2/38/806
2/49/1029

雲中都督府（廢）
2/37/787

雲中故宮
2/49/1035

雲中故城
2/38/811

雲中縣
2/49/1033

76雲陽山

　5/115/2331

雲陽宮

　2/31/666

雲陽縣

　2/31/664

77雲母山

　1/16/315

　2/42/889

　5/105/2088

　5/114/2318

　6/128/2530

　7/157/3014

雲母泉

　5/113/2302

雲母岡

　7/157/3017

雲門谷

　2/28/597

1077₂ 函

30函寧

　2/34/726

74函陵

　1/9/171

80函谷關（古）

　1/6/101

𢈘

22𢈘山

　4/90/1794

𢈘山亭

　4/92/1849

1080₆ 貢

12貢水

　5/108/2177

　5/108/2182

賈

00賈充墓

　2/43/903

03賈誼廟

　5/114/2320

14賈耽墓

　2/25/539

17賈君祠

　1/11/205

26賈魏公廟

　1/9/162

28賈復城

　1/8/149

34賈逵碑

　1/10/188

43賈城

　2/28/604

47賈胡堡

　2/41/871

77賈屋山

　2/49/1026

1090₀ 不

00不夜城

　1/20/411

21不廬山

　7/170/3257

30不家水

　1/9/167

36不邏饒山

　7/167/3194

44不其山

　1/20/420

不其城

　1/20/421

80不羹城（古）

　1/8/152

1090₄ 栗

00栗亭川
　　7/150/2907
　栗亭縣
　　7/150/2907
60栗里原
　　5/111/2252
　栗園
　　1/11/200
　　2/25/532

粟

22粟山
　　4/91/1825
　　4/93/1865
60粟邑城
　　2/28/598

1099₄ 霖

44霖落泉
　　3/56/1153

1110₁ 韭

22韭山
　　1/20/419

1111₀ 北

00北亭
　　4/99/1977
　北廟
　　2/29/620
　北庭府
　　7/156/2996
　北譙縣（廢）
　　6/129/2547
　北亳城
　　1/2/26
04北謝山
　　4/89/1765
　北謝塘
　　4/89/1765
07北邙山
　　1/3/51
　　1/5/81
10北玉山
　　1/7/127
　北平郡
　　3/70/1417
　北平山
　　3/74/1503
　北平城

　　1/17/332
　北平故城
　　3/70/1416
　北平縣
　　3/62/1274
12北水
　　6/137/2676
　　6/139/2705
　　6/139/2706
　　6/139/2708
21北虞川
　　2/31/661
　北紫蓋山
　　6/146/2848
22北川州
　　3/77/1562
　北仙居山
　　6/127/2514
27北郜國
　　1/14/286
　北鄉城（古）
　　2/46/959
30北塞山
　　7/153/2958
　北流溪
　　4/87/1728

北流縣
7/167/3191

31北河水
6/143/2785

32北濮水
1/14/276

33北浦里橋
5/103/2048

34北斗山
7/165/3154

北斗城
3/53/1096

35北漣水
1/17/340

38北海郡
1/18/349

北海縣
1/18/362

43北狼山
1/12/233

44北地州
3/77/1562

北蒙城
1/12/234

北華山
6/142/2753

45北棣城
1/2/27

50北中府城
3/52/1078

51北拒臺
1/2/29

60北易水
3/67/1359

北界山
3/74/1506

北思縣
3/78/1582

北固山
4/89/1759

北景郡
7/171/3282

北景縣
7/171/3282

67北野城（廢）
5/104/2062

北野縣（廢）
5/104/2064

北黟山
5/104/2060

74北陂義堂路（廢）
1/5/82

北陵城
1/17/328

北陵故城
1/17/336

77北學城鎮
2/49/1035

80北八游場
6/124/2465

北八賦水
2/44/927

1111₄ 班

10班石
7/164/3142

班石山
7/164/3139

47班超墓
1/19/393

72班氏故城
2/49/1035

斑

88斑竹山
5/109/2213

11111₇ 琥

16琥珀丘
　1/11/207

甄

06甄韻墳
　3/60/1239
22甄豐墳
　3/60/1239
24甄備墳
　3/60/1239
26甄皇后陵
　3/55/1140
27甄像墳
　3/60/1239
　甄皋墳
　3/60/1239
37甄逸墳
　3/60/1239
47甄邯墳
　3/60/1239
60甄思伯墳
　3/60/1239
76甄陽墳
　3/60/1239

77甄舉墳
　3/60/1239

11136 蜚

00蜚廉城
　2/47/987
　蜚廉故城
　2/46/962

11186 項

00項亭
　6/124/2457
17項羽廟
　6/128/2535
　項羽墓
　1/13/255
　1/17/332
　項羽井
　1/17/336
33項浦
　4/94/1885
43項城縣
　1/10/187
60項口
　6/124/2456
　項國城

1/10/188

頭

21頭顱山
　2/44/919

11207 琴

00琴高冢
　3/66/1344
30琴室
　6/123/2445
40琴臺
　1/8/151
　1/14/285

11211 麗

10麗元山
　3/72/1470
　3/73/1486
12麗水
　7/152/2938
　麗水城
　7/152/2939
　麗水縣
　4/99/1983
26麗皋縣

5/122/2426

44麗甘山

4/85/1693

1122₇ 彌

37彌溺堡

2/38/802

44彌蒙水

3/73/1487

1123₂ 張

10張耳臺

3/59/1222

張耳墓

1/1/6

張平子宅

5/113/2307

5/113/2309

張平墓

1/2/32

張天師草堂

5/107/2151

12張飛祠

3/72/1469

張飛冢

4/86/1715

21張行成墳

3/62/1275

27張綱溝

6/123/2447

張綱墓

3/74/1504

28張儀墓

1/1/6

張儀同祠

3/79/1592

30張騫冢

1/7/128

張安世冢

2/25/526

張良山

6/144/2801

張良城

1/1/12

張良墓

1/15/301

2/26/562

張賓墓

3/59/1218

32張巡廟

1/12/221

34張漢陽碑

6/145/2816

37張澹冢

6/142/2755

38張裕墓

4/91/1824

40張九齡宅

7/159/3056

張熹廟

1/11/202

張女郎祠

2/32/687

43張城

3/59/1218

44張華冢

3/69/1400

張蒼墓

3/67/1362

50張車騎冢

2/25/526

張掖郡

7/152/2940

張掖郡城

7/152/2943

張掖河

7/152/2942

張掖縣

7/152/2941

張屯湖

6/146/2843

58張敖冢

2/26/559

60張甲河

3/54/1113

張甲枯河

3/54/1113

80張公山

4/92/1847

張公洲

4/90/1780

張公城

2/49/1029

6/123/2446

張公故關

3/64/1310

1133₁ 瑟

11瑟瑟窟

1/6/100

1161₆ 礓

31礓河

3/63/1293

1162₇ 礪

12礪水

3/59/1222

1164₀ 研

55研井

4/85/1697

1168₆ 碩

34碩濩湖

1/17/340

1/22/459

1/22/468

1171₁ 琵

11琵琶亭

5/111/2254

琵琶山

5/105/2081

6/137/2679

7/151/2928

琵琶洲

5/107/2142

琵琶溝

1/1/5

1173₂ 裴

30裴寂墓

2/46/958

41裴楷墓

1/3/57

90裴光庭墓

2/46/970

1180₁ 冀

32冀州

3/63/1281

72冀氏縣

2/43/907

85冀缺墓

2/43/909

1210₀ 剝

20剝重州

3/77/1562

1210₈ 登

00登高山

4/101/2013

32登州

1/20/406

1212₇ 瑞

30瑞安江
　4/99/1980
　瑞安縣
　4/99/1980
32瑞州
　3/71/1445
34瑞洪水
　5/107/2141
60瑞昌縣
　5/111/2260
80瑞金縣
　5/108/2186

1213₆ 蜑

30蜑戶
　7/157/3021

1214₇ 瑗

43瑗城
　1/19/388
　3/64/1314

1217₂ 瑶

82瑶劍州

3/77/1562

1220₀ 列

80列人堤
　3/58/1196
　列人埕
　3/58/1196
　列人故城
　3/58/1196

引

22引山
　7/170/3255

1223₀ 水

01水龍洞
　5/107/2143
60水晶巖
　5/109/2204
74水陸柵
　4/101/2013
88水簾巖
　5/110/2241

弘

32弘州城

2/33/710
34弘遠縣
　7/167/3202
55弘農郡
　1/6/108

1224₇ 發

10發干故城
　3/54/1119
47發鳩山
　2/45/939

1233₀ 烈

22烈山縣
　3/80/1615
30烈家水
　3/59/1218
32烈洲
　4/90/1779

1240₁ 延

00延慶縣（廢）
　2/33/708
12延水縣
　2/36/755
22延川縣

2/36/758

24延德縣
7/169/3239

26延釋伽水
2/38/807

30延安郡
2/36/752

31延福縣(廢)
2/38/801

32延州
2/36/752
5/120/2399

延溪
5/118/2383

35延津
1/9/164
3/56/1155

延津州
3/71/1448

延津城
3/56/1154

延津關
3/56/1154

38延祥觀
5/107/2140

40延壽城

1/5/74

60延恩縣(廢)
2/39/825

71延長縣
2/36/754

72延丘
3/57/1181

74延陵
2/26/561

延陵季子廟
4/89/1762

延陵季子祠
4/92/1853

延陵縣
4/89/1762

1241₀ 孔

07孔望山
1/17/337
1/22/460

10孔靈村
5/104/2062

12孔水
3/69/1401

15孔融墓
6/123/2446

17孔子廟
3/53/1095
3/72/1468

孔子嶺
3/60/1235

孔子祠
1/21/439

孔子墓
1/21/437

孔子井
5/103/2050

22孔山
2/48/1015
3/52/1083
3/67/1358

44孔姥墩水
4/94/1886

76孔陽水
6/143/2788

96孔悝墓
3/57/1176

98孔愉潭
4/94/1897

1241₃ 飛

01飛龍山

3/61/1251

3/61/1257

10飛雲山

4/94/1892

飛雲殿

3/55/1140

17飛翼樓

4/96/1927

26飛泉山

4/85/1693

27飛烏縣

4/82/1654

飛魚徑

5/111/2254

40飛布山

5/104/2060

42飛彭城

3/61/1250

飛狐道

2/51/1066

飛狐縣

2/51/1064

43飛越縣（廢）

3/77/1560

44飛猿水

5/110/2241

飛猿嶺

4/101/2019

82飛劍潭

5/109/2199

1243_0 孤

22孤山

2/46/963

2/48/1011

3/59/1222

3/62/1272

4/101/2014

6/130/2565

6/130/2566

6/147/2865

24孤徒山

3/75/1526

27孤嶼

4/99/1979

28孤微水

5/121/2410

46孤柏原

2/29/615

87孤舒州

7/156/2998

88孤竹城

3/70/1419

孤竹縣

3/71/1443

1249_3 孫

10孫天師石室

5/106/2114

12孫水

3/80/1618

21孫廬城

5/111/2265

22孫嵩墓

1/24/499

23孫伏伽墓

3/58/1202

27孫叔敖廟

6/129/2548

32孫洲

4/93/1869

80孫無終家

4/92/1854

1260_0 副

52副授河

7/152/2942

1265₃ 磯

11磯頭山

　5/106/2109

1266₉ 磻

32磻溪

　2/30/641

　磻溪神祠

　2/30/645

1313₂ 琅

17琅琊縣（廢）

　7/165/3158

77琅邪郡

　1/23/475

　琅邪郡城（廢）

　4/90/1789

　琅邪郡故城（秦）

　1/24/495

　琅邪山

　1/24/494

　6/128/2526

　琅邪城

　4/90/1787

1314₀ 武

00武亭河

　2/31/673

　武康山

　4/94/1887

　武康縣

　4/94/1886

　武離水

　7/166/3174

01武龍州

　7/166/3176

　武龍縣

　5/120/2392

08武訖嶺

　2/45/939

10武三思冢

　1/5/76

　武王塢

　2/45/941

　武平場

　4/102/2037

　武平故城

　1/12/235

　武平縣

　7/170/3256

武石縣

　7/168/3220

　7/171/3283

11武頭山

　5/108/2176

　武彊城

　1/9/167

12武水縣（廢）

　3/54/1119

　武烈帝廟

　4/89/1761

14武功山

　5/109/2213

　武功城

　2/27/584

　武功故城

　2/30/639

　武功縣

　2/27/583

16武強泉

　3/63/1294

　武強湖

　3/63/1288

　武強城（故）

　3/58/1199

　武強故城

3/63/1294

武强縣

3/63/1293

17武子山

6/138/2691

22武仙縣

7/165/3162

武羨郡

7/171/3279

武羨州

7/171/3279

武羨縣

7/171/3279

23武峨州

7/166/3176

24武化縣

7/165/3161

武德州

3/79/1602

武德縣

3/53/1096

27武侯宅

3/72/1470

武侯池

3/73/1491

武侯故城

3/80/1619

武侯縣

5/122/2430

武將山

2/25/528

武鄉水

2/44/926

2/50/1046

武鄉縣

2/50/1045

武鄉谷

6/133/2613

武緣縣

7/166/3173

7/171/3279

30武濟水

7/165/3160

武寧縣

5/106/2115

6/149/2887

武進故城

2/49/1035

武進縣

4/92/1842

武安故城

3/56/1162

4/97/1947

武安縣

3/56/1162

武牢溪

7/170/3257

31武江縣

7/171/3283

武河

3/54/1111

32武州(廢)

7/151/2920

武州水

6/134/2633

武州塞

2/49/1028

武州城

2/49/1028

35武清縣

3/69/1402

武禮縣

7/171/3283

武連縣

4/84/1675

37武湖

6/131/2583

武郎江

7/167/3201

武郎縣

　7/158/3046

43武城

　1/23/483

武城（故）

　3/58/1202

武城縣

　3/58/1201

44武落鍾山

　6/147/2864

武勒縣

　7/171/3283

武林亭（古）

　1/5/76

武林城

　5/105/2087

武林縣（廢）

　7/158/3046

46武觀縣

　7/171/3283

47武都郡

　7/154/2971

武都山

　3/72/1464

武都縣

2/38/808

50武夫山

　2/49/1030

武夷山

　4/101/2016

53武威郡

　7/152/2934

武威縣

　7/152/2940

57武擔山

　3/72/1464

　3/72/1468

60武昌州

　3/79/1603

武昌縣

　5/112/2280

武邑縣

　3/63/1287

武羅縣（廢）

　7/166/3182

71武陟縣

　3/53/1098

武牙山

　7/167/3202

武原故城

　1/17/335

72武丘

　1/10/187

　1/11/210

74武陵郡

　5/118/2378

武陵郡城

　1/22/467

武陵山

　5/107/2140

　5/118/2381

　6/144/2800

武陵故城

　3/53/1097

武陵縣

　5/118/2380

武陵丘山

　6/136/2657

76武陽水

　7/166/3171

武陽山

　5/114/2322

　6/142/2756

　8/闕逸/3867

武陽臺

　3/54/1111

武陽城（故）

3/74/1504

武陽故城
3/54/1111

武陽縣
7/166/3170

77武岡縣
5/115/2335

武周山
2/51/1068

武周縣（漢）
2/49/1035

武關
6/141/2738

武興山
6/135/2644

78武陰城
1/11/210

武隧故城
3/63/1294

80武全坑
5/117/2370

武義縣
4/97/1953

84武鎮州
3/79/1602

88武籠縣

7/166/3182

90武當郡
6/143/2778

武當山
6/143/2780

武當縣
6/143/2780

99武勞縣
7/171/3279

1328₆ 殯

22殯山
7/169/3229

1362₇ 醅

34醅池
1/1/7

1364₇ 酸

50酸棗城（古）
1/2/31

酸棗縣
1/2/31

酸棗縣（廢）
1/2/32

1412₇ 功

32功州
5/120/2399

84功饒州
7/166/3176

1419₀ 琳

32琳州
7/168/3219

1461₇ 磕

22磕山
5/105/2084

1463₁ 醮

40醮友臺
3/65/1330

1463₈ 硤

10硤石水
1/6/103

硤石山
2/44/917
6/129/2544

硤石縣

1/6/103

22硤川縣

3/81/1633

31硤源縣

3/81/1633

1464₇ 破

21破虜軍

3/68/1380

31破額山

7/168/3214

50破車峴

1/18/359

80破羌故城

7/151/2925

1519₀ 珠

10珠玉溪

4/87/1729

27珠綠縣

7/170/3259

77珠母海

7/169/3229

7/169/3231

1523₆ 融

12融水

7/166/3170

融水郡

7/166/3169

融水縣

7/166/3170

32融州

7/166/3169

1540₀ 建

00建康縣（古）

4/90/1788

建康縣城

4/90/1787

建章宮

2/25/537

10建平山

6/137/2680

建平故城

1/12/234

12建水

7/162/3105

7/162/3106

建水縣（廢）

7/164/3136

24建德縣

4/95/1911

5/105/2088

30建寧縣

4/101/2019

6/146/2844

建寧縣（廢）

7/167/3199

建安郡

4/101/2010

建安州都督府

3/71/1447

建安軍

6/130/2573

建安縣

4/101/2012

5/122/2428

32建州

4/101/2010

建州城（古）

5/115/2335

建溪

4/101/2015

4/101/2016

44建鼓山

6/143/2784

53建成故城

　　3/66/1346

60建昌軍

　　5/110/2239

　建昌縣

　　5/111/2264

74建陵山

　　1/22/467

　建陵縣

　　7/164/3144

76建陽縣

　　4/101/2016

1561₈ 醴

26醴泉

　　1/5/77

　醴泉苑

　　2/31/674

　醴泉縣

　　2/26/562

1610₄ 聖

00聖鹿城

　　6/134/2635

12聖水

1/18/356

2/47/993

3/69/1401

3/70/1413

6/139/2710

22聖山

　　2/29/615

　聖佛崖

　　2/38/802

26聖泉

　　1/8/153

　　4/85/1693

　　5/117/2370

27聖阜

　　2/42/890

40聖女泉

　　2/25/529

　聖女祠

　　3/68/1377

44聖鼓

　　5/117/2368

　聖鼓灘

　　7/159/3055

　聖姑祠

　　3/66/1345

　聖英祠

4/92/1852

55聖井

　　5/107/2158

77聖母山

　　3/73/1495

　聖母祠

　　4/92/1852

80聖人山

　　2/41/874

　　2/42/890

　聖人阜

　　2/49/1029

　聖人道

　　2/37/790

　聖公館

　　6/141/2732

1611₀ 現

22現山

　　1/8/144

1611₄ 理

30理定縣

　　7/162/3105

1613₀ 聰

67聰明泉
5/109/2217

1613₂ 環

12環水
6/132/2595
32環州
7/168/3220
7/171/3283
環溪百丈池
3/76/1541

1623₆ 強

22強樂縣
3/79/1598

1625₆ 彈

40彈丸山
7/162/3100
彈丸溪
7/163/3123
88彈箏峽
2/32/692
2/33/705

1660₁ 碧

44碧落洞天
5/107/2154

1661₀ 硯

10硯石山
4/91/1820
22硯山福地
2/25/522
72硯丘
1/10/185

1662₇ 碣

10碣石
3/69/1399
3/70/1420
碣石山
3/70/1418
碣石宮
3/69/1399

碭

22碭山
1/12/235
碭山故城

1/12/236
碭山縣
1/14/285

1710₃ 丞

46丞相嶺
7/159/3061

1710₇ 孟

04孟諸臺
1/12/227
30孟宗宅
6/125/2481
32孟州
3/52/1075
34孟浩然碑
6/145/2816
35孟津
3/52/1077
孟津山
4/83/1665
38孟海城
1/13/264
40孟嘉宅
5/113/2307
51孟軻墓

1/21/438

74孟陵縣（廢）

　7/164/3141

77孟門山

　2/35/746

　2/48/1006

　孟門關

　2/42/887

90孟嘗君冢

　1/15/303

盈

22盈川縣（廢）

　4/97/1948

32盈州

　3/79/1603

1712₀ 刁

44刁黃山

　2/43/907

羽

22羽山

　1/20/408

　1/22/460

　1/23/478

31羽潭

　1/22/460

34羽池

　1/22/460

80羽人山

　5/120/2397

聊

43聊城縣

　3/54/1118

1712₇ 邛

07邛部縣

　3/80/1619

20邛維水

　6/134/2632

22邛川州

　3/77/1562

24邛崍水

　3/77/1553

　邛崍山

　3/77/1554

　邛崍關

　3/77/1554

32邛州

　3/75/1522

34邛池

　3/75/1524

75邛陳州

　3/77/1562

88邛竹

　3/75/1525

郅

47郅都墓

　2/43/902

　2/49/1028

郮

43郮城縣

　1/14/274

鄧

10鄧至山

　6/134/2634

　鄧至故城

　6/134/2634

27鄧粲冢

　5/106/2107

32鄧州

　6/142/2748

43鄧城縣

79

6/145/2817

44鄧芝墓

4/87/1729

鄧艾廟

1/16/315

4/84/1682

4/87/1727

鄧艾平蜀京觀

3/73/1492

鄧艾故城

6/134/2633

60鄧晨宅

6/142/2753

6/142/2757

80鄧公山

5/107/2146

弱

12弱水

7/171/3271

7/152/2942

鴉

22鴉山

5/103/2050

47鴉翅山

6/131/2583

1714_0 取

21取慮故城

1/17/336

珊

17珊瑚洲

7/157/3019

珊瑚谷水

2/34/726

1714_7 珉

10珉玉坑

1/11/205

瑕

72瑕丘

3/57/1181

瑕丘縣

1/21/434

瓊

22瓊山

7/169/3237

瓊山郡

7/169/3234

瓊山縣

7/169/3236

30瓊室

2/47/994

32瓊州

7/169/3234

瓊溪

5/118/2378

44瓊華池

1/3/49

72瓊岳宮

2/29/620

1720_7 弓

00弓高城

3/63/1287

弓高縣（廢）

3/68/1379

1721_4 翟

26翟泉

1/3/52

38翟道山

2/33/709

2/34/722

翟道故城
2/35/742

77 翟母墓
1/1/9

80 翟公冢
2/29/618

1722₀ 刀

16 刀環河
6/131/2586

17 刀刃山
6/130/2568

1722₇ 甬

17 甬子山
2/38/802

50 甬東
4/98/1960

邔

12 邔水
5/121/2413

胥

22 胥山
4/91/1820

60 胥口
4/91/1826

77 胥屏亭
4/91/1824

邲

40 邲吉墓
2/25/527

71 邲原墓
1/24/500

務

見 1822₇ 務

弼

12 弼水
7/171/3269

鄂

43 鄂城（故）
2/26/554

62 鄂縣
2/26/553

酈

00 酈商冢

1/19/394

酈商墓
1/1/16

80 酈食其墓
1/1/16

1723₂ 承

10 承雲水
1/5/70

24 承化郡
7/170/3257

承化縣
7/170/3259

承休故城
1/8/146

33 承治水
1/23/484

62 承縣
1/23/484

71 承匡山
1/14/281

76 承陽山
2/26/563

豫

00 豫章郡

5/106/2099

1732₇ 鄂

43鄂城

　1/12/224

　鄂城（故）

　1/12/228

74鄂陵城（古）

　1/2/34

　鄂陵縣

　1/2/33

1734₆ 尋

20尋香山

　4/87/1727

1740₇ 子

00子産廟

　1/9/171

10子夏石室

　2/28/601

　子晉廟

　6/146/2839

　子雲宅

　3/72/1469

17子胥瀆

6/146/2835

30子蕢阜

　1/18/365

38子淦山

　5/109/2209

　子游池

　1/18/365

40子奇壘

　2/47/989

47子期山

　4/101/2014

60子思墓

　1/21/438

63子賤碑

　1/14/285

67子路務

　7/150/2910

　子路冢

　1/9/162

80子午水

　2/35/742

　子午山

　2/33/708

　2/33/709

　2/34/722

　2/34/727

子午關

　2/25/539

子午谷

　2/25/522

1740₈ 翠

22翠巖寺

　5/106/2106

77翠屏山

　5/113/2306

　5/113/2309

1742₇ 邗

35邗溝水

　6/124/2461

邢

27邢侯夫人冢

　3/59/1216

32邢州

　3/59/1211

鄝

43鄝城

　6/145/2817

1750₆ 鞏

10鞏王廟

　1/5/69

32鞏州

　3/79/1602

　4/88/1744

62鞏縣

　1/5/67

1750₇ 尹

32尹州

　3/79/1597

40尹吉甫墓

　3/65/1330

　尹喜臺

　1/6/102

1752₇ 弔

27弔鳥山

　3/79/1600

那

22那川縣

　3/81/1635

1760₂ 召

10召石山

　1/20/409

74召陵故城

　1/7/135

習

37習鑿齒墓

　3/53/1098

　5/109/2201

　習鑿齒書堂

　5/109/2204

47習郁池

　6/145/2815

1760₇ 君

10君平卜臺

　3/73/1489

　君平池

　3/73/1491

17君子津

　2/38/812

　2/49/1034

　君子城

　3/69/1400

22君山

　1/23/484

　4/92/1846

　5/108/2181

　5/113/2299

31君遷潭

　5/107/2151

1762₀ 司

30司空山

　6/125/2483

32司州城（故）

　1/7/135

71司馬碑

　1/17/336

　司馬山

　2/44/917

　司馬遷祠

　2/28/596

　司馬道子墓

　5/109/2214

　司馬城

　1/14/283

　司馬相如宅

　3/72/1468

　司馬相如墓

3/73/1495
司馬相如故宅
4/86/1711
司馬井
5/105/2083
司馬陵
5/105/2083
司馬欣墓
2/31/662
78 司鹽城
2/46/967
80 司命井
7/166/3179
88 司竹園
2/30/646
司竹監
2/30/648

1762₇ 邵

00 邵康公廟
1/5/79
13 邵武軍
4/101/2017
邵武縣
4/101/2018
26 邵伯祠

1/6/95
邵伯埭
6/123/2447
32 邵州
5/115/2333
43 邵城
3/64/1313
71 邵原
1/5/79
74 邵陵王廟
5/112/2280
邵陵水
5/115/2334
76 邵陽郡
5/115/2333
邵陽縣
5/115/2334

鄀

43 鄀城
1/24/498

郡

43 郡城（故，嵐州）
2/41/873
郡城（廢，山陰）

4/96/1927
郡城（舊，吉州）
5/109/2217

鄑

37 鄑湖
5/115/2330

1763₂ 碾

21 碾衛州
3/79/1605

1768₂ 歌

22 歌山
4/97/1951
7/161/3086
30 歌良縣
7/168/3219
7/168/3220
7/171/3283
77 歌風臺
1/15/301
80 歌舞岡
7/157/3022

1771₀ 乙

35乙速狐
　2/49/1034

1771₇ 己

10己吾城
　1/12/228

1780₁ 翼

07翼望中山
　6/142/2754
12翼水縣
　3/78/1577
32翼州
　3/78/1576
43翼城（故）
　2/47/990
　翼城縣
　2/47/990

1790₄ 柔

34柔遠縣
　7/153/2963
　7/171/3278
72柔剛山

　4/87/1731

1812₂ 珍

22珍山
　7/171/3270

1814₀ 敢

22敢川州
　3/77/1556

1818₁ 璇

40璇臺
　2/47/994

1822₇ 務

22務川縣
　5/122/2422

1840₄ 婺

12婺水
　5/104/2069
31婺源縣
　5/104/2069
32婺州
　4/97/1948

1863₂ 磁

10磁石門（秦）
　2/26/560
32磁州
　3/56/1159

1918₀ 耿

43耿城（故）
　2/46/961

1918₉ 琰

32琰州
　5/120/2399
　5/122/2430

1962₀ 砂

30砂窟
　5/122/2431

2010₄　壬

12壬水
　　1/19/393

垂

00垂亭
　　1/14/275
50垂惠聚
　　1/12/233

重

10重覆山
　　2/36/755
　重耳冢
　　2/31/662
　重平故城
　　3/64/1310
26重泉城
　　2/28/596
　重泉縣（故）
　　2/28/603
43重城
　　6/125/2480
44重華臺
　　3/57/1181

70重壁臺
　　1/14/277
72重丘
　　3/54/1118
　重丘故城
　　1/13/262
80重合城
　　3/65/1329

2011₄　雌

44雌黃洲
　　7/153/2957

2021₄　僅

43僅城
　　1/17/329

2021₇　禿

11禿頂山
　　2/50/1046

2021₈　位

22位豐縣
　　3/81/1636
32位州
　　3/81/1636

2022₇　秀

11秀麗山
　　4/98/1965
30秀容川
　　2/51/1069
　秀容城
　　2/41/873
　秀容縣
　　2/42/889
32秀州
　　4/95/1913

傍

21傍便山
　　3/73/1496

爲

32爲州
　　3/79/1603

喬

15喬珠縣
　　3/80/1614

雋

10雋不疑墓

　3/65/1330

2023₂ 依

18依政縣

　3/75/1526

37依郎井

　4/85/1698

2024₇ 愛

32愛州

　7/171/3267

48愛敬陂

　6/123/2446

2025₂ 舜

00舜廟

　5/116/2343

　5/116/2344

　5/116/2349

　7/162/3102

10舜王廟

　1/5/83

31舜源水

　5/117/2362

37舜祠

　2/46/955

42舜橋

　4/96/1935

55舜井

　1/19/385

　3/71/1430

　舜井城

　5/105/2088

2026₁ 信

22信豐縣

　5/108/2184

30信宜縣

　7/163/3120

　信寧縣

　5/120/2398

　信安郡

　4/97/1944

　信安縣

　7/157/3021

32信州

　3/71/1446

　5/107/2148

　信州城（廢）

1/11/209

47信都郡

　3/63/1281

　信都縣

　3/63/1284

53信成故城

　3/58/1199

74信陵亭

　1/1/5

　信陵君墓

　1/1/7

76信陽軍

　6/132/2599

　信陽縣

　6/132/2601

80信義水

　5/107/2154

2033₁ 焦

22焦山

　5/116/2348

24焦穫藪

　2/26/564

32焦溪

　5/107/2159

37焦湖

6/126/2496

焦湖廟

　6/126/2493

43焦城（故）

　1/6/94

67焦明本祠

　5/112/2279

71焦原

　1/24/501

72焦氏山

　1/13/251

20339 悉

00悉唐縣

　3/81/1641

32悉州

　3/81/1639

20400 千

00千童城

　3/65/1331

07千畝原

　2/43/908

　2/44/925

20千乘縣

　1/18/360

3/64/1314

21千步口

　3/59/1216

千頃池

　6/148/2877

22千岩萬壑

　4/96/1932

27千仞山

　5/113/2306

29千秋亭

　1/5/71

　3/60/1234

　4/96/1927

千秋池

　3/72/1468

　3/79/1595

千秋城

　7/152/2943

60千里湖

　4/90/1794

80千人穴

　6/141/2737

千人湖

　6/130/2566

千金島

　6/149/2887

千金堰

　1/3/49

千金坡

　2/36/763

千金陂

　2/36/764

20404 委

10委粟山

　1/3/51

　1/23/487

委粟城

　3/57/1177

20407 受

12受瑞壇

　2/40/846

32受州城（廢）

　2/50/1051

孚

22孚山

　7/157/3015

季

13季武子臺

1/21/439

22季山

  1/23/484

33季梁廟

  6/144/2797

41季桓子井

  1/21/440

42季札墓

  4/92/1842

43季城

  4/83/1667

雙

10雙石

  1/21/442

22雙山

  2/48/1013

26雙泉

  1/5/75

30雙流縣

  3/72/1472

31雙渠

  6/149/2888

32雙溪

  7/170/3257

40雙女墓

5/114/2321

 雙女陵

  1/10/186

43雙城州

  5/120/2399

47雙妃冢

  7/162/3102

60雙圖山

  4/86/1711

72雙髻山

  4/100/2000

77雙門嶺

  5/107/2150

82雙劍峯

  5/111/2253

2041₄ 雞

00雞鹿州

  2/38/805

 雞鹿塞

  2/39/828

11雞頭山

  2/26/553

  6/132/2597

 雞頭陂

  5/114/2323

22雞川縣

  3/80/1623

 雞山

  1/19/390

  2/33/709

36雞澤

  3/58/1193

 雞澤縣

  3/58/1193

47雞翅山

  5/112/2278

60雞田

  7/151/2924

 雞田州

  2/38/805

 雞足山

  4/88/1746

67雞鳴水

  2/45/938

 雞鳴嶺

  2/45/942

 雞鳴峯

  5/106/2110

 雞鳴山

  2/45/938

 雞鳴島

1/20/410

雞鳴渡
　　6/146/2845

雞鳴城
　　1/1/13

80雞翁山神
　　6/133/2616

　　雞翁縣城（廢）
　　5/121/2411

87雞卸神祠
　　4/86/1711

88雞籠山
　　4/90/1782
　　6/124/2455

2042₇ 禹

00禹廟
　　1/5/72
　　2/47/993
　　2/48/1007
　　4/96/1930

22禹山
　　1/7/133

30禹穴
　　3/79/1600
　　3/80/1621

4/96/1930

37禹祠
　　2/28/601

40禹臺
　　2/47/993

43禹城（廢）
　　1/19/388

　　禹城縣
　　1/19/386

2043₀ 奚

07奚望山
　　2/49/1034

25奚仲墓
　　1/15/303

80奚公山
　　1/15/302

　　奚養澤
　　1/20/419

2044₇ 爰

26爰得城
　　2/34/721

2050₁ 雝

48雝故城

1/8/151

72雝氏亭
　　2/43/900

2060₄ 看

47看胡城
　　2/40/846

2060₉ 番

26番和縣
　　7/152/2939

60番禺山
　　7/157/3012

　　番禺縣（廢）
　　7/157/3015

香

12香水溪
　　4/91/1822

22香川水
　　2/35/741

　　香山
　　2/51/1066
　　4/91/1820
　　5/108/2185
　　7/157/3019

25香積山
　　4/82/1651
　　6/146/2841
32香溪
　　6/148/2880
　香溪水
　　7/166/3179
43香城
　　1/14/285
44香草樓
　　6/136/2662
91香爐峯
　　5/111/2251

2061₄ 雒

12雒水
　　3/73/1489
43雒城（故）
　　3/73/1488
62雒縣
　　3/73/1488

2071₄ 毛

22毛山
　　7/161/3092
31毛河

　　3/54/1107
　　3/54/1110
　　3/65/1326
38毛遂墓
　　3/58/1196
40毛壽坑
　　5/117/2370
44毛萇宅
　　3/63/1292
　　3/66/1344

2073₁ 樵

24樵嶤山
　　2/44/920

2073₂ 嶘

23嶘岷山
　　7/151/2927

2074₆ 嶂

32嶂州
　　3/81/1636

爵

46爵堤
　　3/54/1120

2074₇ 崸

62崸縣
　　2/49/1029

2090₁ 乘

72乘氏縣
　　1/13/261

2090₄ 禾

22禾山
　　5/109/2211

采

10采石
　　5/105/2080

集

10集靈宮
　　2/29/620
22集川縣
　　3/81/1636
　集仙宮
　　2/29/620
32集州
　　6/140/2718

96集糧城
1/10/192

2091₃ 統

44統萬城
2/37/785

2091₄ 維

22維川郡
3/78/1577

32維州
3/78/1577

2093₂ 穰

27穰侯城
1/13/260

62穰縣
6/142/2752

2108₆ 順

18順政郡
6/135/2642

順政縣
6/135/2644

22順山縣
4/88/1743

32順州
4/88/1743

順州（廢）
7/167/3194

60順昌縣
4/100/1998

76順陽故城
6/142/2752

順陽縣
6/142/2759

80順義郡
3/71/1439

2110₀ 上

00上高縣
5/106/2121

上庸縣（廢）
6/143/2787

上玄水
6/143/2787

10上元縣
4/90/1782

上干溪水
5/107/2155

上平井
4/85/1698

上天峯
5/106/2102

17上郡
2/38/798

上郡古城
2/38/800

21上虞故縣城
4/96/1935

上虞縣
4/96/1935

22上川洲
7/157/3021

24上繚水
5/106/2103

30上流水
5/116/2345

上宮
3/57/1180

31上涇
5/103/2051

35上津縣
6/141/2736

37上湖
4/92/1844
4/92/1850

上洛郡

6/141/2733

上洛山
5/108/2176

上洛縣
6/141/2734

上禄縣(廢)
7/150/2907

38 上游縣
5/108/2186

40 上杭場
4/102/2036

44 上蓬州
3/77/1562

上蔡古城
1/11/201

上蔡縣
1/11/201

上林苑
2/25/535

上林縣
7/165/3160
7/166/3173

47 上邽縣(廢)
7/150/2901

50 上貴州
3/77/1562

上素山
5/107/2136

上東門
1/3/55

55 上棘城
1/7/133

60 上里山
7/171/3275

上思州
7/166/3176

71 上原嶺
4/101/2015

上馬城
6/142/2762

76 上陽三山
3/57/1184

77 上留交水
6/141/2737

80 上介山
6/142/2764

上谷郡
3/67/1356

84 上饒郡
5/107/2148

上饒江
5/107/2150

上饒縣
5/107/2149

87 上欽州
3/77/1562

90 上黨郡
2/45/935

上黨縣
2/45/937

止

53 止戈縣(廢)
7/165/3160

71 止馬亭
4/101/2019

2110₄ 街

00 街亭
6/133/2613

12 街水
6/135/2644

26 街泉亭
7/150/2901

31 街河水
2/49/1034

21201 步

00步高宮
　2/29/624

　步廊山
　4/99/1980

08步訖若州
　2/37/787

26步和川
　7/155/2982

40步壽宮
　2/29/624

　步壽宮（漢）
　2/31/660

60步昌亭
　2/27/582

21210 仁

12仁水
　5/121/2413

22仁山
　5/109/2217

24仁化縣（廢）
　7/159/3056

26仁和縣
　4/93/1866

30仁空山
　5/108/2175

40仁壽水
　4/85/1693

　仁壽郡
　4/85/1691

　仁壽故城
　4/85/1694

　仁壽井
　4/85/1697

　仁壽縣
　4/85/1692

77仁風樓
　1/9/163

21211 征

80征羌城
　1/7/135

徑

67徑路神祠
　2/31/668

能

32能州
　4/88/1742

21214 偃

21偃師縣
　1/5/80

25偃朱城
　1/14/274

77偃月山
　1/7/133

　偃月城
　6/144/2800

　偃月塢
　6/126/2495

衢

32衢州
　4/97/1944

21217 伍

30伍户神
　1/5/72

40伍奢冢
　1/12/233

46伍相廟
　6/127/2514

　伍相祠
　6/142/2764

60伍員祠
    4/92/1853
    6/125/2476

虎

21虎齒山
    5/118/2381

30虎牢城
    3/52/1081

60虎口石
    5/109/2207

67虎跑泉
    5/111/2253

71虎牙山
    6/139/2705
    6/147/2862

72虎丘山
    4/91/1819

盧

00盧亭户
    7/157/3021

01盧龍山
    4/90/1784

  盧龍道
    3/70/1420

  盧龍縣
    3/70/1418

10盧王城（古）
    1/22/461

  盧石
    5/109/2199

  盧石山
    1/22/459

  盧吾縣
    4/88/1743

12盧水
    1/24/495
    3/70/1418
    7/159/3055

14盧耽廟
    7/163/3123

22盧川縣（廢）
    2/50/1048

  盧山
    1/20/414

  盧山郡
    3/77/1549

  盧山縣
    3/77/1552

24盧躭祠
    7/164/3143

27盧鄉故城
    1/20/422

31盧河水
    3/71/1434

32盧州
    5/120/2399

35盧津關
    3/57/1178

40盧臺軍古城
    3/68/1380

43盧城
    1/19/393
    2/42/886

  盧越
    7/158/3046

  盧越水
    7/167/3192

44盧植冢
    3/69/1400

47盧奴山
    3/77/1552

62盧縣
    1/13/255

72盧氏縣
    1/6/112

77盧醫

1/13/256

盧門

1/12/222

虛

80虛無山

3/59/1221

2122₀ 何

00何充墓

4/91/1824

30何家冶

1/21/447

60何口山

4/94/1882

何晏墳

6/126/2498

80何無忌廟

5/106/2106

6/125/2481

何曾墓

1/2/29

2122₁ 行

00行唐縣

3/61/1255

2122₇ 儒

32儒州

5/120/2399

44儒林縣

2/38/803

虜

57虜投交水

2/43/904

60虜口鎮城

3/63/1292

膚

08膚施

2/35/737

膚施縣

2/36/753

2123₄ 虞

12虞延墓

1/2/35

20虞舜祠

6/141/2730

22虞翻墓

1/2/34

虞山

4/91/1828

4/96/1934

27虞鄉縣

2/46/956

41虞姬冢

6/128/2535

43虞城

2/41/868

虞城（故）

1/6/100

虞城縣

1/12/226

71虞阪

2/46/954

2123₆ 廬

22廬山

7/157/3019

72廬虒水

2/49/1029

2124₀ 虔

24虔化水

5/108/2183

虔化縣

5/108/2182

32虔州
　　5/108/2172

2124₁　處

32處州
　　4/99/1981

2124₆　便

42便橋
　　2/26/560

2125₃　歲

22歲山
　　7/160/3068

2126₆　偏

76偏陽城
　　1/23/485

2128₆　潁

12潁水
　　1/7/128
　　1/7/130
　　1/10/191
　　1/11/209

　　1/11/211

21潁上縣
　　1/11/210

22潁川郡
　　1/7/124

24潁岐渡夾河月城
　　1/10/190

32潁州
　　1/11/207

40潁大夫廟
　　1/7/132

60潁國城（故）
　　1/7/129

76潁陽縣
　　1/5/76

78潁陰城
　　1/10/191

頻

22頻山
　　2/31/670

76頻陽故城
　　2/31/670

須

27須句城（故）

　　1/13/249

43須城
　　3/57/1182

　須城縣
　　1/13/249

顓

11顓頊廟
　　3/57/1179

　顓頊城
　　3/57/1179

　顓頊陵
　　3/57/1176

77顓臾城（故）
　　1/23/483

2131₇　虢

22虢山
　　1/6/95

32虢州
　　1/6/108

43虢城
　　1/6/104
　　2/41/868

　虢城（故）
　　1/6/94

62號縣

　2/30/644

80號公臺

　3/52/1079

2133₁ 熊

10熊耳水

　3/74/1510

　熊耳山

　1/6/112

　2/45/937

　5/113/2306

　6/137/2673

　6/141/2735

　熊耳峽

　3/74/1510

2140₆ 卓

10卓王孫宅

　3/75/1525

　卓王孫冢

　3/75/1529

　卓王孫橋

　3/73/1486

80卓斧山

　6/132/2601

2141₀ 舡

45舡槽山

　5/116/2348

2143₀ 衡

00衡唐水

　5/117/2364

　衡雍

　1/9/169

12衡水

　3/61/1257

　3/63/1285

　衡水縣

　3/63/1290

22衡山

　4/94/1881

　5/114/2322

　6/129/2553

　6/142/2763

30衡漳水

　3/61/1257

　衡漳河

　3/63/1288

　3/65/1328

　衡漳故瀆

　3/58/1194

32衡州

　5/115/2328

　衡州城（古）

　7/160/3074

40衡塘水

　5/117/2370

76衡陽郡

　5/115/2328

　衡陽縣

　5/115/2330

2150₆ 衛

10衛靈公祠

　1/2/31

　衛靈公墓

　3/57/1177

12衛水

　3/61/1254

14衛瓘墓

　2/46/968

22衛山縣

　3/78/1577

32衛州

　3/56/1150

40衛大夫祠

3/57/1176

衛南縣

　3/57/1182

衛韋水

　7/161/3090

50 衛青墓

　2/27/579

62 衛縣

　3/56/1155

76 衛陽山

　3/57/1181

2152₀ 柯

01 柯龍縣

　4/88/1743

34 柯違州

　3/79/1604

40 柯支縣

　4/88/1743

60 柯里縣

　4/88/1744

77 柯隆縣

　4/88/1742

　柯巴縣

　4/88/1743

　4/88/1744

78 柯陰縣

　4/88/1744

2155₀ 拜

27 拜將壇

　6/133/2613

2160₀ 鹵

36 鹵澤

　1/24/496

2160₁ 衙

22 衙嶺山

　6/133/2615

　衙山嶺

　1/6/110

訾

30 訾家洲

　7/162/3101

43 訾城

　1/18/365

45 訾樓城

　1/2/30

50 訾婁城（故）

　1/9/162

2171₀ 比

10 比干山

　2/41/867

　比干墓

　1/5/83

　3/56/1153

12 比水

　6/142/2763

43 比求縣

　4/88/1744

44 比蓬州

　3/77/1562

76 比陽縣

　6/142/2763

2172₇ 師

12 師延丘

　1/9/163

17 師子山

　6/135/2644

32 師州

　3/71/1442

60 師曠祠

　2/43/902

2180₆ 貞

17 貞子山
　　7/160/3074
40 貞女山
　　5/120/2392
　　貞女峽
　　5/117/2367
　　貞女樓
　　6/145/2815
47 貞婦石
　　3/79/1592
60 貞里
　　7/157/3020

2190₃ 紫

00 紫鹿岡
　　5/106/2116
10 紫玉山
　　6/142/2762
　　紫靈山
　　6/142/2755
　　紫石水
　　3/67/1359
12 紫水
　　7/154/2973

22 紫川水
　　2/48/1010
　　紫巖山
　　3/73/1491
　　紫山
　　3/56/1163
　　3/58/1192
　　3/58/1195
26 紫泉
　　2/25/532
30 紫塞河
　　2/51/1068
　　紫塞長城
　　2/49/1035
31 紫河水
　　2/38/811
32 紫淵水
　　3/69/1400
　　紫溪
　　4/93/1870
　　4/95/1912
41 紫極宮黃魔神廟
　　6/148/2879
44 紫蓋峯
　　5/114/2323
　　紫苑洲

　　5/115/2337
　　紫花澗
　　4/94/1896
　　紫莊場
　　6/124/2465
46 紫柏阪
　　6/134/2628
60 紫團山
　　2/45/938
　　紫貝山
　　7/169/3237
71 紫陌橋
　　3/55/1138
74 紫陵澗
　　3/53/1095

2190₄ 柴

12 柴水
　　6/127/2513
27 柴侯峽山
　　5/108/2180
　　柴阜
　　1/24/495
77 柴桑山
　　5/111/2252

21910 紅

00紅亭

　1/15/304

44紅藍河

　1/16/312

21911 經

43經城縣

　3/54/1113

67經略軍

　2/36/766

21940 紆

32紆州

　7/168/3218

72紆質縣

　7/168/3218

21946 綽

07綽部州

　2/37/787

21953 穢

22穢山

　4/96/1928

21961 繪

10繪雲郡

　4/99/1981

　繪雲山

　4/99/1983

　4/99/1984

　6/136/2661

　繪雲縣

　4/99/1984

22100 剝

見 12100 剝

22108 豐

00豐齊縣城（廢）

　1/19/393

10豐平澤

　3/75/1529

　豐西澤

　1/15/304

12豐水

　1/15/300

　2/26/554

　5/106/2110

　6/129/2550

　7/162/3107

　豐水縣

　7/162/3106

22豐山

　6/142/2756

　豐利場

　6/130/2570

　豐利縣（廢）

　6/143/2782

32豐州

　2/39/826

37豐潤陂

　2/25/524

40豐壽山

　7/164/3139

43豐城（故）

　5/106/2109

　豐城縣

　5/106/2108

　5/106/2120

44豐材山

　5/110/2236

　豐林縣

　2/36/757

47豐都縣

　6/149/2890

62豐縣

　　1/15/304

76豐陽山

　　6/141/2738

　豐陽縣

　　6/141/2737

2213₆　蚩

43蚩尤冢

　　3/54/1115

　蚩尤城

　　2/46/967

　蚩尤墓

　　1/14/280

蠻

10蠻王冢

　　1/5/77

　蠻王城

　　1/5/66

12蠻水

　　6/145/2819

32蠻州

　　5/120/2399

50蠻中聚

　　1/8/146

2220₀　倒

21倒虎山

　　2/26/556

52倒剌山

　　2/51/1063

　　2/51/1064

63倒獸山

　　2/29/624

71倒馬故關

　　3/62/1273

　倒馬關

　　3/62/1275

87倒銅江

　　7/164/3143

劇

22劇川州

　　3/77/1561

40劇南城

　　1/18/358

62劇縣(廢)

　　1/18/366

2220₇　岑

32岑溪

　　7/163/3117

32岑溪縣

　　7/163/3116

71岑原丘

　　1/5/68

2221₁　峑

22峑嵃山

　　4/91/1820

　　4/93/1866

　峑嶺山

　　6/142/2759

2221₄　任

12任水

　　3/59/1218

43任城(故)

　　1/11/209

　任城縣

　　1/14/281

58任敖墓

　　3/60/1236

62任縣

　　3/59/1218

72任丘古城

　　3/66/1349

任丘縣
　3/66/1348

崔

44崔模嶺
　2/30/643

崖

22崖山
　4/82/1651
　4/83/1667
　7/157/3021
　崖山縣
　7/168/3216
　7/171/3279
32崖州
　7/169/3238
85崖缽山
　3/77/1552

2221₇　嵐

22嵐嶺山
　5/117/2364
32嵐州
　2/41/871
80嵐谷縣

　2/50/1054

2222₁　鼎

10鼎石神
　7/164/3137
26鼎鼻山
　3/74/1503
　4/85/1692
60鼎口
　5/118/2383
　鼎足山
　1/18/356

2222₇　偽

10偽夏太后城
　2/35/737

嵩

22嵩山
　1/5/69
　嵩山縣
　7/170/3259
33嵩梁山
　5/118/2376
34嵩渚山
　1/9/173

40嵩臺
　7/159/3058

崤

32崤州
　3/80/1615

2223₄　僕

24僕射堡
　2/38/801
43僕城里
　5/104/2067
60僕固州都督府(廢)
　2/37/788

嶽

00嶽廟(汾州)
　2/41/871
37嶽祠(南嶽)
　5/114/2324
44嶽麓山
　5/114/2318

2224₀　低

10低粟州
　2/37/787

2224₇ 後

00後庭縣
　7/156/2997

26後魏武帝陵
　2/31/662

30後寬川
　2/25/524

34後漢靈帝陵
　1/5/80

　後漢光武廟
　1/5/80

37後湖
　4/89/1763

50後秦二主家
　2/26/567

77後周太祖文帝成陵
　2/31/662

2224₈ 巖

22巖山
　4/90/1777

32巖州
　3/81/1634

41巖栖縣
　7/168/3217

43巖城州
　3/77/1556

2225₃ 巘

22巘崞山
　2/31/663
　2/31/665

2226₄ 循

32循州
　7/159/306

2227₀ 仙

10仙石山
　4/98/1964

12仙水
　6/141/2737

22仙巖
　5/107/2157

　仙山
　7/161/3091
　7/170/3257

30仙宮
　5/114/2323

30仙穴山
　4/86/1714

32仙溪水
　7/161/3086

38仙遊縣
　4/102/2038

40仙臺山
　6/133/2612

　仙女峯
　5/109/2209

47仙鶴山
　5/107/2135

　仙鶴觀
　1/5/75
　5/107/2147

55仙井山
　6/127/2517

77仙居縣
　6/127/2514

　仙閣山
　5/107/2136

80仙人廟
　6/127/2515

　仙人石
　7/158/3039

　仙人石室
　5/115/2334

　仙人石橋

5/107/2153
仙人巖
3/61/1255
3/62/1272
仙人山
2/49/1029
7/165/3162
7/168/3213
仙人洲
4/101/2013
仙人渚
4/94/1889
仙人臺
1/20/423
仙人城
5/107/2141
5/107/2153
仙人掌山
5/107/2151
81 仙頒山
7/170/3259
90 仙堂上陂
6/127/2514
仙掌
5/120/2397

22327 鶯

22 鶯山
7/158/3041
27 鶯鳥城
7/152/2939
32 鶯州
5/120/2399
鶯溪
5/109/2199

22386 嶺

00 嶺方縣
7/165/3158
22 嶺山
3/52/1077
5/104/2066
嶺山縣（廢）
7/166/3181

22393 鯀

43 鯀城
1/20/408
44 鯀墓
1/23/479
46 鯀堤

3/55/1137
3/57/1180
3/58/1200
3/58/1203

22410 乳

26 乳泉山
5/107/2145
5/116/2347
30 乳穴
5/116/2349
5/116/2353
5/116/2354
5/117/2366
5/117/2368
37 乳洞山
3/79/1594
乳洞峰
3/79/1594

22413 巍

10 巍石山
5/107/2137

22504 峯

32 峯州

7/170/3257

2255₃ 羑

10羑石縣（廢）

　7/167/3193

2261₃ 豒

10豒石山

　5/115/2331

2262₁ 峛

22峛嵐貞原

　2/37/782

　峛嵐山

　2/41/873

　2/50/1054

　峛嵐河

　2/50/1054

　峛嵐軍

　2/50/1053

　峛嵐鎮

　2/41/873

2271₁ 崑

22崑崙水

　7/167/3192

崑崙山

　7/152/2945

崑山

　4/91/1827

崑山縣

　4/91/1827

41崑墟州

　7/156/3002

2271₄ 崿

00崿亭

　4/98/1961

2271₇ 邕

12邕水

　7/166/3174

32邕州

　7/166/3171

2272₁ 斷

10斷石岡

　4/90/1777

12斷孤山

　2/44/927

33斷梁城

　2/50/1044

53斷蛇丘

　6/144/2797

2273₄ 嵊

16嵊彈州

　2/37/787

2276₉ 嶓

37嶓冢山

　6/133/2619

　6/135/2648

　7/150/2901

2277₀ 山

32山州

　7/166/3183

47山都

　5/109/2208

　山都縣城

　6/145/2819

76山陽

　6/124/2461

　山陽瀆

　6/124/2462

　山陽城

　3/53/1097

山陽故城
1/9/162

山陽縣
6/124/2461

77山桑縣城
1/12/233

78山陰
4/96/1929

山陰故城
4/96/1927

山陰縣
4/96/1924

80山谷寺
6/125/2476

幽

10幽王城
2/27/582

幽王壘
2/27/582

22幽山
7/161/3084

32幽州
3/69/1394

47幽都山
3/69/1399

幽都縣
3/69/1401

74幽陵州
2/38/805

嚻

43嚻城（古）
2/34/722

2277₂ 巒

32巒州（廢）
7/166/3182

2290₀ 利

10利石山
5/107/2145

22利豐場
6/130/2570

利豐監
6/130/2570

利山
7/159/3056
7/163/3118

26利和場
6/130/2570

32利州

6/135/2646

43利城（故）
1/22/467

利城縣
4/92/1853

44利恭縣
3/81/1633

60利國監
1/15/305

2290₁ 崇

10崇平縣
7/171/3269

20崇信縣
2/30/647

21崇仁水
7/162/3105

崇仁山
5/110/2236

崇仁縣
5/110/2236

22崇山
2/45/944
5/118/2377

24崇德縣
4/95/1916

30崇安場
　　4/101/2017
32崇州
　　3/71/1441
　崇業故宮（隋）
　　2/29/624
76崇陽縣
　　5/112/2286
80崇龕縣（廢）
　　4/87/1731
　崇義縣（廢）
　　6/129/2547
　崇義縣城（故）
　　5/118/2377

2290₄ 梨

22梨巖
　　4/101/2015
　梨山
　　4/101/2013
60梨園
　　2/31/666

巢

00巢亭
　　1/2/25

22巢山
　　2/43/903
　　6/126/2496
　巢山水
　　2/43/903
37巢湖
　　6/126/2491
　　6/126/2496
　　6/126/2497
　巢湖水
　　6/125/2479
　巢湖東石梁
　　6/124/2456
43巢城（古）
　　6/125/2480
62巢縣
　　6/126/2494
80巢父臺
　　1/7/134

樂

07樂毅冢
　　3/58/1193
　樂毅城
　　1/20/423
　樂毅墓

　　3/56/1165
10樂至縣
　　4/87/1732
　樂平郡
　　2/44/922
　樂平山
　　2/50/1053
　　5/107/2145
　樂平故城
　　3/54/1119
　樂平縣
　　2/50/1052
　　5/107/2144
22樂山縣（廢）
　　7/166/3181
27樂盤山
　　1/19/390
　樂鄉縣（廢）
　　6/145/2820
　樂鄉縣廢城（漢）
　　3/68/1376
30樂安廢城
　　5/107/2147
　樂安郡
　　3/64/1311
　樂安江

5/107/2145

欒安城（故）

1/19/394

欒安故城

1/18/360

欒安縣

5/122/2430

31 欒源縣

5/122/2426

35 欒清縣

4/99/1981

36 欒温山

5/120/2393

欒温縣

5/120/2392

38 欒遊廟

2/25/525

欒遊苑

4/90/1792

40 欒古縣

7/167/3203

欒壽縣

3/63/1295

43 欒城

3/74/1504

欒城縣城（廢）

5/111/2259

52 欒蟠縣

2/33/709

60 欒昌縣

7/159/3056

7/166/3173

67 欒野

4/96/1927

71 欒巨叔墓

3/67/1368

74 欒陵縣

3/65/1329

77 欒朋龜墓

1/14/286

欒興縣

7/167/3203

80 欒善州

5/120/2399

欒善州

7/166/3171

欒會縣

7/169/3236

欒

43 欒城（故）

3/60/1232

欒城縣

3/61/1257

2291₄ 種

22 種山

4/96/1925

2293₀ 私

83 私鎔山

4/82/1653

2294₄ 綏

15 綏建水

7/157/3020

22 綏山

3/74/1512

6/139/2710

綏山縣（廢）

3/74/1512

24 綏化故城

2/46/957

綏德縣（廢）

2/38/801

30 綏安故城

4/100/2002

32 綏州

2/38/798

76綏陽故城

　5/121/2410

　綏陽縣

　5/121/2409

77綏興山

　1/15/303

2296$_9$ 繙

21繙經臺

　5/110/2234

2297$_7$ 稻

43稻城（故）

　1/24/505

2299$_3$ 絲

21絲經池

　6/138/2695

2299$_4$ 綵

12綵水

　6/146/2848

2300$_0$ 卜

00卜商祠

2/41/868

2302$_7$ 牖

43牖城

　3/55/1141

2320$_0$ 外

31外江

　3/72/1464

　3/72/1466

44外黃城

　1/1/15

2320$_2$ 參

60參里山

　7/157/3013

80參合城

　2/49/1027

　參合縣（漢）

　2/49/1035

2321$_0$ 允

10允吾故城

　7/151/2928

21允街故城

　7/152/2939

2323$_4$ 伏

01伏龍山

　2/36/754

　5/108/2175

　伏龍原

　2/46/961

21伏虞縣

　6/139/2711

24伏犢山

　1/6/111

25伏牛山

　2/49/1026

　5/120/2396

　伏牛臺

　2/43/906

　伏生冢

　1/19/394

　伏生城

　1/13/250

26伏泉山

　5/109/2209

34伏波廟

　7/162/3102

　伏波祠

　5/112/2287

43伏城（故）
　　1/13/256

74伏陸山
　　2/36/757

77伏犀灘
　　3/79/1591

80伏羌縣（廢）
　　7/150/2904

　伏羲山
　　6/141/2730

　伏羲城
　　3/77/1561

獻

32獻州
　　3/79/1603

44獻花巖
　　4/90/1776

2324₀ 代

17代那州
　　3/71/1448

32代州
　　2/49/1024

43代城
　　2/51/1065

2324₂ 傅

08傅説祠
　　1/6/100

53傅咸冡
　　3/66/1344

2325₀ 俄

10俄耳縣
　　3/78/1580

28俄徹縣
　　3/81/1635

戲

12戲水
　　2/25/531
　　2/27/582

71戲馬臺
　　1/15/298

臧

13臧武仲井
　　1/21/440

72臧質城（廢）
　　1/16/319

2335₀ 鹹

37鹹湖
　　6/125/2482

2350₀ 牟

10牟平故城
　　1/20/408

　牟平縣
　　1/20/413

22牟山
　　1/24/499

2360₀ 台

32台州
　　4/98/1962

2361₁ 皖

12皖水
　　6/125/2475

22皖山祠
　　6/125/2476

43皖城（廢）
　　6/125/2477

76皖陽城（廢）
　　6/125/2477

2365₀ 鹹

26鹹泉
　2/31/661

　鹹泉池
　1/20/408

31鹹河
　2/37/789

34鹹池
　5/110/2235

40鹹土
　3/65/1333

2371₁ 崏

27崏峒亭
　1/12/227

　崏峒山
　1/8/145
　2/32/692
　2/33/704
　4/84/1683
　5/108/2175
　7/152/2947
　7/154/2975
　7/155/2982

2374₇ 峻

22峻山
　5/113/2305

76峻陽陵
　1/3/53

2375₀ 峨

10峨石山
　7/167/3194

22峨峯山
　5/110/2233

　峨山縣
　5/122/2433

26峨和縣
　3/78/1577

32峨州
　5/120/2399

77峨眉山
　3/74/1510

　峨眉縣
　3/74/1510

2377₂ 岱

22岱山縣(廢)
　1/21/444

30岱宗
　1/21/443

2395₀ 織

27織島山
　7/169/3239

2396₁ 稽

00稽亭
　5/111/2253

2397₂ 嵇

00嵇康墓
　1/17/333

　嵇康鍛灶
　3/53/1095

22嵇山
　1/17/332

2409₄ 牒

13牒琼州
　3/77/1562

2412₇ 動

10動石山
　4/98/1960

112

2420₀ 什

07什邡縣
　3/73/1489
40什賁故城
　2/37/785
80什谷
　1/5/68

射

27射的山
　4/96/1928
　5/103/2049
31射江
　4/82/1652
34射洪縣
　4/82/1651
37射潤山
　7/161/3090
40射臺
　2/51/1064
43射狼山
　7/161/3089
50射蛟浦
　5/111/2260
　射貴湖

　4/92/1844
　4/92/1850
57射賴岡
　7/161/3090
76射陽湖
　6/124/2462
　6/124/2463
　6/124/2465
80射雉臺
　3/65/1330
　射合崗
　7/161/3090

斛

10斛石山
　3/72/1466
25斛律金墓
　2/40/847

2421₀ 化

01化龍水
　5/108/2182
32化州
　7/167/3195
43化城縣
　6/139/2705

44化蒙縣（廢）
　7/157/3020

壯

13壯武故城
　1/20/421

2421₁ 先

00先主祠
　3/72/1469
58先軫祠
　2/44/924

2421₂ 他

45他樓縣（廢）
　2/33/706

2421₇ 仇

34仇池山
　7/150/2907
50仇由城
　2/40/855
77仇留城
　1/12/224
　1/12/229

2422₁ 倚

48倚梯故城
　　2/48/1007
88倚箚山
　　1/5/77
　倚箚城
　　2/47/995

2422₇ 備

30備窮山
　　2/47/993

2423₁ 德

10德平縣
　　3/64/1309
24德化州
　　7/171/3284
　德化縣
　　4/102/2032
　　5/111/2250
　　7/171/3284
30德安縣
　　5/111/2259
32德州
　　3/64/1306

　　3/79/1603
35德清軍
　　3/57/1182
　德清縣
　　4/94/1896
57德靜縣
　　2/37/787
60德星亭
　　1/7/128
76德陽郡
　　3/73/1487
　德陽縣
　　3/73/1492
77德興縣
　　5/107/2146

2424₇ 伎

10伎兩山
　　7/150/2903

2426₀ 儲

31儲潭祠
　　5/108/2178

2428₁ 徒

10徒西縣

　　4/88/1743
31徒河城
　　3/71/1434
70徒駭河
　　3/65/1326

2429₀ 休

30休寧縣
　　5/104/2063
　休寧縣(廢)
　　5/104/2064
76休陽縣(廢)
　　5/104/2064
77休屠城
　　7/152/2938

2430₀ 鮒

26鮒鰅山
　　3/57/1176

2432₇ 勳

32勳州
　　5/120/2399

2440₀ 升

00升麻縣

3/79/1595

2454₁ 特

00特亮山
　7/163/3120
特亮縣(廢)
　7/163/3120

2467₀ 甜

31甜河
　2/37/789

2471₁ 嶢

77嶢關
　6/141/2736

2472₇ 幼

22幼山
　4/100/1999

2473₈ 峽

22峽山
　3/65/1332
　5/108/2180
32峽州
　6/147/2860

2474₇ 岐

00岐亭河
　6/131/2582
10岐王壙
　1/5/69
岐下
　2/31/673
12岐水
　2/30/635
　2/30/644
22岐山
　2/30/639
岐山縣
　2/30/639
30岐安冢
　3/56/1162
41岐坪縣
　4/86/1718
60岐星縣
　3/79/1597
76岐陽縣(廢)
　2/30/640

2480₆ 贊

26贊皇山

3/60/1235
贊皇縣
　3/60/1235

2491₁ 繞

27繞角城
　1/8/151

2492₇ 納

13納職縣
　7/153/2963
32納州
　4/88/1743
納溪水
　4/88/1741

2494₇ 稜

32稜州
　5/120/2399
55稜井
　4/85/1697

綾

34綾波羅山
　4/88/1748
60綾羅山

6/137/2680

86綾錦山

　4/88/1748

2496₁　結

22結紬山

　2/40/844

2497₀　紺

23紺峻山

　7/152/2942

2499₆　繚

62繚縣

　3/63/1286

2500₀　牛

11牛頭山

　4/82/1650

　4/90/1777

　4/96/1936

　6/133/2615

　6/140/2723

　牛頭城

　1/2/29

22牛仙客祖父墓

2/32/694

牛嶺山

　7/160/3071

牛山

　1/18/355

　6/141/2736

　7/167/3192

26牛鼻山

　5/112/2287

　7/160/3071

牛泉山

　5/104/2066

33牛心山

　2/49/1026

牛心堆

　7/151/2924

34牛渚山

　5/105/2080

44牛麓

　6/129/2547

47牛欄村

　1/22/462

53牛戍驛

　1/12/226

60牛口渚

　3/52/1081

77牛鬭山

　4/88/1747

80牛首

　2/43/903

牛首水

　3/56/1164

牛首山

　2/26/553

牛首城

　1/1/11

87牛飲水

　3/72/1472

牛飲山

　3/61/1255

2510₀　生

31生江湖

　5/113/2301

2520₆　仲

15仲虺廟

　1/15/301

22仲山甫墓

　1/14/276

使

17使君灘
　　6/149/2887

44使者廟
　　5/111/2256

2520₇ 律

55律井
　　4/85/1697

2522₇ 佛

51佛指泉
　　5/107/2143

60佛跡山
　　7/170/3254
　　7/171/3268

佛圖澄冢
　　3/55/1138

佛圖澄墓
　　3/56/1162

77佛母寺
　　5/111/2254

78佛肸墓
　　1/2/28

2524₀ 健

77健兒廟
　　3/72/1468
　　4/85/1693

健兒祠
　　3/75/1530

2524₃ 傳

57傳擔山
　　5/109/2210

2533₀ 鱄

12鱄水
　　7/160/3075

2554₀ 犍

20犍爲郡
　　3/74/1506

犍爲郡故城
　　3/79/1592

犍爲縣
　　3/74/1509

32犍州
　　5/120/2399

77犍尾堰

　　3/73/1495

2590₀ 朱

00朱亥墓
　　1/1/9

02朱誕墓
　　4/91/1824

10朱吾縣
　　7/171/3282

19朱砂山
　　6/142/2753
　　7/168/3215

21朱虛故城
　　1/18/359

朱紫山
　　1/22/463

22朱山
　　1/17/329

43朱鳶水
　　7/170/3254

朱鳶江
　　7/170/3254

朱鳶縣
　　7/170/3254

56朱提縣
　　3/79/1595

60朱圉山
　7/150/2904
　朱邑祠堂
　6/125/2479
　朱買臣冢
　4/95/1914
　朱買臣墓
　1/16/316
76朱陽山
　1/6/112
　朱陽縣
　1/6/111
77朱鳳山
　4/86/1710

2591₇ 純

22純山
　5/113/2303
25純純陂
　5/118/2382

2592₇ 秫

27秫歸縣
　6/148/2878

繡

22繡嶺宮
　1/6/103
32繡州（廢）
　7/167/3192
44繡林山
　6/146/2843

2598₆ 積

10積石山
　7/151/2925
　7/154/2970
　積石原
　2/30/637
17積翠巖
　5/107/2156
22積利州
　3/71/1448
40積布山
　6/127/2510
47積穀山
　4/99/1977

績

32績溪縣

　5/104/2064

2599₀ 秣

74秣陵縣城（故）
　4/90/1780

2599₆ 練

37練湖
　4/89/1763

2600₀ 白

00白亭
　1/2/33
　1/11/206
　白亭海
　7/152/2937
　7/152/2946
　白鹿山
　1/20/410
　3/56/1158
　3/73/1485
　白鹿洞
　5/111/2256
　白鹿原
　2/25/522
　2/26/556

白鹿岡
　5/107/2137
　7/157/3014
白帝城
　6/148/2873
白廟山
　6/138/2690
01白龍山
　1/8/149
白龍堆
　7/153/2958
白龍縣
　4/99/1984
08白於山
　2/33/711
10白露水
　7/168/3214
白雪樓基
　6/144/2801
白下縣城（故）
　4/90/1789
白石水
　6/140/2724
　7/162/3105
白石山
　4/95/1911

　5/118/2378
　6/142/2754
　7/151/2928
　7/167/3193
白石壘
　4/90/1789
白石縣
　6/140/2723
白石原
　2/32/694
白雲山
　5/110/2241
白雲城
　5/107/2142
白雲故城
　6/133/2614
11白頭山
　5/112/2278
12白登
　2/39/827
白登山
　2/51/1068
白登州
　2/37/787
白登臺
　2/49/1034

白水
　2/27/584
　2/30/636
　2/35/737
　2/44/917
　5/111/2252
　6/134/2632
　6/134/2635
　7/153/2960
　7/154/2970
白水山
　5/116/2351
　7/157/3017
白水塘
　6/124/2463
白水縣
　2/28/598
白水陂
　6/124/2463
16白環谷
　2/32/689
白碑驛
　6/146/2839
17白君山
　6/136/2662
白君祠

1/3/49

20白雞城
　3/59/1216

白香湖
　5/115/2336

21白虎山
　3/74/1502

白虎墓
　1/1/17

22白岸亭
　4/99/1977

白巖山
　2/45/944
　7/150/2904

白巖河
　7/151/2920

白嶺山
　7/152/2938

白山
　7/153/2963

白樂天草堂
　5/111/2254

23白紵亭
　5/105/2083

白紵山
　5/105/2082

27白兔山
　4/89/1762

白嶼洲
　7/158/3036

28白作鼻山
　6/137/2679

31白江
　7/155/2987

白江水
　7/154/2973

白江山
　3/75/1526

白額龍潭
　6/131/2583

白額山
　6/131/2583

白渠
　2/31/661

32白州
　7/167/3198

白兆山
　6/132/2595

33白浦水
　6/137/2673

34白池
　2/37/783

白波壘
　2/47/989

白池縣
　2/37/783

白社里
　1/3/53

35白溝
　3/54/1116
　3/56/1156

白溝水
　3/54/1109
　3/54/1110

白溝河
　3/60/1232

37白鴻水
　3/56/1163

38白道泉
　2/49/1034

39白沙
　5/107/2137

白沙水
　3/80/1618

白沙山
　6/128/2531

白沙場（廢）
　5/115/2336

白沙關
6/131/2582

40白土坑
7/163/3123

白土埄
6/130/2566

白臺
1/7/130

41白麵山
7/162/3107

43白术山
3/75/1526

白狼水
3/71/1434

白狼山
3/71/1433

44白帶山
3/70/1412

白猿廟
6/144/2804

白蘋洲
4/94/1885

白蓮池
5/111/2253

白草水
2/36/762

白茶水
5/122/2422

白茶山
4/99/1980

45白樓
2/51/1068

白樓亭
4/96/1926

47白狗城
1/11/205

白鶴嶺
5/116/2351

白鶴山
4/86/1716
4/94/1882
4/94/1893
4/98/1964
4/101/2012
5/106/2118
6/138/2698

白鶴溪
4/92/1843

白鶴觀
7/164/3141

白都山
4/90/1776

白起祠
2/26/560

白起臺
2/44/919

56白螺山
6/146/2844

60白口城
5/109/2212

67白鷺洲
4/90/1780

白鷺湍
4/94/1896

70白壁嶺
2/40/852

71白陉山
2/46/956

白牙山
6/127/2513

白馬廟
5/112/2280

白馬水
2/33/708
6/134/2633

白馬川
2/33/708

白馬山

1/9/161

2/31/669

2/40/855

2/41/875

3/67/1358

4/83/1664

6/133/2618

6/135/2648

白馬塞山

6/143/2786

白馬穴

6/139/2705

6/147/2862

白馬津

3/57/1185

白馬溝

3/63/1292

白馬城(古)

3/57/1182

白馬故溝

3/63/1294

白馬縣

1/9/161

白馬陂

5/118/2382

白馬騮城

2/36/762

白馬關

4/83/1666

72白岳山

5/104/2063

77白陶山

4/83/1665

白居易影堂

1/3/50

78白鹽山

6/148/2875

80白雉山

5/112/2281

5/113/2309

白公城

5/115/2335

88白竹岡

5/117/2370

白管溪

7/157/3015

自

50自由山

3/77/1554

2610₄ 皇

17皇子陂

2/25/524

22皇川

1/6/105

24皇化縣(廢)

7/163/3127

31皇潭

7/159/3055

40皇女湯

1/8/150

2620₀ 伯

22伯樂冢

1/13/260

伯樂墓

2/46/955

25伯牛阜

1/18/365

27伯魚墓

1/21/438

50伯夷叔齊祠

2/46/955

伯夷墓

2/46/955

80伯禽墓

　1/21/437

2620₇ 粵

32粵州

　7/171/3279

2621₃ 鬼

00鬼府山

　4/99/1979

22鬼嶺

　6/141/2738

27鬼侯城

　3/56/1161

43鬼城

　4/83/1667

60鬼田

　6/143/2787

77鬼門關

　7/167/3191

80鬼谷

　2/31/663

2622₁ 鼻

10鼻天子墓

　7/160/3076

鼻天子故城

　7/160/3076

2622₇ 偶

40偶臺

　1/10/186

2623₂ 泉

00泉麻縣

　3/79/1595

12泉水

　5/117/2366

22泉嶺山

　4/97/1946

　泉山

　4/99/1978

　4/101/2014

　4/102/2031

31泉源祠

　3/57/1176

32泉州

　4/102/2029

34泉池山

　3/77/1554

38泉道故城

　5/116/2349

2624₈ 儌

71儌馬州

　3/77/1562

2629₄ 保

00保京縣

　7/167/3201

21保順軍

　3/68/1385

30保寧縣

　3/78/1579

　3/80/1613

　保安軍

　2/37/789

　保安鎮

　2/36/767

　保定嶺

　2/38/801

　保定縣

　2/32/692

　保定縣(廢)

　7/161/3089

32保州

　3/68/1375

　3/80/1621

43保城縣（廢）
7/165/3159

57保静縣（廢）
2/36/764

保静鎮
2/36/767

2631₄ 鯉

10鯉石
5/110/2237

43鯉城山
6/137/2673

2632₇ 鰐

27鰐魚池
7/164/3143

34鰐池
7/160/3068

2633₀ 息

27息侯廟
1/11/205

43息城（古）
1/11/205

2640₀ 卑

10卑耳溪
3/70/1419

21卑盧州
3/77/1558

2640₃ 皋

00皋亭屯
7/161/3084

44皋落城（古）
2/47/995

皋

00皋亭山
4/91/1825

21皋虞故城
1/20/420

42皋橋
4/91/1824

77皋門橋
1/3/49

皋陶冢
6/129/2553

2641₃ 魏

00魏文帝廟
1/5/81

魏文帝祠
1/12/231

魏文帝陵
1/5/81
3/55/1140

魏文侯墳
2/41/868

13魏武帝祠
6/124/2459

魏武帝陵
3/55/1140

17魏郡
3/54/1104

魏郡城
3/55/1137

28魏徵宅
3/55/1136

魏收墓
3/61/1258

30魏安城
7/152/2939

32魏州

3/54/1104

43魏城（古）
　1/6/97

　魏城縣
　4/83/1665

44魏燕王臺
　1/2/34

50魏夫人壇
　5/110/2234

60魏昌城（故）
　3/60/1238

62魏縣
　3/54/1109

71魏長賢墓
　3/57/1178

2643₀ 吳

　見60430 吳

2644₆ 鼻

　見26221 鼻

2671₀ 峴

22峴山
　1/20/414
　4/94/1883

6/145/2814

2671₄ 皂

60皂里水
　3/75/1529

2672₇ 峐

22峐山
　4/94/1888

2674₁ 嵂

22嵂山
　1/21/441

76嵂陽山
　1/17/334

2690₀ 和

13和武州
　5/120/2399

18和政郡
　7/155/2980

　和政縣
　7/155/2982

20和集縣
　3/80/1615

21和順縣

2/44/925

22和川水
　3/77/1554

　和川縣
　2/43/908

　和川路
　3/77/1551

　和利縣
　3/81/1638

30和良州
　3/77/1561

32和州
　6/124/2453

　和溪水
　4/86/1717

43和城縣（廢）
　5/111/2258

47和都州
　3/77/1562

53和戎原
　2/33/702

63和默州
　7/156/3002

80和義郡
　4/85/1698

　和義縣（廢）

4/85/1700

和善縣

3/81/1633

90和光洞

7/157/3018

細

22細川谷水

2/30/643

細嶺池

2/37/783

47細柳原

2/25/528

細柳倉

2/26/559

71細腰原

1/6/102

2/29/616

76細陽城

1/11/209

稛

76稛陽

2/39/828

稛陽縣

2/38/808

26914 程

27程侯山

2/42/889

程鄉縣

7/160/3073

28程徵君墓

1/1/9

32程溪水

7/164/3135

33程浦溪

7/157/3016

37程郎水

7/165/3162

44程蒲

5/114/2319

66程嬰墓

2/47/990

3/56/1165

80程公祠

2/47/988

26922 穆

74穆陵山

1/23/480

26927 綿

12綿水

3/73/1491

5/108/2185

綿水縣（廢）

4/88/1741

21綿上縣

2/50/1049

32綿州

4/83/1661

44綿蔓水

3/61/1253

80綿谷

6/135/2649

綿谷縣

6/135/2648

88綿竹縣

3/73/1491

綿竹縣故城

3/73/1492

26930 總

27總角山

4/86/1716

32總州

5/120/2399

2694₁ 繹

44繹幕故城
　3/64/1309

2694₄ 纓

25纓績石
　5/107/2150

2694₇ 稷

22稷山
　2/46/967
　2/47/992
　稷山縣
　2/47/991
37稷祠
　2/47/992
77稷門
　1/18/353

2710₀ 血

44血樹山
　5/106/2111

2710₇ 盤

01盤龍
　7/167/3199
　盤龍石
　5/112/2282
　盤龍山
　3/73/1494
　4/83/1663
　4/86/1714
10盤石山
　3/76/1540
　盤石故關
　2/50/1052
　盤石縣
　3/76/1540
12盤水
　3/79/1596
20盤秀山
　2/45/941
27盤嶼
　4/99/1979
32盤州
　3/79/1596
　3/79/1601
38盤道縣（廢）

6/139/2707
40盤古祠
　3/72/1473
44盤蒲澤
　3/60/1239
46盤堤山
　7/154/2973
　盤堤縣（廢）
　7/154/2973
60盤固山
　5/108/2181

2711₇ 龜

01龜龍山
　7/158/3039
12龜水
　6/143/2787
22龜峯山
　5/107/2154
　龜山
　1/21/445
　龜山縣
　4/96/1925
40龜塘
　5/114/2320
44龜林州

2/38/805

47龜鶴山

　6/131/2583

　龜鶴池

　6/144/2801

55龜井

　5/109/2200

80龜茲都督府

　7/156/3000

2712₇ 歸

00歸唐縣

　3/81/1636

03歸誠郡

　3/81/1639

　歸誠州

　7/166/3176

　歸誠縣

　3/81/1640

10歸正縣

　3/81/1635

13歸武州

　3/79/1602

21歸順州

　3/71/1439

　歸順縣

3/80/1622

歸順縣（廢）

　3/79/1594

歸仁縣（廢）

　2/39/825

　6/139/2706

22歸樂州

　7/166/3175

　7/166/3176

24歸化州

　3/77/1561

　7/168/3217

　歸化縣

　3/80/1613

　4/101/2019

　歸化縣（廢）

　7/163/3124

　7/165/3163

　歸德郡

　3/71/1436

　歸德州（廢）

　2/38/804

　歸德縣

　3/81/1635

　歸德縣（廢）

　5/104/2063

30歸安縣

　4/94/1886

　歸定縣

　3/81/1637

32歸州

　6/148/2877

34歸遠縣

　3/81/1635

47歸朝縣

　7/168/3217

60歸恩州

　7/166/3176

　7/168/3217

71歸雁宮

　6/123/2444

80歸美山

　5/108/2179

　歸義州

　3/71/1445

　歸義城

　1/22/466

　歸義縣

　3/67/1364

　3/70/1413

　3/71/1445

　7/171/3284

歸善縣
7/160/3068

鄖

30鄖宮周
2/26/555

2713₂ 黎

12黎水
7/169/3239

22黎嶺
4/100/2001

黎山州
3/71/1448

32黎州
3/71/1443
3/77/1559
3/79/1596

43黎城
3/74/1504

黎城縣
2/45/943

68黎吟泉
7/169/3234

72黎丘
1/12/226

1/14/281
1/19/389

黎丘城
6/145/2819

76黎陽津
3/57/1185

黎陽縣
3/57/1184

黎陽鎮故城
3/57/1185

77黎母山
7/169/3234

98黎粉山
7/169/3234

2713₆ 蠡

34蠡瀆
4/92/1845

2720₀ 夕

76夕陽亭
1/3/54

夕陽城
2/50/1053

2720₇ 多

10多靈縣
7/168/3218

15多融山
3/75/1529

22多樂縣
5/122/2430

24多稜川
3/74/1502
3/74/1506

多稜山
3/74/1506

32多溪縣
4/88/1744

多業縣
4/87/1732

44多蓬縣
7/168/3221

48多梅縣
7/168/3219

50多奉縣
7/168/3219

60多田縣
5/121/2416

多景樓

4/89/1761

72多岳山
4/87/1731

77多賢水
7/164/3143

86多智山
6/125/2475

2721_0　佩

77佩印山
1/3/48

徂

44徂萊山
1/21/443

2721_2　危

30危渡口
3/60/1239

2721_7　倪

17倪子山
6/144/2801

彘

22彘山

1/21/441

2722_0　仰

22仰山
5/109/2196

仰山祠
5/109/2198

向

10向二
3/78/1581

32向州
3/78/1581

43向城
1/1/13
1/24/502
3/52/1078

向城縣(廢)
6/142/2756

御

00御亭驛
4/92/1843

30御宿川
2/25/524

御宿堂

3/55/1140

31御河
3/54/1110
3/57/1179
3/58/1200
3/65/1326
3/68/1380

50御史床
4/96/1931

豹

74豹陵山
1/2/35

2722_7　角

22角山
5/113/2307

43角城
1/17/338

鵤

77鵤鸕山
1/20/410

鸕

87鸕鶿陂

3/54/1116

3/55/1142

2723₂ 佷

10佷石

2/27/581

22佷山

6/147/2865

佷山縣城（故）

6/147/2864

很

17很子山

6/143/2781

象

10象石

7/167/3194

17象郡

7/165/3160

22象川州

3/77/1561

象山

7/165/3162

象山縣

4/98/1961

32象州

7/165/3160

37象湖

5/113/2301

43象城（古）

3/60/1236

45象樓山

5/107/2156

62象縣

7/168/3214

80象谷水

2/40/852

2723₄ 侯

00侯嬴墓

1/1/7

侯唐州

7/166/3176

17侯子山

7/158/3036

22侯山

1/5/67

4/96/1928

30侯官縣

4/100/1993

32侯溪

4/88/1748

40侯坊陵

3/60/1239

60侯甲水

2/41/869

侯甲山

2/50/1045

侯曇山

5/115/2331

候

32候州

5/120/2399

40候臺

3/67/1361

55候井

3/68/1379

2724₀ 將

22將利縣

7/154/2973

將樂縣

4/100/2000

32將溪

4/100/2001

37將軍嶺

4/99/1981

將軍山

5/111/2264

74將陵縣

3/64/1310

2724₇ 殷

25殷仲文墓

4/94/1896

31殷渠

1/9/173

32殷州

5/120/2399

36殷湯陵

2/46/959

43殷城（故）

3/53/1098

3/54/1115

殷城縣（廢）

6/127/2516

80殷公井

5/104/2062

2725₂ 解

17解郡

2/46/963

32解州

2/46/963

34解瀆故城

3/62/1271

43解城（故）

2/46/957

62解縣

2/46/964

解縣故城

2/46/956

2725₇ 伊

10伊吾郡

7/153/2961

伊吾盧

7/153/2962

伊吾軍

7/156/2998

伊吾故城

7/153/2960

7/153/2963

伊吾縣

7/153/2962

12伊水

1/3/46

17伊尹墓

1/5/83

伊尹墳

1/12/223

21伊盧山

1/22/459

32伊州

7/153/2961

37伊祁山

3/62/1275

50伊婁河

4/89/1760

76伊陽縣

1/5/66

2726₁ 儋

32儋州

7/169/3232

2726₂ 貂

26貂泉

2/36/763

2728₁ 俱

22俱利城

1/5/71

30俱密山

7/153/2963

2729₄ 條

40條支都督府
7/156/3001

2731₂ 鮑

27鮑叔牙冢
3/66/1344
43鮑城
1/19/385
72鮑丘水
3/69/1403
3/70/1416
3/71/1436

2732₀ 銅

76銅陽城
1/7/130
銅陽故城（漢）
1/11/206

2732₇ 烏

00烏亭
2/32/692
4/94/1886

烏衣巷
4/90/1790
01烏龍白騎山
5/117/2364
10烏石嶂
5/108/2186
烏石山
4/100/1993
烏雷縣
7/171/3277
11烏頭川
7/154/2970
12烏水
2/37/786
烏延水
7/170/3254
7/170/3255
17烏聊山
5/104/2060
5/107/2145
烏耶谷水
2/36/757
烏君山
4/101/2018
22烏蠻山
7/166/3181

烏嶺
2/43/908
烏嶺山
2/43/903
2/43/907
2/43/908
2/47/990
4/101/2018
烏山
4/94/1882
26烏程侯井（古）
4/94/1886
烏程縣
4/94/1880
31烏江浦
6/124/2457
烏江縣
6/124/2457
34烏池
2/37/783
37烏湖戍
1/20/408
38烏滸
7/162/3104
烏逆水
7/152/2938

133

43鳥城

　　1/12/225

44鳥蘭縣

　　2/37/781

　鳥蘇城

　　2/50/1044

53鳥蛇山

　　7/169/3231

60鳥壘城

　　7/153/2962

71鳥阪城（廢）

　　4/101/2019

72鳥氏故城

　　2/32/693

90鳥常泛

　　1/18/356

鳥

12鳥飛山

　　6/148/2877

　鳥飛州

　　7/156/3002

77鳥鼠山

　　7/151/2922

鄔

17鄔子港

　　5/107/2141

鴛

50鴛鴦水

　　3/59/1216

　　3/59/1217

　鴛鴦圻

　　3/79/1593

27336 魚

00魚亭山

　　5/104/2066

01魚龍川

　　2/32/686

17魚子陂

　　2/45/941

21魚齒山

　　1/8/144

　　1/8/151

22魚嶽山

　　5/112/2285

　魚山

　　1/13/254

27魚梟津

　　3/74/1503

28魚復縣（古）

　　6/148/2875

　魚復縣故城

　　6/144/2805

29魚鱗洲

　　7/169/3234

30魚穴

　　5/105/2086

35魚津

　　3/79/1592

40魚臺縣

　　1/14/286

　魚難水

　　6/141/2739

43魚城

　　6/147/2864

53魚蛇水

　　3/74/1506

　　4/85/1696

72魚丘水

　　3/67/1359

27337 急

30急流口

3/67/1367

2740₇ 阜

22阜山
　1/18/362
27阜漿水
　2/50/1051
43阜城縣
　3/63/1286
74阜陵故城
　6/128/2527

2742₇ 郫

31郫江
　3/72/1470
62郫縣
　3/72/1470

鄒

10鄒平故縣城
　1/19/381
　鄒平縣
　1/19/380
21鄒衍墓
　1/18/358
　1/19/391

22鄒山
　1/21/441
43鄒城
　1/21/441
62鄒縣
　1/21/441

郁

32郁州
　5/120/2399

鷄

見 2041₄ 雞

2744₀ 舟

17舟子洲
　4/90/1786

2744₇ 般

12般水
　1/19/377
43般城（故）
　3/64/1309
44般若巖
　5/109/2218

2750₂ 犁

17犁刃山
　4/82/1650

2752₇ 鵝

22鵝峯
　5/107/2151
37鵝湖山
　5/107/2159
　鵝湖寺
　5/107/2160
43鵝城
　2/40/853
67鵝鴨池
　2/28/595

2760₀ 名

17名配州
　3/77/1555
22名山雞棟山
　3/77/1553
　名山縣
　3/77/1553

27601 智

55智井
1/15/304

響

22響山
4/94/1888

44響地
3/59/1215

77響屧廊
4/91/1823

礜

37礜澗
1/6/101

27603 魯

00魯文公冢
1/21/437

魯亳山
6/131/2583

10魯西冶
1/21/447

11魯北冶
1/21/446

12魯水
1/6/94

17魯子城
5/118/2383

魯郡
1/21/431

22魯山
6/131/2585

魯山縣
1/8/149

32魯溪山
5/106/2116

43魯城
1/7/131

魯城（廢）
1/16/319

魯城（古）
1/21/435

魯城（故）
1/7/127

魯城門（古）
1/21/435

44魯恭墓
1/2/28

魯共王墓
1/21/437

50魯肅廟
1/17/338

魯肅墓
4/89/1760

魯東冶
1/21/447

76魯陽關
1/8/150
6/142/2756

魯陽公墓
1/8/151

77魯卿山
1/23/484

27604 督

00督亢亭
3/70/1413
3/69/1399

督亢陂
3/70/1412

37督軍湖
5/107/2137

27620 句

00句章故城
4/98/1960

21 句盧山
　　1/22/460
　　1/22/468
30 句注山
　　2/49/1027
　　2/51/1069
　句容縣
　　4/90/1794
32 句溪
　　5/103/2047
55 句曲山
　　4/89/1762
　　4/90/1795
76 句陽故城
　　1/13/262

翻

50 翻車水
　　6/127/2509

27627 郇

43 郇城（故）
　　2/46/959

鄱

31 鄱江水

　　5/107/2138
76 鄱陽郡
　　5/107/2133
　鄱陽侯墓
　　5/109/2217
　鄱陽縣
　　5/107/2135
　鄱陽縣（故）
　　5/107/2139

鵠

22 鵠山縣
　　7/167/3202
40 鵠奔亭
　　7/159/3059

27711 巋

12 巋水
　　2/43/905

27712 包

22 包山
　　4/91/1821
33 包浦
　　6/124/2457
72 包氏墓

　　4/89/1763

27713 巉

22 巉巖山
　　5/106/2111

27717 色

12 色水
　　3/72/1472

27720 勾

01 勾龍本廟
　　1/5/77

峋

25 峋嶁峯
　　5/114/2323
　峋嶁山
　　5/114/2322
　　5/115/2330

峒

21 峒峿
　　1/17/33

2772₇ 鄉

30鄉寧縣
　2/48/1007

2774₇ 岷

22岷山
　3/78/1574
　7/155/2981
31岷江
　3/72/1471
　6/149/2887
32岷州
　7/155/2980

崏

76崏陽冶
　1/21/446

2775₇ 峥

29峥嶸洲
　5/112/2282
　6/131/2582

2776₄ 崌

24崌崍山

　3/74/1503
32崌州
　3/81/1633
80崌谷水
　2/28/600

2777₂ 崛

77崛門山
　4/98/1965

2780₀ 久

04久護州
　3/77/1562
23久台水
　1/24/495

2780₂ 欠

71欠馬州
　3/77/1557

2780₆ 負

43負戴山
　4/82/1652

2782₇ 鄑

43鄑城

　6/145/2818
62鄑縣
　1/12/234
　鄑縣(漢)
　6/145/2823

2790₁ 祭

43祭城
　1/9/167

禦

77禦兒
　4/95/1914

2790₄ 槃

11槃頭故城
　6/135/2645

2791₅ 紐

44紐村
　3/78/1575

2791₇ 紀

07紀鄣城
　1/22/467
　紀詢宅

5/113/2307

20紀信冢

　1/9/172

　2/26/562

40紀臺

　1/18/366

　紀南城

　6/146/2836

43紀城

　1/18/358

絕

12絕水

　2/44/918

43絕棧

　6/133/2613

繩

12繩水

　3/80/1618

80繩金塔寺

　5/106/2106

2792_0　稠

77稠桑澤

　1/6/102

2792_7　移

22移山

　5/118/2381

32移州

　3/79/1602

53移甫縣

　4/88/1743

邾

43邾城（古）

　1/21/436

50邾婁城

　1/14/282

60邾國

　1/21/441

62邾縣城

　6/144/2803

郖

76郖陽縣（廢）

　5/107/2140

2793_2　綠

12綠水縣

　7/171/3280

15綠珠江

　7/167/3199

　綠珠井

　7/167/3200

32綠溪水

　5/117/2361

44綠蘿山

　5/115/2336

　綠林山

　6/146/2848

78綠陰亭

　5/109/2203

2793_3　終

40終南故城

　2/30/647

　終南山

　2/25/522

　2/30/637

　2/30/640

2793_4　緱

72緱氏山

　1/5/73

　緱氏縣

　1/5/72

139

縅氏縣城（古）

1/5/74

2794₀　叔

27叔向墓

2/50/1045

2795₄　絳

12絳水

2/45/942

2/47/993

3/76/1538

17絳郡

2/47/982

22絳巖山

4/90/1795

絳山

2/47/987

2/47/993

32絳州

2/47/982

60絳邑故城

2/47/987

62絳縣

2/47/992

2821₁　作

20作重州

3/77/1557

2822₂　修

12修水

5/106/2111

13修武縣

3/53/1096

15修醴水

5/106/2116

21修仁水

7/160/3076

修仁縣

7/162/3105

28修鮮都督府

7/156/3001

88修竹園

1/12/221

2822₇　倫

32倫州

7/166/3176

2824₀　仵

35仵清池

3/65/1326

43仵城故郡城

2/48/1012

仵城縣（廢）

2/48/1006

微

17微子城

2/45/940

3/54/1118

微子墓

1/12/222

22微山

1/15/301

32微州

3/79/1598

徵

43徵城

2/28/597

徽

26徽伯故壘

1/6/95

徹

32徹州
　3/78/1580
90徹當縣
　3/78/1582

2824₇ 復

22復山
　5/104/2066
　5/109/2217
32復州
　6/144/2802
76復陽故城
　3/63/1289
77復關堤
　3/57/1180

2825₁ 牂

22牂川郡
　5/122/2428
32牂州
　5/120/2399
　5/122/2428
41牂柯水
　7/165/3163
牂柯郡城（古）
　5/122/2429
牂柯山
　7/171/3277
牂柯河
　7/166/3173

2825₃ 儀

32儀州
　7/150/2908
43儀城
　1/2/34
71儀隴山
　6/139/2711
儀隴縣
　6/139/2711

2828₁ 從

24從化縣（廢）
　7/166/3181
32從州
　3/79/1604
80從人城
　2/40/846

2829₄ 徐

11徐孺子宅
　5/106/2107
徐孺子臺
　5/106/2105
17徐君墓
　1/16/317
20徐稚冢
　5/106/2107
21徐偃王廟
　1/16/312
22徐山
　1/24/494
27徐鄉城（故）
　1/20/413
32徐州
　1/15/294
43徐城（故）
　1/16/313
徐城縣（廢）
　1/16/316
48徐幹墳
　1/18/364
77徐聞縣（廢）
　7/169/3231

80徐羨之墓

　4/89/1766

　徐公湖

　4/97/1951

2833₄ 懲

11懲非津

　3/74/1509

2835₁ 鮮

12鮮水

　7/152/2942

26鮮卑山

　3/71/1433

32鮮州

　3/71/1442

2836₅ 鱔

32鱔溪

　4/100/1993

2841₇ 艦

33艦浦池

　4/92/1852

37艦澳

　4/90/1782

2871₁ 岼

21岼岈山

　1/11/203

嵯

23嵯峨山

　1/11/203

　2/31/665

　6/125/2483

2871₇ 齕

77齕鼠山

　7/163/3123

2878₆ 嶮

12嶮水

　1/21/435

2891₇ 絃

40絃真山

　2/49/1037

　2/51/1068

72絃鼗山

　2/44/921

2892₇ 綸

43綸城（故）

　1/12/226

2894₀ 繳

60繳圍山

　7/170/3258

2922₇ 俏

22俏山

　4/98/1964

2923₁ 儻

80儻谷水

　6/138/2689

2933₈ 愁

60愁思岡

　3/55/1137

2935₉ 鱗

22鱗山縣

　4/88/1743

2998₀ 秋

22秋山
　3/57/1176
32秋溪水
　5/117/2363

3010₁ 空

10空石山
　4/97/1945
22空山
　4/93/1871
　空山祠
　　5/108/2178
28空舲峽山
　6/148/2879
50空青山
　2/36/765
77空岡
　1/12/223
　空桑城
　　1/1/16

3010₆ 宣

10宣平門
　2/25/526
13宣武城
　4/90/1789
　宣武場
　　1/3/53
18宣務山
　3/59/1221

24宣化縣
　7/166/3173
32宣州
　5/103/2045
34宣漢水
　6/139/2712
　宣漢井場
　　6/137/2680
　宣漢縣(廢)
　　6/137/2680
43宣城郡
　5/103/2045
　宣城縣
　　5/103/2047

3010₇ 宣

12宜水
　7/168/3215
17宜君縣
　2/35/742
20宜禾故城
　7/153/2960
21宜師溝
　3/55/1141
22宜川縣
　2/35/744

宜山冶
　1/21/447
28宜倫縣
　7/169/3233
30宜賓縣
　3/79/1592
32宜州
　7/168/3214
　宜溪水
　5/115/2333
36宜湘水
　5/116/2353
37宜祿川水
　2/34/723
　宜祿城
　1/10/189
　宜祿縣
　2/34/722
40宜壽宮隋
　2/30/645
43宜城山
　3/72/1472
　宜城故城
　6/145/2819
　宜城縣
　6/145/2819

44宜芳縣
　2/41/873
　宜黃水
　5/110/2239
　宜黃縣
　5/110/2239
47宜都縣
　6/147/2863
50宜春水
　5/109/2197
　宜春郡
　5/109/2194
　宜春泉
　5/109/2199
　宜春宮
　2/26/554
　宜春臺
　5/109/2199
　宜春城
　1/11/201
　宜春縣
　5/109/2195
76宜陽山
　1/10/192
　6/147/2866
77宜興縣

　4/92/1845

3011₃ 流

00流離城
　6/140/2720
10流盃池
　1/8/146
31流江
　3/72/1466
　流江水
　6/139/2710
　6/139/2712
　流江縣
　6/138/2694
32流溪
　4/87/1728
　流溪水
　4/86/1712
　流溪縣
　4/86/1711
40流南縣（廢）
　7/158/3041
80流金泊
　2/31/669

3011₄ 注

43注城

　　1/8/145

淮

12淮水

　　1/11/204

　　1/11/205

　　1/11/206

　　1/11/209

　　1/11/211

　　1/16/316

　　1/17/331

　　1/17/337

　　1/17/340

　　4/90/1778

　　6/124/2461

　　6/124/2463

　　6/127/2512

　　6/127/2515

　　6/129/2546

　　6/132/2601

　　6/132/2602

　　6/142/2761

30淮安王神通營

　　1/21/434

淮安郡

　　6/142/2759

34淮瀆廟

　　6/142/2762

淮瀆祠

　　1/16/314

37淮渦神

　　1/16/314

74淮陵城（古）

　　1/16/320

76淮陽郡

　　1/10/182

淮陽軍

　　1/17/333

淮陽城

　　1/10/185

　　1/16/313

78淮陰郡

　　6/124/2459

淮陰縣

　　6/124/2462

淮陰縣故城

　　6/124/2462

潍

12潍水

　　1/18/363

　　1/24/499

　　1/24/501

　　1/24/504

潍水故堰

　　1/24/497

22潍山

　　1/24/501

32潍州

　　1/18/361

澅

44澅甘水

　　3/74/1505

溎

12溎水

　　2/25/524

溎水渠

　　2/25/532

潼

12潼水

145

1/17/329

31潼江水

　4/84/1678

35潼津縣（廢）

　2/29/623

47潼都城

　1/17/330

77潼關

　2/29/620

80潼谷水

　2/29/621

灘

12灘水

　7/154/2970

　7/162/3101

22灘山

　7/162/3100

澶

12澶水

　1/3/46

潼

12潼水

　1/14/275

3011₆ 澶

32澶州

　3/57/1174

澶淵

　3/57/1178

澶淵縣（廢）

　3/57/1179

3011₇ 瀛

22瀛山

　6/136/2662

32瀛州

　3/66/1340

3012₃ 濟

11濟北縣城（故）

　1/19/393

12濟水

　1/14/286

　1/18/360

　1/19/379

　1/19/380

　1/19/381

　1/19/392

　3/52/1084

3/53/1095

21濟順王

　4/84/1679

31濟河

　1/19/387

濟源古城

　3/52/1085

濟源縣

　3/52/1083

32濟州

　1/14/277

濟州關

　1/13/256

40濟南郡

　1/19/381

濟南故城

　1/19/379

46濟堤

　1/13/259

76濟陽郡

　1/14/277

濟陽故城

　1/13/261

濟陽縣（廢）

　1/19/380

78濟陰郡

1/13/257

濟陰城（古）

1/16/320

濟陰縣

1/13/258

30127 滂

30滂流水

5/122/2431

湞

12湞水

6/141/2732

6/142/2753

6/142/2755

32湞州

4/88/1744

76湞陽縣（廢）

6/141/2731

湞陽縣廢城(後漢)

6/142/2753

滴

12滴水

3/64/1308

31滴河

3/64/1313

滴河縣

3/64/1313

滈

32滈州

3/79/1604

滽

30滽滽水

1/5/80

30130 汴

31汴河

1/12/221

1/17/328

1/2/27

汴河（古）

1/15/303

汴渠

3/52/1082

汴渠（古）

1/2/24

30130 泫

12泫水

2/44/918

濠

21濠上山

6/128/2530

32濠州

6/128/2528

40濠塘山

6/128/2531

瀼

32瀼州

7/166/3175

7/167/3202

30136 蜜

37蜜湖

5/109/2214

30140 汶

11汶北冶

1/21/447

12汶水

1/13/252

1/18/363

1/21/442

1/21/443

3/60/1232

3/81/1633

22汶川縣

3/78/1575

汶山縣

3/78/1574

31汶江

3/72/1466

3/74/1503

3/74/1508

4/88/1740

40汶南冶

1/21/447

43汶城冶

1/21/447

55汶井江

3/75/1529

76汶陽冶

1/21/447

汶陽城（古）

1/21/436

汶陽故城

1/21/445

汶陽縣（故）

1/21/442

3014₆ 漳

12漳水

2/45/939

2/45/940

3/56/1161

3/58/1192

3/58/1194

31漳河

3/54/1109

3/56/1165

3/59/1218

3/64/1310

32漳州

4/102/2032

33漳浦郡

4/102/2032

漳浦縣

4/102/2034

40漳南縣

3/58/1202

60漳口

6/146/2848

3014₇ 渡

32渡州

7/166/3176

淳

10淳于山

5/118/2381

淳于故城

1/24/498

淳于髡墓

1/19/378

72淳岳山

7/171/3269

3014₈ 洨

12洨水

3/61/1251

43洨城

1/17/330

3016₁ 涪

12涪水

4/83/1665

4/84/1683

5/121/2410

5/121/2415

5/121/2416

22涪川郡

5/121/2414

涪川縣
　5/121/2415

31涪江
　4/82/1650
　4/82/1651
　4/82/1652

涪江水
　5/121/2410

32涪州
　5/120/2388

43涪城水
　4/82/1651

涪城縣
　4/82/1651

74涪陵水
　5/120/2396
　5/121/2416

涪陵郡
　5/120/2388

涪陵山
　5/121/2415

涪陵江
　5/120/2392
　5/120/2397
　5/120/2398

涪陵縣
　5/120/2391

3019₄ 澟

32澟州
　3/71/1447

3019₆ 涼

32涼州
　7/152/2934

71涼馬臺
　1/10/192
　3/55/1137

80涼傘嶂
　5/108/2179

3020₁ 寧

10寧平城
　1/12/238

寧晉縣
　3/60/1233

24寧化軍
　2/50/1055

寧化縣
　4/102/2036

寧德縣

　4/100/1996

27寧鄉水
　2/42/886

30寧塞郡
　7/155/2982

32寧州
　2/34/724

寧洲
　7/166/3181

33寧浦郡
　7/166/3180

寧浦縣
　7/166/3181

34寧遠縣
　3/81/1634
　5/116/2343
　7/169/3239

36寧邊軍
　3/68/1384

38寧海縣
　4/98/1968
　7/171/3277

43寧越郡
　7/167/3200

50寧夷郡
　5/122/2420

寧夷山
7/171/3270

寧夷縣
5/121/2410

60寧蜀城
3/72/1467

寧國縣
5/103/2049

74寧陵縣
1/12/227

77寧風縣(廢)
7/158/3043

87寧朔郡
2/39/823

寧朔州都督府(廢)
2/37/788

寧朔縣
2/37/786

3020₇ 穹

32穹州
3/78/1581

3021₁ 寵

32寵洲
6/146/2834

3021₂ 宛

12宛水
6/145/2817

72宛丘
1/10/184

宛丘縣
1/10/184

3021₇ 崫

12崫水
2/26/554

76崫陽谷水
2/26/554

3022₇ 房

17房子故城
3/60/1234

22房山
3/61/1253
6/143/2784

房樂水
7/158/3037

32房州
6/143/2783

房淵

3/63/1295

74房陵郡
6/143/2783

房陵縣
6/143/2784

扁

47扁鵲墓
3/54/1111

宵

22宵山
5/108/2181

宥

32宥州
2/39/823

扇

17扇子山
1/6/111

寡

47寡婦清臺
5/120/2392

寡婦故城

3/62/1273

寡婦原

2/33/708

甯

13甯武子墓

1/13/261

53甯戚冢

1/20/423

甯戚城

1/19/390

窮

12窮水

6/129/2550

77窮桑

1/21/437

3023₂ 家

90家雀關（故）

2/47/986

永

00永康軍

3/73/1493

永康縣

3/75/1531

4/97/1952

02永新山

5/109/2216

永新縣

5/109/2216

10永平監

5/107/2148

永平縣（廢）

7/163/3122

21永順縣（廢）

7/163/3118

永貞縣

4/100/1996

6/130/2573

22永川縣

4/88/1747

永豐縣

2/39/828

永豐縣故城（廢）

5/107/2152

永豐倉

2/29/623

永山

5/116/2348

永樂澗水

2/46/961

永樂場

4/101/2020

永樂縣

2/46/960

26永和縣

2/48/1013

永和關

2/48/1013

永穆縣

6/137/2676

27永歸縣（廢）

4/84/1680

30永濟河

3/65/1326

3/68/1381

永濟渠

3/54/1113

3/54/1115

3/54/1116

3/57/1179

3/58/1200

3/58/1202

3/64/1310

3/67/1368

3/68/1378

永濟縣
　3/54/1112

永寧山
　4/98/1966

永寧縣(廢)
　7/164/3137

永安宮
　2/30/643
　6/148/2875

永安渠
　2/25/532

永安城
　6/131/2582

永安堤
　1/22/461

永安故城
　2/31/663
　5/120/2393

永安縣
　4/98/1967
　5/112/2287

永定縣
　3/55/1141
　7/166/3182

31永福山
　7/162/3105

永福寺
　5/107/2139

永福縣
　7/162/3104

32永州
　5/116/2346

永業縣(廢)
　7/163/3116

35永清縣
　3/67/1366
　3/69/1402

永清縣(廢)
　6/143/2785

40永嘉郡
　4/99/1975

永嘉江
　4/99/1979

永嘉故臺
　1/23/479

永嘉縣
　4/99/1976

永壽縣
　2/31/673

永壽原
　2/31/674

43永城故城

　1/12/236

永城縣
　1/12/235

永始臺
　1/7/131

50永泰湖
　1/16/316

永泰縣
　4/82/1654
　4/100/1995

永春縣
　4/102/2032

60永昌故城
　3/56/1157

永昌縣
　3/73/1486

永昌陵
　1/5/69

永固縣(漢)
　2/49/1035

67永明縣
　5/116/2345

76永陽郡
　6/128/2524

永陽縣
　6/128/2527

77永興場
  4/101/2020
  6/130/2570
 永興縣
  5/113/2305
 永興縣（故）
  5/113/2308
80永慈縣
  3/81/1634
 永年縣
  3/58/1192

3023₄ 戾

40戾太子陵
  1/6/107
60戾園
  2/25/535

3024₁ 穿

83穿鍼樓
  4/90/1780

3024₇ 寢

72寢丘
  1/11/208

3026₁ 宿

31宿遷縣
  1/17/337
32宿州
  1/17/326
44宿蒼舒墓
  1/1/14
48宿松縣
  6/125/2482

3027₂ 窟

30窟室
  1/9/171

3030₁ 進

60進田水
  7/161/3090

3030₃ 寒

00寒亭
  1/18/364
20寒信峽
  5/108/2182
22寒山寺
  5/107/2139

 寒山堰
  1/15/299
26寒泉
  6/138/2692
 寒泉水
  6/143/2782
 寒泉井
  5/114/2321
 寒泉陂
  1/1/7
32寒冰井
  3/65/1330
 寒溪
  4/96/1926
 寒溪浦
  5/112/2282

遮

21遮虜障
  7/152/2943
55遮井
  4/85/1697
71遮馬堤
  3/52/1078

3030₇ 之

32之溪
　4/88/1742

60之罙水
　1/20/408

之罙山
　1/20/409

3032₇ 寫

06寫韻軒
　5/106/2105

77寫鳳都督府
　7/156/3001

3033₂ 宓

17宓子賤廟
　1/14/284

3033₆ 憲

32憲州
　2/42/890

3034₂ 守

80守慈山
　5/122/2422

88守節縣（廢）
　1/1/9

3040₁ 宰

23宰我墓
　1/21/438

3040₄ 安

00安市州
　3/71/1448

安康郡
　6/141/2727

01安龍山
　7/171/3275

10安平故城
　2/44/921

安平縣
　3/63/1293

安西大都護府
　7/156/2998

11安北大都護府（廢）
　2/38/809

安北都護府（故）
　2/39/828

20安信縣
　3/80/1613

21安順縣
　7/171/3269

安仁港
　5/107/2141

安仁故城
　5/107/2142

安仁縣
　3/75/1527
　5/115/2333

安僾冶
　1/21/447

22安豐州（廢）
　6/129/2550

安豐州（古）
　6/129/2550

安豐縣
　6/129/2548

安豐縣（廢）
　6/129/2551

安樂城（廢）
　6/125/2477

安樂山
　2/35/746
　4/88/1741

安樂宮
　5/112/2283

安樂溪水
4/88/1741
安樂橋
3/72/1465
安樂故城
3/69/1403
安樂壘
3/61/1250
安樂縣（廢）
7/163/3124
24安化郡
2/33/706
安化州都督府(廢)
2/33/711
2/37/788
安化縣
2/33/708
7/150/2909
安德縣
3/64/1308
27安鄉郡
7/154/2968
安鄉縣
5/118/2377
28安微水
5/121/2410

30安宜溪
6/124/2463
安寧縣
3/79/1596
7/168/3217
安定郡
2/32/690
安定州都督府(廢)
2/33/711
31安福縣
5/109/2212
安福縣（廢）
5/109/2215
32安州
6/132/2592
安州城（廢）
3/56/1162
33安浦縣（廢）
5/110/2237
34安遠水
5/108/2179
安遠嶺
5/108/2179
安遠縣
5/108/2178
36安邊郡

2/51/1061
安邊縣城
2/51/1069
37安次縣
3/69/1402
38安海縣（廢）
7/167/3202
40安吉縣
4/94/1889
安喜故城
3/62/1271
安喜縣
3/62/1270
42安析縣
7/164/3144
43安城（故）
3/60/1238
安城府（廢）
6/129/2548
安城郡
7/165/3157
安城故城
1/11/201
48安故城
7/151/2927
50安夷關（故）

2/32/689

安東都護府
3/71/1447

53安成郡（廢）
5/109/2214

安成郡池
5/109/2214

60安國河
3/67/1359

安國城
3/73/1486

安昌城
1/24/498

安昌故城
3/53/1096
6/134/2635

安昌縣（故）
5/113/2308

安邑城（古）
1/6/105

安邑縣
2/46/966

72安丘縣
1/24/497

安丘縣城（漢）
1/24/499

安岳郡
4/87/1729

安岳縣
4/87/1730

74安陸郡
6/132/2592

安陸縣
6/132/2594

安陵
1/5/69
2/26/561

安陵水
5/117/2363

安陵故邑
2/26/559

安陵縣
3/64/1310

76安陽王故城
7/170/3255

安陽山
4/92/1843
6/127/2515
6/129/2549

安陽渡
6/124/2457

安陽城

1/6/104
1/12/223

安陽故城
1/11/205

安陽故關
3/62/1274

安陽縣
3/55/1135

77安居縣
4/87/1731

84安鎮山
7/171/3268

宴

10宴石
7/167/3200

23宴然城
7/152/2938

3043~0~ 突

60突星瀨
4/99/1983

3050~2~ 牢

10牢石
7/165/3155

22牢山
　2/40/848

32牢州（廢）
　7/165/3154

60牢固冢
　4/85/1694

3060₁ 宕

31宕渠（廢）
　4/82/1653

宕渠水
　6/138/2694
　6/139/2705

宕渠山
　6/138/2694

宕渠縣（廢）
　6/139/2711

宕渠縣城（漢）
　6/138/2695

32宕州
　7/155/2987

害

12害水
　2/44/922

3060₆ 宫

00宫亭廟
　5/111/2256

宫亭湖
　5/106/2103

富

10富靈山
　6/138/2698

富平津
　2/36/763

富平故城
　2/33/709
　2/34/727
　2/36/762
　3/64/1314

富平縣
　2/31/660

富雲縣（廢）
　7/169/3240

12富水
　5/106/2110
　7/161/3085

富水郡
　6/144/2799

富水縣（廢）
　6/144/2801

21富順監
　4/88/1745

富仁銀監
　7/168/3222

22富川縣
　7/161/3085

富川縣（故）
　5/113/2308

富樂山
　4/83/1663

30富安砂監
　7/168/3222

31富河
　6/144/2802

32富州城（廢）
　7/163/3123

40富力縣
　7/168/3220

44富林縣（廢）
　7/158/3042

50富中里
　4/96/1932

富春渚
　4/95/1911

60富國監
　4/82/1655
　富羅縣(廢)
　7/169/3234
76富陽浦
　4/91/1826
　富陽縣
　4/93/1868
87富錄縣
　7/168/3218

3060₈ 容

17容瓊洞
　7/169/3237
　容瓊縣(廢)
　7/169/3236
22容嶺
　5/104/2064
　容山
　7/167/3191
32容州
　7/167/3189
　容溪水
　6/149/2890
　6/149/2891
43容城縣

3/67/1364

3071₄ 宅

76宅陽城
　3/63/1287

3071₇ 竈

22竈山
　7/169/3232

3073₂ 良

22良山縣
　6/139/2710
24良德縣(廢)
　7/161/3088
27良鄉縣
　3/69/1401
43良城(古)
　1/17/335
44良熱水
　5/108/2183
　良恭縣
　7/155/2988
71良原縣
　2/32/694
90良常山

4/90/1795

3077₂ 密

10密雲郡
　3/71/1434
　密雲縣
　3/71/1436
32密州
　1/24/492
62密縣
　1/5/69

3077₇ 官

22官山
　5/108/2181
30官渡臺
　1/2/28
37官禄山
　4/87/1732
40官坊埭
　4/89/1765

3080₁ 定

00定廉山
　3/78/1579
　定廉縣

3/80/1622

定襄郡
2/42/887

定襄都督府（廢）
2/37/787

定襄縣
2/42/890

10定王廟
5/114/2320

定王冢
5/109/2201

定平縣
2/34/724

12定水
5/110/2234

22定川縣（廢）
7/165/3155

定仙嶺
2/38/802

定山
4/91/1826
4/93/1864

30定安縣
2/34/726

32定州
3/62/1267

4/88/1744

34定渚渠
1/20/423

定遠軍
3/68/1377

定遠縣
6/128/2534

定遠縣（廢）
2/36/766

定遠縣城（廢）
6/128/2534

定遠鎮
2/36/768

38定海縣
4/98/1961

40定境山
2/47/985

43定城
2/29/622

定城（故）
3/65/1332

定城關
6/127/2517

定城縣
6/127/2512

44定蕃城（廢）

3/77/1561

定林山
7/164/3135

47定胡縣
2/42/887

60定國山
1/15/298

定昆池
2/25/531

77定陶山
1/17/328

定陶縣
1/13/264

3080₂ 穴

22穴山
7/160/3071

3080₆ 寅

22寅山
7/160/3068

賓

10賓王山
4/87/1728

24賓化縣

5/120/2392

5/122/2429

5/122/2430

28寶從縣

　3/71/1442

30寶安縣

　7/168/3218

32寶州

　7/165/3157

80寶義縣

　3/71/1439

寶

32寶州

　7/163/3119

37寶冢

　3/63/1286

寶

00寶應寺

　5/110/2236

　寶應縣

　6/124/2463

20寶雞祠

　2/30/642

　寶雞縣

2/30/640

22寶鼎縣

　2/46/958

　寶仙聖洞

　5/109/2216

25寶積寺

　5/107/2144

30寶安縣

　7/168/3220

40寶真觀

　3/75/1530

43寶城場（廢）

　7/161/3085

44寶蓋山

　5/110/2236

　6/143/2781

　寶塔山

　7/165/3155

　寶蓮峯

　5/106/2113

77寶興軍

　2/49/1031

寶

60寶國城（故）

　6/138/2695

3090₁ 宗

32宗州

　3/79/1598

43宗城縣

　3/54/1113

77宗居縣

　3/79/1598

3090₄ 宋

00宋高祖陵

　4/90/1783

　宋襄公墓

　1/2/25

10宋玉冢

　6/142/2764

　宋平縣

　7/170/3253

12宋水縣

　4/88/1742

　4/88/1743

13宋武七營

　1/6/107

17宋子故城

　3/60/1232

32宋州

1/12/218

4/88/1743

43宋城縣

1/12/220

55宋井

4/85/1697

77宋熙水

4/86/1717

6/140/2721

80宋無忌祠

5/112/2279

宋

77宋降

7/166/3181

寨

40寨南務

7/150/2910

3111_0 江

10江夏王城

6/127/2509

江夏郡

5/112/2274

江夏山

5/112/2278

江夏故城

6/132/2596

江夏縣

5/112/2277

12江水

6/124/2457

6/124/2459

17江君里

4/96/1932

20江乘城

4/90/1795

22江山縣

4/97/1946

30江寧縣

4/90/1775

江寧縣城（故）

4/90/1780

江安縣

4/88/1741

31江源郡

3/81/1637

江源縣

3/81/1633

32江州

5/111/2248

江州縣故城

6/136/2661

34江瀆祠

3/72/1464

35江津縣

6/136/2661

江油郡

4/84/1681

江油縣

4/84/1682

37江祀

6/123/2445

江郎山

4/97/1946

40江南洲

7/157/3015

江右

5/112/2282

42江橋

4/96/1926

44江華郡

5/116/2341

江華縣

5/116/2345

46江堤

6/146/2837

161

47江都故城
　　6/123/2444
　江都縣
　　6/123/2443
71江原縣
　　3/75/1529
74江陵郡
　　6/146/2830
　江陵縣
　　6/146/2834
78江陰軍
　　4/92/1850
　江陰縣
　　4/92/1850

汢

12汢水
　　5/118/2382

3111₁ 沅

12沅水
　　5/118/2381
32沅州
　　5/122/2430
　沅溪
　　5/122/2431

沅溪縣
　　5/122/2431
74沅陵縣
　　8/闕逸/3865

涇

12涇水
　　2/25/529
　　2/26/564
　　2/31/665
　　2/31/674
　　2/33/705
　　7/151/2920
22涇川水
　　2/32/693
　　7/151/2920
32涇州
　　2/32/690
40涇南縣（廢）
　　4/88/1742
62涇縣
　　5/103/2048
76涇陽故城
　　7/151/2919
　涇陽縣
　　2/26/563

浬

12浬水
　　5/117/2367

瀝

30瀝滴泉
　　1/5/70
42瀝橋城
　　1/16/313

瀧

12瀧水縣
　　7/164/3136
32瀧州（廢）
　　7/164/3137

3111₄ 溉

31溉源山
　　1/18/362

潅

12潅水
　　1/12/235

3111₆ 洹

12洹水
　3/54/1115
　3/55/1137
　3/55/1141
　3/55/1143
洹水縣
　3/54/1115

漚

00漚麻池
　2/44/926

3111₇ 瀘

12瀘水
　3/80/1620
　5/117/2367
22瀘川郡
　4/88/1738
　瀘川縣
　4/88/1740
31瀘江
　4/88/1741
32瀘州
　4/88/1738

35瀘津關
　4/88/1741
40瀘南縣
　3/79/1600
80瀘慈州
　3/79/1601

3111₈ 浢

12浢水津
　1/6/96

3112₀ 汀

32汀州
　4/102/2034

河

00河唐縣
　3/81/1635
10河西縣
　2/46/955
　3/79/1598
12河水
　2/28/595
　2/46/957
　2/46/960
　2/51/1069

21河上公廟
　1/6/95
27河侯神
　3/52/1081
　河侯祠
　1/9/162
31河源縣
　7/160/3071
32河州
　7/154/2968
33河濱縣
　2/38/811
　2/38/812
34河池
　2/37/781
　河池郡
　6/134/2626
　河池戍
　6/134/2630
　河池縣
　6/134/2629
　河池陂
　2/25/531
　河濱廟
　2/46/956
35河清縣

1/5/79

河神祠

2/49/1027

37河洞水

7/163/3120

河逢山

2/50/1052

38河渝水

5/122/2422

40河南府

1/3/40

河南縣

1/3/46

河内郡

3/53/1091

河内縣

3/53/1094

42河橋

2/28/602

50河東郡

2/46/949

河東州

3/77/1561

河東縣

2/46/953

60河只水

5/122/2422

76河陽郡

3/52/1075

河陽縣

3/52/1077

77河間郡

3/66/1340

河間縣

3/66/1342

78河陰故城

1/5/79

河陰縣

2/38/808

3/52/1082

3112₁ 涉

31涉河

2/45/944

62涉縣

2/45/944

3112₇ 沔

12沔水

6/131/2585

6/133/2614

6/133/2620

6/135/2644

6/144/2803

6/144/2804

76沔陽故城

6/133/2618

沔陽縣

6/144/2804

濡

12濡水

3/62/1274

3/66/1347

3/67/1359

21濡須水

6/126/2492

6/126/2495

濡須塢

6/124/2456

濕

37濕湖

4/92/1842

澥

12澥水

6/132/2601

灂

43灂城縣
6/129/2554

灞

12灞水
2/26/556

33灞涘
2/25/529

馮

00馮唐宅
3/60/1232

馮唐冢
2/26/562

馮唐墓
3/60/1234

07馮翊王廟
3/74/1504

馮翊郡
2/28/592

馮翊縣
2/28/594

12馮水
5/106/2115

20馮乘縣(廢)
7/161/3086

21馮衍墓
2/27/583

30馮家冢
6/126/2498

馮家村
7/161/3090

37馮洛州
7/156/2998

50馮盎墓
7/161/3092

馮奉世墓
2/45/944

67馮昭儀墓
2/45/944

3113₂ 涿

00涿鹿山
3/71/1429

12涿水
3/70/1412

17涿郡
3/70/1410

22涿山
3/71/1430

32涿州
3/70/1410

3114₀ 汙

34汙池
3/72/1469

洴

12洴水
2/30/635
2/30/641
2/32/688
2/32/689

22洴山
2/32/686

31洴源縣
2/32/686

76洴陽郡
2/32/684

洴陽縣
2/32/688

3114₁ 灄

12灄水
6/131/2586

3114₆ 潭

12潭水
　7/168/3214
22潭羢山
　7/163/3120
　潭羢縣（廢）
　7/163/3120
30潭流嶺
　5/117/2370
　潭流山
　5/117/2364
31潭江
　7/166/3170
32潭州
　5/114/2315
76潭陽郡
　5/122/2430

3114₉ 潹

33潹沱水
　2/40/855
　2/42/890
　2/49/1027
　2/49/1030
　3/61/1250

　3/61/1255
　3/61/1256
　3/61/1257
　3/61/1258
　3/66/1347
潹沱河
　2/49/1030
　3/60/1238
　3/61/1250
　3/61/1254
　3/63/1293
　3/66/1342
　3/66/1344
　3/67/1367
　3/67/1368
　3/68/1385

3116₀ 沾

22沾嶺
　2/50/1053

酒

26酒泉郡
　7/152/2944
　酒泉縣
　7/152/2945

30酒官山水
　5/117/2361
34酒池
　2/25/539
　3/56/1157

3116₁ 浯

12浯水堰
　1/24/499

潛

01潛龍院
　3/57/1183
12潛水
　7/152/2946
22潛山
　6/125/2474
31潛江縣
　6/146/2844
62潛縣城（古）
　6/126/2498
72潛丘
　2/40/848

3118₆ 滇

10滇石

7/157/3019

滇石山

7/157/3019

12滇水

7/157/3015

7/160/3075

31滇江水

7/157/3020

32滇州

7/160/3067

60滇昌縣

7/160/3075

76滇陽縣

7/160/3074

3119₁　漂

77漂母冢

1/16/315

3119₄　溧

12溧水

4/90/1794

溧水縣

4/90/1792

76溧陽縣

4/90/1793

3119₆　源

76源陽城

1/19/388

3126₆　福

10福零縣

7/168/3220

7/168/3221

7/171/3283

12福水

2/25/525

22福山

4/100/1994

26福泉山

5/107/2147

30福宇縣

7/171/3285

32福州

4/100/1990

5/120/2399

35福津縣

7/154/2972

福清縣

4/100/1994

37福禄郡

7/171/3277

福禄山

7/162/3100

福禄州

7/171/3277

福禄河

7/152/2946

福禄縣

7/152/2947

7/171/3278

43福城

3/64/1311

3128₆　顧

00顧彦先墓

4/91/1824

22顧山

4/92/1843

30顧容墓

4/92/1845

34顧渚

4/94/1896

顧渚口

4/94/1894

43顧城（故）

1/14/277

67顧野王宅

　4/101/2013

3190₄ 渠

31渠江

　6/138/2698

　渠江水

　6/136/2657

　6/138/2697

　渠江縣

　6/138/2697

32渠州

　6/138/2693

44渠猪水

　2/46/960

3200₀ 州

16州理(齊州)

　1/19/383

　州理城(陝縣)

　1/6/95

　州理城(陳州)

　1/10/184

　州理城(濮州)

　1/14/274

　州理城(徐州)

　1/15/298

　州理城(淄州)

　1/19/377

　州理城(沂州)

　1/23/478

　州理城(深州)

　3/63/1293

　州理中城(曹州)

　1/13/259

　州理中城(密州)

　1/24/497

27州鄉城(故,瀛州)

　3/66/1343

43州城(滑洲)

　1/9/161

　州城(宋州)

　1/12/220

　州城(綏州)

　2/38/800

　州城(潞州)

　2/45/938

　州城(絳州)

　2/47/985

　州城(魏州)

　3/54/1107

3210₀ 洲

32洲溪

　7/159/3061

3210₄ 墊

37墊洛

　2/28/604

3211₂ 澎

12澎水

　2/25/529

3211₃ 洮

12洮水

　7/154/2975

32洮州

　7/154/2973

76洮陽縣(故)

　5/116/2353

3211₈ 澄

27澄島山

　7/169/3239

32澄州

　7/165/3159

33澄浪牧
　7/169/3239
34澄池
　5/105/2089
　澄邁縣
　7/169/3237
43澄城縣
　2/28/597
77澄月亭
　6/123/2445

3212₁　沂

12沂水
　1/17/335
　1/23/478
　沂水縣
　1/23/479
22沂山
　1/23/480
32沂州
　1/23/475
　沂州城（廢）
　1/22/461

浙

22浙山

4/96/1936
31浙江
　4/93/1865
　浙源縣
　4/88/1743
32浙州
　4/88/1743
　浙溪水
　5/104/2064

淅

22淅川縣
　6/142/2758
32淅州城（故）
　6/142/2759

漸

40漸大山
　7/165/3155
　漸臺
　2/25/538

3212₇　涔

34涔港
　6/146/2842

湍

12湍水
　6/142/2752
31湍河
　6/142/2755
71湍階
　7/157/3023

潙

12潙水
　5/114/2319

3213₀　冰

26冰泉
　7/164/3142
55冰井
　1/2/32
　3/54/1111
　冰井臺
　3/55/1139

瓜

12瓜水
　3/61/1254
　3/62/1271

3/63/1293

泓

12泓水
　1/12/224

3213₂ 派

22派山
　2/49/1030

3213₃ 添

32添州
　5/120/2399

3213₄ 沃

22沃川
　3/59/1220
32沃州
　3/71/1444
　沃洲山
　4/96/1933

溪

12溪水
　4/97/1950
　4/102/2036

5/107/2157

濮

12濮水
　1/9/164
　1/13/262
　濮水縣
　3/79/1597
32濮州
　1/14/272
76濮陽郡
　1/14/272
　濮陽縣
　3/57/1180

3213₆ 潼

12潼水
　1/7/136
　1/8/148
　1/8/150
　1/8/151

3214₀ 泜

12泜水
　3/59/1221
　3/60/1235

3/60/1236

3214₄ 浚

31浚江水
　3/73/1490

3214₇ 浮

08浮塵
　5/109/2214
10浮玉
　4/89/1759
　浮石山
　7/170/3257
　浮石湖
　5/112/2282
12浮水
　3/65/1326
　3/65/1333
16浮碧亭
　5/107/2144
22浮山
　1/13/254
　1/16/321
　2/43/903
　2/50/1051
　6/128/2532

7/161/3091

33浮梁縣

　5/107/2142

43浮弋山

　6/127/2512

　浮城

　6/132/2596

48浮槎山

　6/126/2494

50浮中山

　3/73/1492

60浮圖水

　3/77/1552

　浮圖鎮

　2/48/1016

72浮丘石室

　5/106/2114

75浮肺山

　2/27/580

77浮岡山

　5/109/2213

　浮閣山

　6/126/2494

90浮光山

　6/127/2512

叢

10叢夏州

　3/77/1561

27叢角山

　1/18/366

40叢臺

　1/10/190

　3/56/1164

3216₃ 淄

12淄水

　1/18/358

　1/18/361

　1/19/378

22淄川郡

　1/19/375

　淄川縣

　1/19/377

32淄州

　1/19/375

3216₉ 潘

12潘水縣（廢）

　7/161/3091

22潘山

7/161/3091

32潘州（廢）

　7/161/3091

71潘原縣

　7/151/2920

72潘岳廟

　1/2/28

77潘尼墓

　4/94/1886

　潘閬之墓

　4/89/1766

80潘令井

　4/85/1698

　潘谷水

　7/151/2920

3217₇ 滔

12滔水

　5/116/2353

37滔沿井

　7/169/3234

3219₄ 濼

12濼水

　1/19/384

3222₁ 祈

17祈耶山
　1/2/33

22祈仙觀
　5/106/2120

80祈年宮
　2/30/635

3230₁ 逃

10逃石
　7/159/3054

3230₇ 遙

37遙遙山
　5/115/2332

3260₀ 割

22割乳冢
　1/5/83

3290₄ 業

32業州
　5/122/2432

3300₀ 心

22心山
　6/141/2731

3310₀ 沁

12沁水
　2/43/900
　2/43/907
　2/43/908
　2/44/920
　2/44/921
　2/44/922
　2/50/1047
　2/50/1050
　3/52/1083
　3/53/1095
　3/53/1096
　3/53/1098
　沁水縣
　　2/44/921
31沁源縣
　2/50/1046
32沁州（廢）
　2/50/1047
40沁臺

3/52/1085

泌

12泌水
　2/40/849
　6/142/2761

26泌白水
　6/145/2817

31泌河
　6/145/2817

76泌陽縣
　6/142/2761

3311₁ 沱

31沱江
　3/72/1471

浣

00浣衣里
　3/55/1141

3311₄ 滰

12滰水
　2/51/1064
　3/62/1270

滰水枯瀆

3/66/1348

3311₇ 滬

34滬瀆
　4/91/1822

3312₇ 浦

43浦城縣
　4/101/2014
76浦陽江
　4/97/1953
　浦陽縣
　4/97/1953
　7/171/3275

3313₂ 浪

11浪彌州
　3/77/1562
22浪山
　6/130/2568
32浪州
　3/79/1603
55浪井
　5/111/2256

3313₄ 狀

32狀溪
　4/92/1848
67狀野水
　5/121/2410

3314₇ 浚

28浚儀城（古）
　1/1/7
　浚儀縣
　1/1/7
　浚儀縣（廢）
　6/129/2548
38浚遒故城
　6/126/2494

3315₃ 淺

10淺石川
　2/35/741
12淺水縣（廢）
　2/34/724
　淺水原
　2/34/722

3316₀ 冶

00冶唐山
　5/112/2278
80冶父山
　6/126/2497
　冶父城
　6/146/2837
　冶谷
　2/31/666

治

22治山
　4/84/1675

3316₈ 溶

32溶溪水
　5/120/2393

3318₆ 演

22演仙山
　4/100/1998
32演州
　7/171/3280

濱

32濱州
　3/64/1314
38濱海縣
　3/71/1444

3319₄ 沭

12沭水
　1/16/316
　1/17/338
　1/22/461
　1/22/468
　1/23/481
　1/24/501
76沭陽縣
　1/22/467

3324₇ 袚

43袚城（漢）
　1/18/359

3330₉ 述

60述昆州
　7/168/3218

3390₄ 梁

10梁王太尉廟
　5/113/2307
梁王堰
　3/52/1083
12梁水縣
　3/79/1596
17梁郡城（故）
　2/51/1069
22梁山
　1/13/249
　1/13/251
　2/28/600
　2/31/672
　2/31/673
　4/84/1676
　4/90/1777
　6/124/2455
　6/133/2612
梁山宮
　2/31/673
梁山軍
　6/149/2891
梁山縣
　6/149/2892

7/171/3279
26梁泉縣
　6/134/2628
27梁嶼洲
　4/102/2034
30梁宣明二帝陵
　6/146/2839
31梁河東王譽廟
　6/146/2839
35梁溝
　1/1/5
40梁南康簡王墓
　4/90/1796
43梁城
　2/42/890
44梁孝王墓
　1/12/236
47梁期城
　3/55/1139
48梁榆水
　2/44/926
53梁戍城
　1/16/313
62梁縣
　1/8/144
72梁丘山

1/14/285
77梁門山
　　6/141/2732
80梁父
　　1/21/444
　梁父故城
　　1/21/445
　梁父縣(廢)
　　1/21/444
88梁簡文帝陵
　　4/89/1763

3400₀ 斗

22斗山
　　1/16/318
　　6/133/2614
43斗城
　　1/1/11
44斗村
　　7/157/3015
90斗米徑水
　　6/124/2458

3402₀ 為

見 2022₇ 爲

3411₁ 洗

16洗硯池
　　5/109/2199
44洗藥池
　　5/108/2177
71洗馬泉
　　2/46/956
　洗馬灣
　　5/111/2263
　洗馬池
　　5/106/2104
72洗氏墓
　　7/161/3090

湛

73湛陀墓
　　5/109/2200

澆

31澆河城
　　7/155/2984

3411₂ 沈

00沈夜湖
　　7/157/3013

10沈釀埭
　　4/96/1931
12沈水
　　2/25/525
　　2/25/529
　　2/29/615
　　3/68/1376
　沈水山
　　7/162/3100
20沈香浦
　　7/157/3016
27沈黎故城
　　3/80/1618
　沈黎縣
　　3/80/1619
　沈約墓
　　4/94/1897
72沈丘
　　1/11/210
　沈丘縣
　　1/11/210
76沈陽故城
　　2/29/616
77沈犀山
　　3/74/1509
　沈犀灘

3/74/1509

池

32池州
　5/105/2084

76池陽郡
　5/105/2084

3411₄　灌

12灌水
　2/29/615
　6/129/2548

31灌漑城
　1/10/190

50灌夫冢
　1/7/128

60灌口山
　3/73/1494

　灌口鎮
　3/73/1486

76灌陽水
　5/116/2354

　灌陽縣
　5/116/2353

82灌鍾城
　2/26/554

3411₇　蠱

31蠱涒堆
　6/148/2875

3412₇　汭

12汭水
　2/32/687

滿

43滿城縣
　3/67/1362

洧

12洧水
　1/2/33
　1/2/34
　1/7/132
　1/9/171
　1/10/184

渤

38渤海
　3/69/1399

　渤海縣
　3/64/1315

瀟

12瀟水
　5/116/2349

3413₀　汏

80汏金洲
　5/107/2145

3413₁　法

10法雨塔
　6/127/2509

44法藥井
　5/106/2113

3413₂　漆

12漆水
　2/30/635
　2/30/643
　2/31/660
　2/34/720

35漆溝
　1/12/221

37漆沮水
　2/28/598
　2/31/661

43漆城
　1/2/30
60漆園（廢）
　6/128/2535
　漆園城
　1/13/261
　漆園觀
　6/128/2535

濛

12濛水
　2/37/786
　2/38/807
32濛汜池
　1/3/49
76濛陽郡
　3/73/1484
　濛陽縣
　3/73/1487

3413₄ 漠

40漠塘洞
　5/109/2199

漢

00漢高帝祠

　6/142/2764
漢高帝陵
　2/26/561
漢高祖廟
　1/15/300
　2/25/539
　6/124/2462
漢高祖即位壇
　1/13/264
漢廟堆
　6/133/2613
漢廢昌邑王陵
　2/27/583
漢文帝廟
　2/25/524
　2/25/526
　5/114/2320
漢文帝陵
　2/26/561
漢章帝陵
　1/3/53
漢哀帝陵
　2/26/561
10漢王城
　6/142/2758
漢元帝陵

　2/26/561
漢平帝陵
　2/26/561
12漢水
　3/77/1560
　6/131/2585
　6/132/2598
　6/133/2614
　6/133/2618
　6/133/2620
　6/138/2689
　6/138/2692
　6/141/2732
　6/141/2733
　6/145/2814
　6/146/2844
13漢武帝廟
　2/31/668
　漢武帝宮
　1/1/10
　漢武廟
　2/35/737
　漢武臺
　3/65/1333
21漢街城
　7/150/2901

177

22漢川縣

　　6/131/2586

23漢參户侯陵

　　3/65/1328

26漢皇山

　　6/145/2814

30漢宣帝廟

　　2/25/526

　漢宣帝陵

　　2/26/561

　漢定陶恭王廢殿基

　　1/13/265

31漢江

　　6/145/2822

　漢源郡

　　3/77/1559

　漢源縣

　　3/77/1560

32漢州

　　3/73/1487

37漢祖壇

　　1/13/259

　漢初縣

　　6/136/2657

40漢太上皇陵

　　2/26/566

44漢世祖廟

　　3/63/1295

47漢朝七廟

　　1/3/51

50漢中郡

　　6/133/2609

　漢中故城

　　6/133/2614

　漢惠帝陵

　　2/26/561

　漢東郡

　　6/144/2795

53漢成帝陵

　　2/26/561

　　2/27/583

60漢景帝陵

　　2/26/561

67漢明帝陵

　　1/3/53

　漢昭帝陵

　　2/26/561

76漢陽軍

　　6/131/2583

　漢陽縣

　　6/131/2585

　漢陽關

　　6/133/2616

78漢陰城

　　6/145/2818

　漢陰縣

　　6/141/2732

90漢光武廟

　　2/25/526

　　3/60/1234

　　6/142/2754

3414_0 汝

11汝北故城

　　1/8/146

12汝水

　　1/8/144

　　1/8/149

　　1/8/151

　　1/8/152

　　1/11/202

　　1/11/205

　　1/11/206

　　1/11/207

　　1/11/209

　　5/110/2234

32汝州

　　1/8/142

34汝池
　1/2/32
40汝南郡
　1/11/197
　汝南縣城
　1/11/201
76汝陽縣
　1/11/199
78汝陰郡
　1/11/207
　汝陰縣
　1/11/208

3414₁ 濤

31濤江
　7/158/3044

3414₇ 波

10波零縣
　7/167/3202
12波水
　1/8/150
22波利山
　5/121/2409
32波州
　7/166/3176

33波浪山
　7/161/3090
　波薄水
　5/120/2398
34波淩池
　3/79/1594
　波婆縣
　4/88/1744
42波斯都督府
　7/156/3002
43波城
　3/52/1084
60波羅水
　7/164/3140

淩

10淩雲亭
　5/108/2176
　淩雲山
　5/108/2176
　淩雲城
　3/55/1140
43淩城
　1/17/338

洐

12洐水縣（廢）
　7/157/3017

濩

36濩澤
　2/44/920

3415₆ 漳

12漳水
　2/30/636
　2/30/645
80漳谷水
　2/30/640

3416₀ 沽

12沽水
　1/20/421
　3/70/1416
31沽河
　3/69/1403

渚

12渚水
　6/143/2781

179

30渚宮
　　6/146/2837

76渚陽城
　　3/59/1218

　渚陽故城
　　1/17/330

3416₁　浩

00浩亹水
　　7/151/2924

　浩亹故城
　　7/151/2928

22浩山
　　5/111/2257

32浩州城
　　5/107/2139

3416₄　渃

43渃城
　　3/73/1494

3418₁　洪

22洪川縣
　　3/81/1635

　洪崖山
　　5/107/2146

洪巖
　　5/107/2145

30洪濟鎮城（故）
　　7/155/2984

　洪賓柵
　　2/31/663

32洪州
　　5/106/2099

34洪波臺
　　3/56/1164

37洪洞故城
　　2/43/902

　洪洞縣
　　2/43/901

44洪杜縣
　　5/120/2397

55洪井寺
　　5/106/2106

70洪雅川
　　3/74/1505

　洪雅江
　　3/74/1509

　洪雅縣
　　3/74/1504

76洪陽洞
　　5/109/2201

77洪屏山
　　5/106/2113

淇

12淇水（古）
　　3/57/1179

31淇河
　　3/57/1177
　　3/57/1178

60淇口水
　　3/56/1156

滇

12滇水
　　1/11/205

34滇池
　　3/79/1594
　　4/85/1699

3418₆　潰

12潰水
　　6/146/2835

3419₀　沐

71沐馬川
　　4/85/1695

3419₃ 溹

12溹水

　3/59/1218

3419₈ 淶

12淶水

　2/51/1065

　淶水河

　3/67/1359

　淶水縣(廢)

　3/67/1362

3421₀ 社

22社山

　1/18/355

44社樹

　6/143/2781

80社首山

　1/21/443

3424₁ 禱

00禱應山

　6/124/2458

3424₇ 被

76被陽故城

　1/19/380

3426₀ 祐

22祐川縣

　3/81/1635

　7/155/2982

32祐州

　3/81/1637

褚

80褚無量家

　4/93/1870

3428₁ 祺

43祺城

　1/1/16

3430₁ 逮

26逮泉溝

　1/21/435

3430₃ 遠

07遠望山

　2/48/1012

30遠安縣

　6/147/2865

32遠州

　3/81/1634

40遠南州

　3/77/1558

3430₄ 達

22達樂山

　2/36/761

24達化縣

　7/155/2984

32達州

　6/137/2674

　達活水

　3/59/1216

37達渾都督府(廢)

　2/37/787

3430₆ 造

76造陽

　2/38/808

　3/71/1430

3430₉ 遼

10遼西城
　3/70/1420

　遼西縣
　3/71/1437

22遼山縣
　2/44/924

32遼州
　2/44/922

43遼城州都督府
　3/71/1447

76遼陽水
　2/44/925

　遼陽川
　2/44/925

　遼陽山
　2/44/925

3440₄ 婆

10婆瓦山
　3/75/1526

20婆悉海
　7/156/2997

30婆塞山
　3/75/1526

60婆員縣
　4/88/1744

　婆羅樹碑
　6/124/2463

77婆居縣
　4/88/1744

3510₇ 津

46津相故城
　6/146/2837

60津里
　4/92/1841

3511₇ 瀘

12瀘水
　6/133/2618

3511₈ 澧

12澧水
　3/59/1216

26澧泉
　5/118/2377

32澧州
　5/118/2375

76澧陽郡
　5/118/2375

澧陽縣
　5/118/2376

3512₇ 沛

沛
　1/18/360

12沛水
　3/52/1079

沛

30沛宮
　1/15/301

32沛溪場
　7/166/3171

62沛縣
　1/15/300

沸

26沸泉水
　2/47/993

37沸湖山
　5/110/2237

55沸井
　6/124/2455

清

00清廉縣（古）
2/47/994

10清靈洞
1/5/78

清平縣
3/54/1114

12清水
1/19/392
2/36/754
3/53/1098
3/56/1152
3/56/1154
3/72/1472
4/84/1683
6/137/2673
6/139/2706
6/139/2707
7/150/2904

清水石橋
1/13/249

清水縣
7/150/2901

清水縣（廢）
2/30/645

清水陂
2/26/566

清發水
6/132/2594

22清川縣
4/84/1683

清豐縣
3/57/1178

24清化郡
6/139/2703

清化縣
3/81/1634
6/139/2707

30清流水
6/128/2526

清流縣
6/128/2525

清流關山
6/128/2525

清漳
3/58/1196

清漳水
2/44/925
2/44/926
2/45/944
2/50/1053

清漳渠
3/58/1200

清漳縣（廢）
3/58/1196

清涼川
6/138/2690

清涼洞
1/14/280

31清江
6/147/2865

清江縣
5/106/2121

清河郡
3/58/1196

清河郡城（故）
3/58/1201

清河縣
3/58/1199

清源水
2/40/853

清源郡
4/102/2029

清源縣
2/40/852

32清州
5/120/2399

清溪
　4/90/1785
　6/147/2866
清溪山
　6/145/2821
清溪觀
　5/107/2142
清溪縣
　4/95/1913
　4/102/2032
　清溪縣(廢)
　3/76/1542
34清池縣
　3/65/1325
　清淇
　3/56/1154
　清遠縣
　7/157/3018
　清遠鎮
　2/36/766
36清湘縣
　5/116/2353
37清澗川水
　2/38/801
　清潔灣
　5/107/2137

38清泠山
　6/142/2756
　清泠池
　1/12/221
　清泠臺
　2/25/532
44清苑縣
　3/68/1376
　清華道院
　5/108/2182
60清暑臺
　6/146/2838
67清明渠
　2/25/532
71清原
　2/46/969
　清原城
　2/47/992
72清丘
　1/10/184
　1/14/275
　清丘城
　1/11/209
74清陵墳
　1/21/438
　清陵館

　5/118/2383
76清陽縣
　3/58/1200
　清陽縣城(古)
　3/58/1200
80清谷水
　2/31/660
　2/31/663
　2/44/924

3513₀ 決

12決水
　6/127/2515
　6/129/2550
60決口縣(廢)
　6/129/2552

漣

12漣水軍
　1/17/338
　漣水縣
　1/17/339

3514₀ 潗

12潗水
　6/146/2846

3514₄ 漊

12漊水
　　5/118/2378

3516₀ 油

12油水
　　2/34/728
　　6/142/2764
　　6/146/2841
　　油水山
　　5/118/2378

3516₆ 漕

12漕水
　　2/25/529
31漕河
　　2/29/622
　　2/29/624

3519₀ 沫

12沫水
　　1/18/356
　　3/74/1508
　　3/74/1512

洙

12洙水
　　1/21/434
　　1/21/436

3519₄ 溱

12溱水
　　1/9/171
　　6/142/2764
32溱州
　　5/122/2427
　　溱溪郡
　　5/122/2427
40溱南二州大路
　　6/136/2662

3519₆ 涑

12涑水
　　2/46/954
　　2/46/957
　　2/46/967
　　6/145/2815
　　涑水故城
　　2/46/955
22涑川

1/6/105
2/46/959

3520₆ 神

04神護山
　　5/113/2302
10神石
　　5/107/2154
13神武故城
　　2/40/854
22神嶽
　　1/18/353
　　神仙山
　　5/120/2397
　　6/137/2672
　　神山縣
　　2/43/903
26神泉
　　3/69/1399
　　4/83/1666
　　7/153/2957
　　神泉縣
　　3/79/1597
　　神泉縣
　　4/83/1666
　　神皋

2/25/523

27神烏縣

　　7/152/2938

31神福泉

　　2/40/849

39神沙山

　　7/153/2956

40神女廟

　　6/148/2876

55神農井

　　2/45/939

67神明臺

　　2/25/538

77神臼

　　3/66/1349

80神人山

　　5/112/2281

90神雀臺

　　1/6/104

3521₈　禮

43禮城

　　2/43/900

77禮丹縣

　　7/168/3221

3530₀　連

10連石山

　　7/158/3042

　連雲山

　　7/155/2984

12連延水

　　7/169/3237

　連礒山

　　5/105/2081

16連理竹

　　3/72/1470

22連山縣

　　5/117/2368

26連泉

　　1/21/435

31連江縣

　　4/100/1994

32連州

　　3/79/1602

　　5/117/2365

43連城縣(廢)

　　7/163/3117

44連樊溪甘渚

　　5/110/2233

46連枷棒

2/49/1030

80連谷縣

　　2/38/808

3530₈　遺

47遺柳

　　2/28/595

86遺錦

　　3/73/1491

3610₀　泗

12泗水

　　1/14/286

　　1/15/297

　　1/15/300

　　1/16/316

　　1/17/336

　　1/21/434

　　1/21/436

　　1/21/445

　泗水亭

　　1/15/301

　泗水縣

　　1/21/444

31泗河

　　6/144/2801

32泗州

　1/16/310

60泗口

　1/17/337

76泗陽（故）

　1/17/337

泊

22泊山

　4/82/1650

38泊滋山

　3/71/1433

洳

32洳溪

　5/118/2377

湘

10湘西縣（廢）

　5/114/2321

12湘水

　5/114/2318

　5/114/2323

　5/115/2332

　5/116/2349

　5/116/2351

　7/162/3101

　7/162/3103

　7/162/3106

湘水縣

　3/81/1635

22湘山

　5/116/2353

30湘穴

　5/117/2366

31湘潭縣

　5/114/2321

34湘洪水

　5/108/2181

40湘南縣（廢）

　5/114/2321

47湘妃廟

　5/116/2350

50湘東苑

　6/146/2837

3611₄　涅

12涅水

　2/45/943

43涅城

　2/50/1046

76涅陽城

　6/142/2752

湟

12湟水

　5/117/2367

湟水縣

　7/151/2924

灤

32灤洲

　5/112/2283

3611₇　温

00温序墓

　2/40/850

12温水

　6/127/2509

　6/145/2822

　7/166/3173

　7/166/3179

温水縣（廢）

　7/167/3193

20温秀山

　2/31/674

22温嶠嶺

　4/99/1981

温嶠墓
　5/106/2106

温山
　4/101/2015

22温山
　4/94/1881

26温泉
　2/27/581
　2/28/597
　4/96/1926
　5/109/2197
　5/111/2252
　5/111/2264
　5/117/2361
　6/132/2597
　6/147/2862
　7/161/3084

温泉山
　2/36/763

温泉州
　7/168/3216

温泉湯
　6/144/2801

温泉井
　5/114/2321

温泉縣

　2/48/1012
　7/168/3216

温泉隰州
　2/48/1012

温泉鹽池
　2/36/762

28温修山
　2/31/674

31温江
　4/99/1979

温江縣
　3/72/1471

32温州
　4/99/1975

34温池縣（廢）
　2/36/765

36温湯
　1/6/93
　1/8/144
　1/20/421
　5/110/2235
　5/112/2287
　5/117/2367
　7/169/3234

温湯水
　1/23/478

40温大雅墓
　2/40/850

43温城（古）
　3/52/1079

62温縣
　3/52/1078

67温明殿
　3/56/1164

3612₇ 涓

36涓涓水
　1/18/357

渨

12渨水
　3/59/1216
　3/59/1217

湯

10湯王廟
　1/5/80
　1/5/83

湯王聖母廟
　1/5/83

湯王陵坑
　1/5/83

22湯山
　　3/59/1217
　　4/90/1785
26湯泉
　　1/5/67
　　5/104/2061
　　6/126/2496
　湯泉縣
　　7/171/3280
32湯州
　　3/79/1602
　　7/171/3280
55湯井
　　1/10/186
77湯周山
　　5/109/2204
78湯陰縣
　　3/55/1140

渭

01渭龍縣（廢）
　　7/167/3191
12渭水
　　2/25/524
　　2/26/557
　　2/26/567

　　2/26/578
　　2/28/595
　　2/30/635
　　2/30/638
　　2/30/639
　　2/30/641
　　2/32/689
　　7/150/2902
　　7/151/2922
31渭河
　　2/32/690
　渭源縣
　　7/151/2922
32渭州
　　7/151/2917
　渭溪縣
　　5/122/2433
40渭南縣
　　2/29/623
42渭橋石人
　　2/25/529
43渭城（故）
　　2/26/559
71渭牙川
　　2/35/745
　　2/36/756

74渭陵
　　2/26/561
88渭籠水
　　7/166/3174

濁

00濁鹿城
　　3/53/1097
12濁水
　　6/124/2462
　　7/150/2904
22濁山
　　6/142/2756
30濁漳
　　2/45/939
　濁漳水
　　2/45/938
　　2/45/943
　　2/45/944
　　3/54/1115
　　3/55/1138
　　3/59/1219
　　3/63/1285
　　3/68/1379
　濁漳水上源
　　3/58/1196

濁漳渠
　3/58/1200

32濁溪山
　7/158/3036

3613₂ 瀑

40瀑布
　5/111/2252

　瀑布水
　5/106/2111

　瀑布嶺
　4/96/1934

　瀑布山
　4/98/1967
　4/102/2038

3614₀ 淖

12淖水
　6/127/2515
　6/129/2552

3614₁ 澤

32澤州
　2/44/915

33澤心寺
　4/89/1761

43澤城（故）
　3/63/1285

3614₇ 漫

22漫川縣（廢）
　6/141/2737

3618₁ 溴

12溴水
　1/2/34
　1/7/128
　1/9/171

3618₆ 滇

12滇水
　6/132/2594
　6/132/2598

3619₃ 溧

12溧水
　1/19/387

灤

12灤水
　3/69/1399

3621₀ 祝

15祝融峯
　5/114/2323

　祝融祠
　2/44/925

41祝柯縣故城
　1/19/393

44祝其城（故）
　1/22/466

3625₆ 禪

22禪山
　5/110/2241

74禪陵
　3/53/1097

3630₀ 迦

11迦瑟州
　7/156/2998

迴

22迴樂縣
　2/36/760

34迴濤堤
　7/162/3099

37迴洛倉
　　1/3/53

50迴車戍
　　6/134/2628

60迴田江
　　5/113/2304

71迴鴈峯
　　5/114/2323

77迴風磯
　　5/111/2253

3630₁ 暹

31暹江
　　5/113/2304

3630₂ 邊

43邊城郡(廢)
　　6/129/2554

3630₃ 還

55還井
　　4/85/1697

3702₇ 邨

43邨城
　　1/9/167

3710₇ 盜

26盜泉
　　1/21/445

3710₉ 鑿

10鑿石潭
　　5/107/2158

12鑿水
　　4/86/1718

22鑿山
　　7/171/3269

40鑿臺
　　2/40/851

　鑿臺山
　　2/40/851

60鑿口
　　7/171/3270

3711₀ 汎

32汎洲
　　5/118/2383

沮

12沮水
　　1/14/275

2/26/566

2/28/598

2/28/603

2/31/660

2/35/740

6/135/2644

6/146/2848

7/154/2973

36沮洳山
　　3/56/1159

3711₁ 泥

12泥水
　　2/35/741

27泥黎城
　　7/170/3253

32泥溪水
　　5/109/2209

　泥溪城
　　5/109/2210

80泥公山
　　7/150/2907

湼

12湼水
　　6/138/2696

澀

12澀水
6/132/2602

37112 氾

12氾水
1/8/152
1/13/259

泡

12泡水
1/15/300

洈

22洈山
6/146/2842

37114 渥

30渥窪水
7/153/2957

濯

86濯錦江
3/72/1464

88濯筋川水
2/36/754

37117 汜

12汜水
3/52/1080

汜水縣
3/52/1079

澠

12澠水
1/18/353
1/18/358

34澠池
1/5/70

澠池山
1/5/71

澠池縣
1/5/70

涚

37涚泥溪
7/165/3162

37120 汋

74汋陵城
1/12/228

泃

31泃河水
3/69/1402

洞

00洞庭山
4/91/1827

洞庭湖
5/113/2300
5/118/2382

10洞雷水
7/167/3197

30洞房山
7/167/3199

洞宮山
4/100/1996

37洞過水
2/40/845
2/40/848
2/40/851
2/40/854

60洞口浦
6/124/2456

洶

12洶水
　6/141/2731
76洶陽縣
　6/141/2731

湖

12湖水
　5/113/2299
32湖州
　4/94/1878
35湖津縣
　3/79/1594
43湖城縣
　1/6/107
60湖口縣
　5/111/2260
74湖陵山
　4/94/1893
　湖陵故城
　1/14/286
76湖陽溪
　5/120/2392
　湖陽城
　6/142/2763

湖陽縣
　6/142/2762
湖陽公主冢
　6/142/2764
77湖岡山
　5/109/2198

潮

12潮水縣(廢)
　7/166/3178
22潮山
　5/109/2210
30潮户
　4/93/1869
32潮州
　7/158/3034
76潮陽郡
　7/158/3034
潮陽縣
　7/158/3036

澗

12澗水
　6/141/2731

潤

32潤州
　4/89/1756

3712₇ 涌

12涌水
　6/146/2835
　6/146/2845

漏

10漏天
　3/80/1618
31漏江
　7/170/3256
36漏澤
　1/21/445
43漏城(古)
　8/闕逸/3866

湧

26湧泉縣
　3/79/1597

渦

12渦水

1/2/29

1/12/231

1/17/331

潕

12潕水

2/43/899

2/43/903

6/142/2752

滑

22滑川州

3/77/1562

32滑州

1/9/159

40滑臺

1/9/162

43滑城（古）

1/5/74

潔

12潔水

1/23/483

鴻

22鴻山關

3/62/1272

32鴻州

5/120/2399

34鴻池

1/1/8

35鴻溝

1/9/173

37鴻郎城

3/62/1272

43鴻城

3/62/1272

47鴻鶴池

2/28/605

鴻郄陂

1/11/200

鴻都門

1/3/50

67鴻鷺山

7/152/2946

71鴻臚水

1/6/112

鴻臚川

1/6/111

鴻臚潤

1/6/100

1/6/111

77鴻門阪

2/27/581

3713_2 淥

44淥蓮池

2/36/763

3713_4 渙

12渙水

1/17/331

3713_6 漁

33漁浦湖

4/96/1934

76漁陽郡

3/70/1414

漁陽縣

3/70/1415

80漁父亭

5/115/2336

漁父廟

5/115/2335

3714_0 汉

12汉水

6/132/2598

22汉川縣
　　6/132/2597

3714₆ 潯

12潯水溪
　　7/166/3170
31潯江
　　7/163/3127
　　7/168/3213
　潯江郡
　　7/163/3125
32潯州
　　7/163/3125
76潯陽郡
　　5/111/2248

3714₇ 汲

17汲郡
　　3/56/1150
43汲城(古)
　　3/56/1154
60汲黯墳
　　3/57/1181
62汲縣
　　3/56/1152

浸

12浸水
　　6/143/2787

溲

12溲水
　　6/142/2764

潵

12潵水
　　1/10/189

3715₆ 渾

13渾瑊墓
　　2/25/527
31渾河
　　2/49/1029
32渾州川水
　　2/36/758
37渾泥城
　　3/67/1365
90渾懷鄣
　　2/36/762

3716₀ 洺

12洺水
　　3/56/1163
　　3/58/1193
　　3/58/1194
　洺水縣(廢)
　　3/58/1194
32洺州
　　3/58/1190

3716₁ 澹

12澹水
　　5/118/2377
35澹津湖
　　5/107/2137
40澹臺(滅明)墓
　　4/91/1825
　澹臺子羽墓
　　1/1/12

3716₄ 洛

00洛交水
　　2/35/737
　洛交郡
　　2/35/735

洛交縣
　2/35/736
10洛平縣
　3/81/1636
12洛水
　1/3/46
　1/3/51
　1/5/72
　1/6/112
　2/28/595
　2/28/603
　2/31/661
　2/33/711
　2/34/726
　2/35/740
　2/36/757
　3/76/1544
　6/128/2531
　6/141/2739
17洛子神
　1/3/52
22洛川縣
　2/35/737
　4/88/1743
　洛巍縣
　7/168/3217

23洛稽縣
　3/81/1633
30洛富縣
　7/168/3216
　洛容縣
　7/168/3214
31洛河
　2/36/756
　洛源
　2/34/722
　洛源縣（廢）
　2/33/710
32洛州
　1/3/40
　3/79/1603
　洛溪縣
　4/88/1744
34洛沕
　1/5/68
36洛迴縣
　7/168/3217
37洛洞
　1/5/82
　洛通山
　3/73/1490
40洛南縣

　6/141/2739
　洛女陂
　2/25/524
46洛場縣
　7/169/3233
47洛都縣
　7/168/3217
55洛曹縣
　7/168/3214
76洛陽山
　2/38/801
　洛陽城（故）
　1/3/54
　洛陽界碑
　1/8/152
　洛陽縣
　1/3/51

潞

12潞水
　2/45/940
　3/70/1416
31潞河
　3/69/1403
　3/70/1416
32潞州

2/45/935

43潞城縣

　2/45/940

62潞縣

　3/69/1402

3716₇ 湄

35湄溝泊

　1/19/392

3718₆ 瀨

12瀨水

　1/12/238

44瀨猿溪

　4/86/1712

瀨

12瀨水

　5/109/2207

3719₄ 深

22深利縣

　3/79/1598

30深渡

　5/104/2060

　深穴

5/116/2349

32深州

　3/63/1290

36深澤縣

　3/60/1239

3721₀ 祖

71祖厲城

　7/152/2938

90祖堂山

　4/90/1776

3721₄ 冠

22冠山

　5/107/2140

37冠軍城

　6/142/2755

44冠蓋里

　6/145/2816

45冠幘山

　5/105/2088

72冠氏縣

　3/54/1110

3721₇ 祀

22祀山

7/157/3020

3722₀ 祠

22祠山

　5/103/2052

3722₇ 祁

20祁奚墓

　2/40/850

　2/46/970

22祁山

　5/104/2068

　7/150/2903

32祁州

　3/60/1237

35祁連山

　7/152/2941

　7/156/2995

　祁連沇

　2/41/875

43祁城（故）

　2/40/850

50祁夷水

　2/51/1064

62祁縣

　2/40/849

76祁陽縣
　5/116/2351

77祁門縣
　5/104/2068

禍

44禍林州
　3/77/1557

77禍眉州
　3/77/1556

3723₂ 禄

12禄水
　4/85/1694

3724₇ 祋

37祋褶故城
　2/31/660

3726₂ 褶

22褶紙場
　4/101/2020

3730₁ 逸

32逸州
　5/120/2399

3730₂ 迎

31迎河
　3/65/1326

57迎擔湖
　4/90/1786

通

07通望山
　3/77/1561

通望軍（廢）
　3/77/1561

通望縣
　3/77/1560

10通靈山
　3/73/1494

通靈陂
　2/28/603

通平縣（廢）
　6/140/2721

通天臺
　2/31/667

通天樓
　2/37/785

16通聖觀
　2/34/727

22通川郡
　6/137/2674

通川縣
　3/81/1635
　6/137/2676

通山縣
　5/113/2308

通利軍
　3/57/1183

24通化郡
　3/78/1572

通化縣
　3/78/1579

通化縣（廢）
　3/78/1575

26通泉山
　4/82/1652

通泉縣
　4/82/1652

30通濟渠
　1/1/5
　1/2/27
　3/52/1082

31通江
　3/74/1508

通江縣

6/140/2722

32通州

6/130/2567

34通遠軍

2/37/788

通遠縣

2/37/789

35通津渠

1/3/47

38通海故關

3/64/1313

54通軌縣

3/81/1638

60通星山

7/164/3142

67通路

1/20/410

2/46/965

77通鴉城

1/8/149

80通羊山

5/113/2309

通義郡

3/74/1500

通義縣

3/74/1501

3730₃　退

37退過谷

2/48/1015

逯

67逯明壘

1/9/162

3730₄　逢

01逢龍縣

3/71/1439

17逢丑父墳

1/18/365

22逢山

1/18/359

32逢溪山

6/149/2892

36逢澤

1/1/4

74逢陵故城

1/19/378

運

31運河

6/130/2571

3741₃　冤

12冤水

1/13/261

27冤句縣

1/13/260

3750₆　軍

22軍山

5/110/2238

6/130/2568

30軍寧縣

7/171/3269

47軍都山

3/69/1403

76軍陽山

5/107/2154

3752₇　鄆

32鄆州

1/13/247

43鄆城縣

1/14/280

3772₀　朗

12朗水

5/118/2381

22朗山縣
1/11/204

30朗寧郡
7/166/3171

朗寧縣(廢)
7/166/3173

32朗州
5/118/2378

朗溪
5/120/2396

34朗池縣
6/139/2712

74朗陵山
1/11/204

朗陵故城
1/11/204

3772₇ 郎

07郎郭州
3/77/1562

17郎君城
2/39/827

22郎山
2/46/960
3/67/1362

32郎州
3/79/1595

44郎茫州
7/171/3284

郎茫縣
7/171/3284

3780₀ 冥

12冥水
7/153/2960

47冥聲廟
4/101/2012

3780₆ 資

12資水
5/113/2303
5/115/2335

30資官縣
4/85/1701

31資江
3/76/1542

資河
3/60/1238

32資州
3/76/1539

資溪水

3/76/1541

76資陽郡
3/76/1539

資陽縣
3/76/1541

77資興縣
5/117/2363

3782₇ 郖

43郖城
1/6/100

3792₇ 鄹

17鄹郡
3/55/1133

30鄹宮
3/55/1136

43鄹城(故)
3/55/1138

62鄹縣
3/55/1137

3810₄ 塗

22塗山
4/96/1925
6/128/2530

6/136/2661

塗山神廟
6/128/2534

32塗州
3/78/1579

3811₂ 泡

12泡水
5/116/2343

3811₇ 溢

22溢山
5/109/2209

溢

22溢樂縣
7/155/2981

濫

12濫水
6/147/2866

43濫城
1/15/302

3811₉ 淦

12淦水

5/109/2209

滏

12滏水
3/56/1161

22滏山
3/56/1161

60滏口泉
3/56/1165

76滏陽郡
3/56/1159

滏陽縣
3/56/1160

3812₁ 渝

10渝弄山
6/136/2662

12渝水
4/86/1715
5/109/2203
6/138/2694
6/138/2697

22渝川水
6/139/2705

32渝州
6/136/2658

湔

41湔堰
3/73/1495

76湔陽故城
3/73/1489

3812₇ 汾

10汾西縣
2/43/907

12汾水
2/40/843
2/40/844
2/40/853
2/41/870
2/41/871
2/41/875
2/43/901
2/43/905
2/43/906
2/43/907
2/46/958
2/46/961
2/47/985
2/47/987
2/47/989

2/47/992

2/50/1049

22 汾川縣

2/35/746

31 汾河

2/43/899

汾河上源

2/50/1055

32 汾州

2/41/865

42 汾橋

2/40/846

50 汾東城（故）

2/47/986

76 汾陽宮

2/41/875

汾陽城

2/50/1049

渝

60 渝口

6/146/2841

瀚

38 瀚海軍

7/156/2998

3813_2 滋

12 滋水

2/51/1064

3/61/1249

3/61/1255

3/61/1256

36 滋泊

3/62/1273

漾

12 漾水

6/133/2620

3813_7 冷

10 冷石山

7/162/3102

12 冷水

6/127/2517

冷水臺

5/111/2265

62 冷暖二水

5/106/2112

泠

12 泠水

2/27/582

38 泠道水

5/116/2344

泠道縣（廢）

5/116/2344

3814_0 潄

12 潄水

6/144/2801

31 潄河池

6/144/2801

3814_7 游

26 游泉

4/92/1849

38 游洋溪

4/102/2038

44 游茂洪墓

5/110/2239

3815_1 洋

12 洋水

5/120/2397

6/138/2690

6/138/2691

6/138/2692

洋水縣
　5/120/2397
22洋川郡
　6/138/2687
　洋川縣
　5/121/2410
31洋源縣（廢）
　6/138/2691
32洋州
　6/138/2687

3815₇　海

00海
　1/20/421
　1/24/496
　6/130/2565
　海康郡
　7/169/3229
　海康縣
　7/169/3231
12海水
　1/18/363
　1/20/416
　6/124/2464
　7/161/3090
22海豐郡

　7/159/3060
　海豐縣
　7/160/3068
25海牛島
　1/20/412
32海州
　1/22/456
33海浦
　1/18/360
34海瀆祠
　1/20/413
35海神祠
　1/20/416
55海曲
　1/22/467
　海曲縣城（漢）
　1/24/502
60海界縣
　7/171/3282
71海驢島
　1/20/412
74海陵縣
　6/130/2565
　海陵監
　6/130/2568
　海陵倉

　6/130/2565
76海陽池
　5/117/2367
　海陽縣
　7/158/3035
　海陽縣（廢）
　5/104/2064
77海門山
　4/98/1965
　海門縣
　6/130/2568
78海鹽縣
　4/95/1915

3816₆　澮

00澮高山
　2/47/990
12澮水
　2/47/985
　2/47/987
　2/47/990
　6/127/2517

3816₇　洽

90洽光縣
　7/160/3074

滄

00滄唐江
　4/87/1727

32滄州
　3/65/1323

　滄州舊城
　3/65/1326

33滄浪水
　5/115/2336
　5/118/2382

　滄浪洲
　6/143/2782

3816₈　浴

36浴泊石神
　7/169/3234

3818₆　濱

32濱溪
　6/139/2707

　濱溪水
　6/139/2707

3819₄　滁

12滁水
　6/126/2493
　6/128/2527

31滁河
　6/128/2526

32滁州
　6/128/2524

40滁塘
　6/123/2449

76滁陽城（古）
　6/126/2494

3825₁　祥

22祥山
　7/161/3085

32祥溪水
　7/161/3085

3830₃　遂

10遂平縣
　1/11/203

30遂寧郡
　4/87/1725

　遂寧縣
　4/87/1729

　遂安縣
　4/95/1912

32遂州
　4/87/1725

　遂溪縣（廢）
　7/169/3231

43遂城山
　3/68/1382

　遂城縣
　3/68/1382

47遂都縣
　3/78/1582

53遂成縣
　7/164/3144

60遂昌縣
　4/99/1984

77遂興故縣
　5/109/2211

送

42送荆陉
　3/67/1358

3830₄　逆

12逆水
　7/152/2938

遊

01遊龍山
　5/111/2258
22遊仙山
　4/100/1995

遵

24遵化縣（廢）
　7/167/3202
80遵義縣
　5/121/2413

3830₆ 道

31道江水
　4/85/1696
32道州
　5/116/2341
40道士冶
　1/21/447
43道城（故）
　1/11/204
80道人山
　5/117/2363
　5/118/2378
　6/126/2496

　6/130/2572
道人縣（漢）
　2/49/1035

3834₃ 導

31導江
　3/74/1503
導江水
　3/74/1502
　3/74/1509
　3/74/1510
　3/74/1511
導江縣
　3/73/1494

3860₄ 啓

77啓母少姨廟
　1/5/75
啓母少姨行廟
　1/5/83

3912₀ 沙

00沙亭水
　7/163/3123
沙亭縣（廢）
　7/163/3122

12沙水
　1/7/129
15沙磧
　7/153/2963
27沙角山
　7/153/2956
沙阜
　2/28/595
31沙河
　3/58/1194
沙河水
　3/59/1217
沙河縣
　3/59/1216
沙源
　4/100/2000
32沙州
　7/153/2954
35沙溝水
　3/59/1222
37沙澗
　1/6/100
38沙海
　1/1/4
40沙堆
　5/107/2144

44沙麓
　3/54/1108

沙苑
　2/28/595

沙苑監
　2/28/605

55沙井
　5/106/2104

62沙縣
　4/100/1999

72沙丘
　3/63/1287

沙丘臺
　3/59/1219

沙丘城
　1/20/416

74沙隨城
　1/12/227

77沙鷗亭
　5/107/2152

沙門島
　1/20/408

39127 消

12消水
　6/139/2710

　6/139/2711
　6/139/2712

潺

12潺水
　2/26/554
　2/43/900

39150 泮

12泮水
　1/21/445

30泮宮二池
　1/21/437

39180 湫

12湫水
　2/42/887

39181 灒

12灒水
　2/28/599
　2/46/957

39189 淡

32淡溪
　7/160/3071

39302 逍

32逍遥山
　5/106/2102
　5/107/2137

逍遥宮
　1/1/10

逍遥津
　6/126/2494

逍遥樓
　7/162/3099

39309 迷

12迷水
　3/79/1600

迷水鎮
　3/80/1621

22迷仙崖
　1/5/80

迷仙洞
　5/106/2119

4000₀ 十

00 十方壘
　　3/60/1232
07 十部縣
　　3/79/1598
10 十二真君宅
　　5/106/2108
　　十二斥溝
　　1/19/379
　　十二門（洛陽）
　　1/3/55
30 十字江
　　7/170/3257
　　十宮
　　6/123/2444
31 十江水
　　4/85/1700
80 十八壟山
　　4/84/1676
　　十八盤山
　　7/150/2903

4001₁ 左

07 左部城
　　2/41/868

12 左水
　　7/166/3174
26 左伯桃墓
　　1/14/277
　　4/90/1793
27 左蠡山
　　5/111/2263
　　左阜水
　　1/19/377
31 左馮翊
　　2/25/528
32 左州
　　7/166/3175
　　7/166/3176
　　左溪水
　　6/135/2646
40 左右池
　　1/18/357
　　左右谷故城
　　2/32/693
43 左城
　　1/13/259
44 左封縣
　　3/81/1640
60 左里城
　　5/111/2264

62 左別溪
　　7/159/3061
72 左丘明廟
　　2/32/694
　　左丘明墓
　　1/13/253
　　1/23/486
77 左岡
　　1/13/259

4001₇ 九

00 九市（長安）
　　2/25/534
　　九度山
　　5/118/2378
　　九京
　　2/47/986
　　九京川
　　2/44/926
01 九龍廟
　　1/6/108
　　九龍嶂
　　5/108/2178
　　九龍山
　　4/92/1843
　　4/94/1893

4/100/1994

4/102/2033

九龍泉

2/28/595

3/56/1159

九龍祠

1/3/57

10九石潭

4/101/2015

11九頭山

1/11/203

6/130/2572

17九子石

5/107/2152

九子山

3/75/1527

4/86/1718

5/105/2087

九子池

5/106/2110

22九鼎岡

5/117/2370

九仙山

4/100/1992

4/102/2038

6/129/2549

九仙臺

2/44/921

九嶺山

5/112/2287

九嶮山

2/26/563

九山

1/5/68

1/16/316

1/21/435

24九德縣

7/171/3274

27九侯山

7/158/3036

九侯城

3/56/1161

九疑山

5/116/2344

5/116/2348

5/117/2362

九包山

6/146/2842

九峰山

4/97/1952

30九塞

6/132/2602

九渡水

6/142/2762

九宮山

5/106/2116

5/113/2307

5/113/2309

九宗山

6/132/2596

31九江

5/111/2254

九江娘子廟

1/5/75

34九斗壇

4/92/1849

40九真郡

7/171/3267

九真山

7/171/3269

九真縣

7/171/3268

43九城

3/63/1290

44九華山

5/105/2087

九華宮

6/123/2444

九英山
　5/107/2143

46九觀
　1/3/53

51九頓山
　5/104/2060

52九折阪
　3/77/1551

53九成宮
　2/30/643

55九井
　6/129/2548
　6/142/2752
　6/144/2797

九井山
　5/105/2081

九曲池
　4/90/1782
　5/111/2260

60九日山
　4/100/1992
　4/102/2031

九目山
　1/20/408
　1/20/413

九里山

1/15/297

九里宮
　6/123/2444

九里溝
　3/57/1182

九疊樓
　5/111/2254

71九隴山
　3/73/1486
　3/73/1487
　4/86/1718
　4/92/1845
　7/152/2945

九隴縣
　3/73/1485

九原
　2/39/827
　2/47/986

九原郡
　2/39/826

九原山
　2/44/925

九原縣
　2/39/827

74九陵水
　2/34/726

77九鬭山
　6/128/2527

九尾湖
　6/142/2758

九門縣
　3/61/1256

80九公山
　6/129/2554

88九節溪
　4/87/1729

4003₀ 大

00大廉縣(廢)
　7/169/3228

大廉陂
　3/66/1342

大庾嶺
　5/108/2184
　7/160/3075
　7/160/3076

大庾縣
　5/108/2184

大庭氏庫
　1/21/439

01大龍山
　7/165/3155

大龍坑
5/117/2370
大聲山
3/80/1613
03大斌縣（廢）
2/38/802
04大謝戍
1/20/408
10大震關
2/32/687
大夏水
7/154/2970
大夏縣
7/154/2970
大于城
2/40/849
大石
6/137/2677
大石巖
4/99/1979
大石山
1/3/51
2/36/761
大雷山
4/94/1892
大雷宮

6/123/2444
大雷江
7/164/3143
大雷池
6/125/2481
大雷岡
5/107/2136
大賈務
7/150/2910
11大畫山
1/5/76
12大延水
2/34/728
大飛山
4/102/2038
大飛烏山
4/82/1654
13大球山
5/106/2102
大武緣水
7/166/3175
15大磧絕塞
2/39/828
17大刀山神廟
1/5/69
大翩山

3/61/1252
3/71/1429
20大禹廟
4/96/1931
大禹祠
2/46/962
21大伍山
6/132/2595
大伍山
3/57/1184
22大崩山
6/137/2678
大崑崙山
1/20/414
23大牟縣（廢）
6/140/2720
24大斜關（故）
3/53/1096
大嵯山
3/77/1553
25大朱山
1/24/495
26大白渠
2/31/663
大白馬山
2/42/889

大泉
　5/109/2214

大皋城
　5/109/2212

大峴山
　1/23/480
　6/124/2457

大皂水
　3/73/1496

大和川水
　2/38/801

27大龜山
　6/132/2597

大黎山
　3/79/1594

大像
　7/150/2905

大伊萊山
　1/22/459

大烏江
　7/158/3046

大名縣
　3/54/1107

大饗碑
　1/12/232

大饗故城

　1/13/262

28大徐城
　1/16/313

30大塞門川水
　2/35/737

大渡水
　3/77/1552

大渡河
　3/74/1512
　3/77/1561

大渡州
　3/77/1561

大寧郡
　2/48/1008

大寧縣
　2/48/1015

大寧監
　6/148/2877

大家山
　4/97/1953

大寒水
　6/133/2620

大安山
　6/132/2595

大牢溪水
　4/85/1701

大賓縣（廢）
　7/163/3127

大寨山
　6/143/2781

31大江
　3/72/1471
　3/74/1503
　3/74/1508
　4/90/1777
　4/91/1826
　5/105/2086
　5/113/2299
　6/123/2444
　6/136/2662
　6/148/2876
　6/149/2888
　6/149/2890

大江水
　6/125/2475

大河
　2/41/875
　3/56/1154

大河故瀆
　3/54/1107
　3/54/1110
　3/54/1112

3/54/1120

大河源

7/154/2970

大灡溝

1/13/261

大潭縣

7/150/2903

32大溪

4/99/1984

大浮山

5/118/2376

33大浦淀

3/66/1342

大冶縣

5/113/2309

34大斗溪

4/86/1710

大灌水

6/127/2515

大漠州都督府

7/156/2998

大婆娑山

4/87/1732

35大湊岡

5/117/2370

36大澤

1/15/304

大澤鄉

2/26/566

37大沮水

3/70/1418

大泥淀

3/67/1365

大湖山

4/101/2014

大潵水

1/7/134

大滌洞

4/93/1868

大冢

3/80/1620

大通監

2/50/1047

大軍嶺

5/109/2199

大朗山

1/11/204

38大海

1/17/340

1/20/413

1/22/465

1/24/503

1/24/504

3/64/1315

3/64/1316

3/65/1328

3/65/1333

7/169/3228

大豁山

1/20/422

40大力山

2/38/802

大臺水

3/53/1095

大赤水

2/25/529

2/29/615

大雄山

5/106/2114

大木山

6/142/2761

41大坏山

4/89/1765

42大姚戍

6/135/2645

43大城

3/59/1214

大城縣

3/67/1368

44大封縣
3/78/1580

大塔山
3/72/1473

大荒山
7/167/3200

大麓澤
3/59/1220

大茅山
5/107/2147

大蒙溪
3/76/1540

大葭蘆水
2/38/811

大茂山
3/61/1249

大蓬山
6/139/2710

大蘇山
6/127/2516

大姥山
4/101/2015

大黃山
6/142/2759

大橫水

2/30/643

47大妃小妃山
4/100/1995

大媚山
1/5/72

大胡山
6/140/2721

6/142/2754

6/142/2764

大柳谷水
7/152/2943

大殺谷
7/151/2919

48大散水
6/134/2629

大散關
2/30/642

50大夫松
1/21/444

大青山
6/138/2694

52大挺場
4/101/2020

55大曲山
8/闕逸/3866

大棘城

1/12/224

大棘故城
1/12/228

60大昌縣
6/148/2877

大暑臺
6/146/2838

大邑縣
3/75/1525

大足縣
4/88/1747

大景山
6/135/2644

62大別山
6/129/2554

67大明宮
2/40/846

大明城
2/40/846

大野澤
1/14/280

70大防山
3/69/1401

大辟山
4/93/1868

71大隴山

7/150/2900

大陌山

　1/8/150

大曆縣（廢）

　5/116/2344

大馬都督府

　7/156/3001

大匡山

　4/84/1682

72大隱林

　6/144/2804

74大陸澤

　3/59/1220

　3/60/1236

　3/61/1257

　3/63/1292

大陵水

　2/34/727

大陵城

　1/7/130

　2/40/849

大陵城（故）

　2/40/854

大騎城

　4/94/1896

76大陽山

5/116/2348

　7/150/2901

大隄城

　6/145/2819

大騩山

　1/5/69

　1/7/128

77大闔關

　6/131/2583

大同川

　2/39/828

大同縣（廢）

　7/158/3046

大巴嶺山

　6/133/2612

大興城

　2/25/533

大嚳嶺

　3/67/1359

大桑江

　4/87/1727

大桑浦

　4/90/1779

80大入故城

　1/20/412

大並水

3/75/1525

大谷

　1/3/52

大谷龍龕山

　6/141/2739

82大劍水

　4/84/1677

大劍山

　4/84/1676

大劍鎮

　4/83/1664

87大銅山

　6/123/2443

88大竹縣

　6/138/2696

90大小花山

　5/107/2147

99大勞山

　1/20/421

太

00太康縣

　1/2/28

10太平水

　5/120/2397

太平山

214

4/96/1934

太平宫（隋）

2/26/555

太平穴

5/116/2349

太平州

5/105/2078

太平军

7/169/3226

太平城

2/51/1069

5/112/2285

太平故关城

2/47/989

太平县

2/47/988

5/103/2051

太平监

7/150/2909

太平谷水

2/26/554

21太行山

2/44/917

2/44/921

2/45/937

3/52/1083

3/53/1094

3/53/1096

3/53/1097

太行陉

3/53/1094

太行关

2/44/917

26太白山

2/30/637

2/51/1063

4/96/1933

6/134/2632

太白渠

2/26/564

2/31/668

太白原

1/3/48

太伯渎

4/92/1845

太伯城

4/92/1844

太伯墓

4/92/1845

太和山

6/143/2780

太和宫

2/25/538

太和县

5/109/2210

27太叔冶

1/21/447

30太宜坑

5/117/2369

太液池

2/25/529

太宁城

3/53/1098

31太汗都督府

7/156/3001

32太州（古）

2/37/789

35太清宫

1/12/231

1/12/237

太清镇

6/148/2879

37太湖

4/91/1821

4/92/1841

4/92/1844

4/92/1848

4/94/1883

太湖水

6/125/2483

太湖縣

6/125/2482

太初宮

4/90/1791

39太沙

2/28/605

41太極殿

2/25/525

44太華山

2/29/618

47太妃殿

3/62/1271

48太姒廟

2/28/596

50太史城

5/106/2115

太史慈墓

5/106/2106

71太原王墓

2/40/849

太原郡

2/40/837

太原郡（古）

5/111/2258

太原縣（廢）

2/40/847

太原倉

1/6/95

72太丘城

1/12/234

1/2/34

太丘故城

1/12/236

太岳

2/43/904

74太尉泉

4/96/1931

76太陽津

1/6/94

太陽橋

1/6/95

太陽故關

1/6/94

78太陰山

2/47/993

80太谷水

2/40/850

太谷山

2/40/852

太谷故關

1/5/77

太谷口

1/5/77

太谷縣

2/40/852

太公廟

3/56/1153

太公祠

1/6/96

太公冢

2/26/561

太公谷

2/29/615

4003₈ 夾

22夾山

1/22/466

31夾江縣

3/74/1508

4008₉ 灰

43灰城（古）

1/5/76

4010₀ 土

11土彌干川

7/152/2939

22土山

1/2/31

3/59/1215

4/90/1784

6/130/2571

43土城山

4/96/1932

45土樓山

7/151/2924

60土目山

5/111/2263

77土關

5/106/2107

土門山

2/31/660

土門口

3/61/1252

士

27士鄉城

1/20/413

4010₄ 奎

22奎山

1/19/384

臺

12臺登縣

3/80/1618

17臺子山

1/16/318

22臺嶺

5/108/2184

31臺河淀

3/67/1364

32臺州

3/81/1637

43臺城

1/19/385

4/90/1781

70臺壁谷

2/40/852

73臺駘神祠

2/47/988

4010₆ 查

71查牙山

6/145/2817

4010₇ 直

00直市

2/25/534

2/31/661

12直水

6/141/2732

32直州

3/81/1636

43直城

2/25/534

60直羅縣

2/35/738

壺

11壺頭山

5/112/2286

5/118/2380

5/120/2396

8/闕逸/3866

60壺口山

2/41/874

2/43/899

2/48/1005

77壺關(古)

2/45/944

壺關縣

2/45/942

80壺公巖

5/110/2238

盍

32盍州

　3/81/1635

4011₆ 壇

00壇亭

　3/60/1234

30壇宴山

　4/96/1926

38壇道山

　2/46/956

　2/46/965

4011₇ 坑

21坑儒谷

　2/27/581

4012₇ 坊

32坊州

　2/35/739

4016₇ 塘

31塘江水

　7/157/3017

4018₂ 垓

10垓下

　1/17/330

4020₇ 麥

43麥城

　6/146/2848

72麥丘城

　1/12/231

夸

80夸父山

　1/6/108

4021₁ 堯

00堯廟

　1/5/80

　1/18/354

　1/22/464

　2/43/900

12堯水

　1/22/466

　2/45/938

22堯山

　1/8/150

1/18/353

2/46/954

5/107/2136

7/157/3014

7/160/3074

7/162/3102

7/171/3270

22堯山縣

　3/59/1221

35堯溝

　1/13/260

37堯祠

　1/9/164

　1/21/434

　3/62/1275

40堯臺

　3/60/1236

　3/63/1288

43堯城

　1/14/274

46堯堤

　3/57/1183

74堯陵

　1/14/276

77堯母廟

　1/14/276

堯門山
2/31/663

4022₇ 巾

17巾子山
6/135/2644
53巾戌山
6/144/2803

内

00内亭縣(廢)
7/167/3202
　内方山
6/132/2598
27内鄉縣
6/142/2757
31内江
3/72/1464
5/120/2392
　内江水
5/120/2396
　内江縣
3/76/1541
44内黃縣
3/54/1114
72内丘縣

3/59/1222

布

22布嵐州
3/77/1557

南

00南亭
4/99/1977
　南充郡
4/86/1708
　南充縣
4/86/1710
　南廟
2/29/620
　南康郡
5/108/2172
　南康軍
5/111/2261
　南康縣
5/108/2183
　南唐州
3/79/1602
02南新縣
4/93/1871
04南謝塘

4/89/1765
07南郊壇
5/112/2283
　南部縣
4/86/1717
10南玉山
1/7/127
　南齊雲廟
1/12/221
　南平郡
6/136/2658
　南平州
5/120/2399
　南平溪
6/136/2662
　南平棘故城
3/60/1232
　南平縣
6/136/2662
11南北盧蒲城(古)
3/67/1368
14南硤戌
6/125/2479
20南重岡城
1/16/313
　南千乘故城

1/19/380

21南岈北岈

　7/150/2903

　南紫蓋山

　　6/146/2848

22南川郡

　　5/122/2423

　南川縣

　　5/122/2424

　南豐縣

　　5/110/2238

　南巖

　　5/107/2150

　南巖院

　　5/107/2152

　南仙居山

　　6/127/2514

　南山

　　2/25/528

　　7/152/2939

　　7/160/3069

　南山縣

　　7/168/3218

　南鹵故城

　　2/31/674

　南樂縣

3/54/1109

　南巒古城

　　3/59/1221

　南巒縣(廢)

　　3/59/1219

24南峽山

　　6/126/2499

26南白渠

　　2/26/564

　南和縣

　　3/59/1217

27南部國

　　1/14/286

　南鄉峽

　　6/148/2874

　南嶼山

　　4/94/1890

　　4/94/1894

28南儀州

　　7/163/3115

30南流縣

　　7/165/3154

　南漳縣

　　6/145/2820

　南寧州

　　3/79/1601

5/120/2399

　南安縣

　　4/102/2031

　南宮縣

　　3/63/1286

　南定縣

　　7/170/3257

　南賓郡

　　6/149/2888

　南賓縣

　　6/149/2890

　南賓縣(廢)

　　7/167/3202

31南江橋

　　3/72/1465

　南河縣(廢)

　　7/167/3194

32南州

　　3/79/1602

　　5/122/2423

　南濮水

　　1/14/276

　南溪郡

　　3/79/1589

　南溪山

　　7/162/3099

南溪縣
　3/79/1592
南浮橋
　3/52/1077
33南浦
　5/106/2104
　5/112/2279
南浦郡
　6/149/2885
南浦縣
　6/149/2887
34南斗城
　3/53/1096
37南深澤城
　3/60/1240
38南海
　4/100/1994
　7/160/3068
　7/163/3118
南海郡
　7/157/3009
南海縣
　7/157/3012
40南臺
　3/55/1136
南臺江

　4/100/1992
南塘寺
　5/107/2139
南皮縣
　3/65/1329
南雄州
　7/160/3074
43南城
　1/23/483
南城山
　1/23/483
　5/110/2241
南城縣
　5/110/2240
南狼山
　1/12/233
44南蓼堤路
　1/12/225
南蒙城
　1/12/234
南蘇州
　3/71/1448
南萬水
　2/44/926
南華真人冢
　6/128/2532

南華縣
　1/13/262
南林
　4/96/1927
45南棣城
　1/2/27
50南由縣（廢）
　2/32/689
51南拒臺
　1/2/29
南頓縣
　1/10/191
60南易水
　3/66/1344
　3/67/1359
　3/67/1365
　3/68/1382
南昌亭
　6/124/2461
南昌郡
　7/167/3198
南昌山
　5/106/2102
南昌縣
　5/106/2101
南昌縣（廢）

7/167/3199

74南陵
　2/25/523
　南陵郡
　7/158/3040
　南陵故城
　5/105/2086
　南陵縣
　5/103/2049
　南陵縣（廢）
　5/105/2087
76南陽郡
　6/142/2748
　南陽郡故城
　3/73/1490
　南陽城
　1/10/186
　南陽縣
　5/122/2430
　6/142/2753
77南巴縣（廢）
　7/161/3091
78南墜星山
　1/22/460
80南八游場
　6/124/2465

南八賦水
　2/44/927
82南劍州
　4/100/1996
87南鄭縣
　6/133/2612

4024_7 存

22存仙殿
　2/29/620
35存神殿
　2/29/620

皮

43皮城（古）
　3/65/1330

4033_1 志

32志州
　3/79/1603

赤

00赤亭里
　4/93/1868
01赤顔山
　5/111/2260

10赤石山
　5/108/2174
　赤石井
　4/85/1698
　赤石岡
　3/60/1233
12赤水
　6/136/2658
　6/136/2663
　赤水川
　2/35/744
　赤水溪
　4/88/1740
　4/88/1747
　赤水縣
　6/136/2657
22赤崖山
　5/118/2378
　赤岸山
　6/123/2448
　赤山
　4/90/1795
26赤鼻湖
　5/113/2303
27赤嶼
　4/102/2033

31赤河
　　3/65/1331
　　3/65/1332
34赤洪嶺
　　2/42/886
　赤洪水
　　2/42/887
39赤沙湖
　　5/113/2302
　赤沙城
　　2/35/741
40赤土國
　　7/169/3241
43赤城
　　1/1/7
　　7/155/2982
　赤城山
　　4/98/1967
　赤城河
　　3/71/1436
44赤堇山
　　4/96/1929
47赤坎故城
　　1/17/330
　赤欄浦
　　1/16/318

48赤松澗
　　4/97/1950
60赤里街
　　3/72/1469
　赤甲城
　　6/148/2875
67赤野州
　　2/38/805
70赤壁
　　5/112/2285
　　6/131/2585
　赤壁水
　　2/43/908
　赤壁城
　　2/43/908
77赤岡
　　5/106/2109
　赤眉故城
　　1/9/164

4040₀　女

17女子城
　　5/118/2383
22女山
　　1/16/321
24女徒山

　　4/82/1655
26女泉
　　6/145/2820
37女郎山
　　1/19/389
　　2/33/711
　　2/34/722
　女郎臺
　　1/11/209
43女獄城
　　4/94/1897
44女墳湖
　　4/91/1822
　女姑山
　　1/20/420
　女華夫人祠
　　2/31/669
46女觀陂
　　2/25/531
47女媧墓
　　1/6/107
　　2/43/906
　女媧陵
　　1/14/282
48女姪丘
　　3/54/1108

223

60女思山
　　6/143/2780

74女陵山
　　1/21/435

77女几廟
　　1/5/66

　女几山
　　1/6/93

78女鹽池
　　2/46/965

4040₇ 支

12支硎
　　4/91/1820

31支江水
　　4/88/1740

　支江縣
　　4/88/1745

42支機山
　　5/107/2140

李

00李膺宅
　　3/72/1470

　李膺墓
　　4/83/1665

01李龍遷祠
　　4/84/1683

05李靖廟
　　1/3/51

　李靖墓
　　2/25/539

12李延年墓
　　2/27/579

20李千城
　　1/16/313

26李白碑
　　4/83/1665

28李牧祠
　　2/47/989

30李家嶺
　　5/106/2119

31李渠
　　5/109/2197

32李冰祠
　　3/72/1469

　　3/73/1495

38李道辯古城
　　5/116/2344

40李左車冢
　　2/26/562

　李左車墓

　　3/60/1233

　李壽九子墓
　　1/1/12

42李斯墓
　　1/11/202

　李斯井
　　1/11/202

43李城
　　3/52/1079

50李夫人墓
　　2/27/579

60李晟墓
　　2/26/567

72李氏陂
　　1/9/168

74李陵廟
　　5/115/2337

　李陵臺
　　2/38/806

　李陵母冢
　　2/31/669

77李母祠
　　1/12/237

　李母墳
　　1/12/237

80李八百洞

5/106/2114

5/106/2119

李義府碑

4/82/1655

李公池

2/28/605

90李光弼墓

2/31/662

4044₄ 奔

95奔精城（古）

1/16/320

4046₅ 嘉

03嘉誠縣

3/81/1632

09嘉麟縣

7/152/2940

22嘉川縣

6/140/2720

27嘉魚縣

5/112/2285

嘉魚穴

3/75/1525

6/141/2737

30嘉寧縣

7/170/3258

32嘉州

3/74/1506

44嘉樹

3/74/1512

74嘉陵水

4/86/1714

6/135/2645

嘉陵山

6/138/2698

嘉陵江

4/84/1677

4/86/1710

4/86/1711

4/86/1716

4/86/1717

4/86/1718

6/133/2620

6/135/2644

6/139/2713

77嘉興縣

4/95/1914

嘉興監

4/95/1916

4050₆ 韋

43韋城縣

1/9/163

67韋昭冢

4/89/1763

4051₄ 難

31難江水

3/74/1502

6/139/2708

6/140/2720

難江縣

6/140/2720

77難留山

6/147/2864

4060₀ 古

05古靖州

3/79/1601

10古石山

3/75/1527

古石蛇

2/31/669

17古勇縣

7/171/3284

26古縵山
7/171/3269

27古黎山
7/166/3170

古魚井
6/145/2816

30古塞山
6/143/2781

古宅
1/15/304

古良溪
5/107/2151

32古州
7/167/3203

33古冶城
4/90/1790

35古津水
6/126/2492
7/157/3020

37古初墳
5/114/2321

古冢
1/8/149
1/20/421

38古道
6/138/2692

40古臺
3/63/1289

42古桃山
3/75/1525

43古城
3/52/1078
5/109/2204

44古桂縣
7/168/3219

46古堤
6/145/2816

50古書縣
7/167/3203

55古井
7/170/3254

60古田縣
4/100/1994

62古縣場
7/162/3107

76古陽縣
7/168/3219

99古勞縣
7/168/3221

古營屯
1/16/319

右

12右水
7/166/3174

55右扶風
2/25/528

60右甲積谷
7/151/2919

4060₁ 吉

12吉水
1/5/80
5/109/2217
7/158/3044

吉水縣
5/109/2217

22吉川州
3/77/1562

吉山
4/90/1776

27吉魚山
2/38/801

吉鄉縣
2/48/1004

32吉州
5/109/2205

吉州山
　5/106/2102
40吉南縣
　7/168/3217
50吉車水
　7/165/3160
56吉挹城
　6/141/2730
74吉陵縣
　7/168/3218
76吉陽水
　5/104/2061
　吉陽山
　5/104/2067
　吉陽城
　5/109/2218
　吉陽縣
　7/169/3239
　吉陽縣(廢)
　6/132/2595
90吉當縣
　3/81/1633

4060₄ 奢

12奢延水
　2/37/786

2/38/800
22奢山
　7/159/3058

4060₅ 喜

30喜客泉
　4/90/1795

4060₉ 杏

12杏水
　6/141/2737
22杏山
　1/7/133
　6/127/2514
　6/128/2531
　杏山冶
　1/21/446
40杏壇鄉
　1/21/434
43杏城
　2/35/737
　杏城(故)
　2/35/741
　杏城鎮
　2/35/741
44杏花村

4/90/1780

4062₁ 奇

39奇沙州
　7/156/3002

4064₁ 壽

11壽張縣
　1/13/251
32壽州
　6/129/2542
　壽州故城
　1/13/251
50壽春郡
　6/129/2542
　壽春縣
　6/129/2545
　壽春縣(故)
　6/129/2547
60壽昌縣
　4/95/1912
　7/153/2957
　壽昌澤
　7/153/2958
72壽丘
　1/21/439

76壽陽縣
2/40/853
90壽光縣
1/18/358

4071₀ 七

00七度水
3/69/1403
05七靖井
5/111/2264
07七部縣
3/79/1597
10七雲山
4/92/1843
17七子山
1/20/419
27七盤山
3/78/1575
6/137/2676
七盤縣
6/139/2708
31七源州
7/166/3176
40七臺山
4/100/1999
七女池

6/138/2689
七女冢
1/2/32
七女岡
1/7/134
43七城山
6/149/2892
44七姑冢
1/5/77
50七惠場
6/124/2465
60七里嶠
4/94/1888
七里山
5/111/2263
七里沔
6/144/2804
七里溝
3/62/1270
七里澗
1/3/53
1/6/94
7/152/2937
七里瀨
4/95/1911
七星山

5/107/2154
七星橋
3/72/1465
3/73/1489
七星井
1/7/128
77七門堰
6/126/2497
七賢祠
3/53/1099
七朵山
4/100/1999
80七弟崖山
4/87/1728
七谷村
6/147/2863

4071₄ 雄

32雄州
3/67/1363

4071₆ 奄

50奄中
1/21/437

4073₂ 袁

01袁譚故城
　3/57/1185
12袁璞墓
　5/109/2200
　袁水
　5/109/2203
21袁術塢
　1/5/74
　袁術固
　1/5/74
22袁山
　5/109/2196
　袁山松城
　4/91/1824
27袁紹墓
　3/55/1142
　袁紹故城
　1/13/261
30袁宏墓
　4/89/1766
32袁州
　5/109/2194
72袁氏故城
　7/152/2943

77袁興祖墓
　4/89/1766
80袁公橋
　3/54/1113

喪

20喪停港
　6/146/2843

4080₁ 走

80走金山
　3/73/1494

真

15真珠泉
　2/32/688
　真珠樓
　2/37/785
22真仙館
　5/107/2158
　真山
　4/92/1846
　4/92/1853
　真移觀
　3/72/1469
27真鄉縣

　2/38/804
30真寧縣
　2/34/727
　真定縣
　3/61/1249
31真源縣
　1/12/236
32真州
　3/80/1622
76真陽縣
　1/11/204
80真義江
　7/170/3257
　真谷關
　2/51/1064
88真符縣
　3/80/1623
　6/138/2691

4090₀ 木

00木底州
　3/71/1448
16木强山
　6/139/2707
17木刀溝
　3/62/1271

3/62/1274

20木香村

6/145/2820

22木山廟

5/109/2211

24木峽關

2/33/704

40木梓山

4/85/1695

41木櫪山

6/149/2887

44木蘭山

6/131/2582

6/131/2583

6/139/2706

木蘭女廟

6/127/2513

63木賊山

6/127/2517

71木陋嶼

4/99/1980

72木瓜山

5/122/2429

木瓜河

6/130/2573

74木陵山

6/131/2582

木陵故關

6/127/2514

77木屬州

3/77/1561

木門城

3/65/1327

木門城（古）

3/65/1327

80木公山

5/108/2185

96木燭州

3/77/1556

4090₃ 索

10索西故城

7/155/2982

12索水

1/9/173

21索盧縣（廢）

7/163/3118

40索古州

3/77/1556

3/77/1561

42索橋

3/73/1495

78索陌谷水

2/48/1013

4090₈ 來

30來安水

6/128/2527

來賓縣

7/165/3163

34來遠縣

3/71/1445

44來猿縣

4/88/1743

來蘇縣

3/71/1441

4091₄ 柱

10柱天山

2/38/802

44柱蒲關

5/122/2429

4091₆ 檀

11檀頭山

5/111/2263

22檀山廢戍

5/111/2264

32檀州
　　3/71/1434

　　檀溪
　　6/145/2815

43檀城（古）
　　4/90/1781

80檀谷水
　　2/26/554

4091₇ 杭

22杭山
　　7/158/3036

32杭州
　　4/93/1861

4092₇ 枋

11枋頭城
　　3/56/1156

4093₁ 樵

37樵湖
　　6/126/2496

4094₁ 梓

22梓山廟
　　5/104/2065

30梓潼水
　　4/82/1651
　　4/82/1653
　　4/83/1667

　　梓潼郡
　　4/82/1647

　　梓潼縣
　　4/84/1677
　　5/122/2432

31梓潭山
　　5/108/2180

32梓州
　　4/82/1647

44梓薑縣
　　5/122/2433

4094₆ 樟

31樟潭山
　　5/108/2181

4094₈ 校

43校城（故）
　　1/18/359

4111₆ 垣

24垣牆山

　　3/69/1398

62垣縣
　　2/47/994

　　垣縣（故）
　　2/47/995

4121₄ 狂

77狂風障
　　5/110/2238

4122₇ 獅

17獅子山
　　5/107/2137
　　6/138/2698

　　獅子石
　　7/157/3018
　　7/169/3234

4126₀ 帖

50帖夷縣（廢）
　　6/134/2634

4188₆ 顛

58顛軨阪
　　1/6/99

4191₄ 枉

22枉山
　　5/118/2381

80枉人山
　　3/57/1184

4191₆ 桓

10桓王山
　　1/5/71

　桓元子河
　　1/14/282

12桓水
　　1/13/252

20桓魋墓
　　1/15/300

27桓伊冢
　　5/106/2107

28桓修墓
　　5/109/2215

30桓宣武（元子）墓
　　5/112/2284

36桓温冢
　　6/145/2816

80桓公溝
　　1/13/250

1/14/281

桓公城
　　3/58/1196

4191₇ 柜

43柜城（故）
　　1/24/504

4192₀ 柯

00柯亭
　　4/96/1927

32柯州
　　5/120/2399

4192₇ 栖

22栖山
　　6/126/2496

樗

44樗蒲山
　　6/125/2478

60樗里子墓
　　2/25/539

4194₆ 梗

76梗陽故城

2/40/853

4194₇ 板

32板溪水
　　7/158/3037

42板橋浦
　　4/90/1779

　板橋城
　　2/41/870

43板城
　　3/52/1078
　　3/52/1081

77板殿城
　　2/51/1065

80板谷
　　2/41/868

4196₀ 柘

12柘水
　　6/142/2763

22柘嶺
　　4/101/2015

32柘溪水
　　4/84/1680

43柘城（故）
　　1/12/228

柘城縣
1/12/223

栖

10栖雲山
1/22/463

4196₁ 梧

30梧宮
1/18/357
32梧州
7/164/3140
40梧臺
1/18/357

4198₂ 橽

40橽查州
3/77/1562

4198₆ 楨

74楨陵城
2/38/811

4199₀ 杯

22杯山
5/110/2237

4212₁ 圻

32圻溪
4/92/1848

4212₂ 彭

12彭水
5/120/2396
　彭水縣
5/120/2396
21彭盧水
3/71/1434
　彭衙故城
2/28/599
22彭山縣
3/74/1502
24彭綺城
5/107/2146
27彭蠡湖
5/111/2255
　彭蠡湖西灣
5/111/2255
　彭蠡戍
5/111/2264
28彭徵君釣臺
5/109/2200

32彭州
3/73/1484
3/81/1635
36彭澤城
5/111/2264
　彭澤縣
5/111/2257
37彭祖廟
1/15/300
　彭祖宅
6/124/2456
38彭道將池
4/86/1715
40彭女山
3/74/1502
　彭女津
3/74/1503
43彭城
5/105/2083
　彭城廟
6/128/2534
　彭城王（劉義康）墓
5/109/2215
　彭城郡
1/15/294
　彭城山

1/15/298

彭城縣

1/15/297

彭越臺

1/13/265

60彭晋山

4/85/1695

71彭原郡

2/34/724

彭原縣

2/34/726

76彭陽縣

2/34/728

4220₀ 刲

80刲首水

2/28/596

4223₀ 狐

01狐讘故縣城

2/48/1013

30狐突山

2/50/1049

46狐狸淀

3/66/1348

3/67/1367

80狐谷亭

2/43/900

瓠

17瓠子河

1/14/275

瓠子口

3/57/1180

60瓠口

2/26/564

4240₀ 荆

00荆亭城

1/11/211

22荆山

1/6/107

1/7/133

2/31/660

6/145/2820

荆山洞

5/103/2052

荆山堰（廢）

6/128/2533

27荆將軍廟

1/11/201

荆嶼

4/102/2034

32荆州

6/146/2830

荆溪

4/89/1765

4/92/1848

4/94/1895

43荆城

1/13/264

51荆軻墓

1/1/6

76荆陽縣（廢）

6/125/2483

77荆卿城

3/67/1359

荆門山

6/147/2863

荆門軍

6/146/2845

4241₃ 姚

00姚襄城

2/48/1005

13姚武壁

2/28/599

32姚州

3/79/1598

43姚城

　1/14/276

　姚城縣

　3/79/1599

44姚葰殿

　2/31/660

72姚丘山

　4/96/1934

80姚谷

　2/28/598

　姚公石室

　5/109/2216

4242₇ 嫣

22嫣川郡

　3/71/1427

　嫣川縣

　3/71/1430

32嫣州

　3/71/1427

34嫣汭水

　2/46/954

4282₁ 斯

30斯洨水

3/61/1257

4291₃ 桃

21桃虢二城

　2/30/644

22桃山

　1/15/302

31桃源山

　5/106/2113

　桃源洞

　5/109/2197

　桃源縣

　5/118/2384

43桃城（故）

　3/63/1285

44桃花山

　3/71/1436

　7/158/3039

　桃花灘

　5/107/2154

　桃花源

　5/115/2334

　桃花溪

　4/82/1649

　桃花基

　6/123/2447

桃花苑

　4/90/1792

桃花米

　5/104/2062

桃葉渡

　4/90/1783

桃林塞

　1/6/101

桃林溪

　4/102/2031

77桃關（故）

　3/78/1575

4291₇ 栀

17栀子山

　5/116/2353

4292₁ 析

12析水

　6/142/2758

43析城山

　1/5/79

　2/44/920

　2/44/921

76析陽故城

　6/142/2758

4292_2 杉

32杉溪
　　4/101/2017
　杉溪場
　　4/101/2021

4292_7 橋

00橋玄墓
　　1/12/222
22橋山
　　2/33/708
　　2/34/727
　　2/35/741
　　3/71/1429
31橋江縣
　　5/113/2303
32橋州
　　3/81/1637
80橋公亭
　　6/125/2474

4299_4 櫟

76櫟陽縣
　　2/26/565

4300_0 弋

32弋溪水
　　5/107/2154
76弋陽郡
　　6/127/2510
　弋陽臺
　　6/127/2512
　弋陽故城
　　6/127/2512
　弋陽縣
　　5/107/2152
　弋陽館
　　5/107/2154

4301_0 尤

32尤溪縣
　　4/100/2000
44尤萊山
　　1/21/443

4303_0 犬

43犬城
　　1/7/127
72犬丘城
　　2/25/535

2/27/578

4304_2 博

07博望城（故）
　　6/142/2756
　博望苑
　　2/25/535
　博望岡
　　3/54/1114
　　3/56/1152
10博平郡
　　3/54/1116
　博平縣
　　3/54/1120
12博水
　　3/63/1285
21博盧州
　　3/77/1561
26博白山
　　7/167/3199
　博白縣
　　7/167/3199
32博州
　　3/54/1116
33博浪沙亭
　　1/2/27

博浪城
1/1/7
34博遼縣（廢）
7/169/3240
40博士冢
1/18/364
44博恭縣
3/80/1615
60博昌縣
3/64/1314
博固城
3/54/1118
博羅縣
7/160/3069
67博野縣
3/68/1385
74博陵郡
3/62/1267
博陵故城
3/63/1292
76博陽城
1/10/186
博陽山
5/107/2135
5/111/2259
77博邪山

7/165/3160
博興縣
1/18/360
99博勞縣（廢）
7/163/3124

4311₄ 垞

43垞城
1/15/299

4315₀ 城

00城麻場
7/163/3117
10城平縣（廢）
2/38/800
11城頭將軍祠
3/65/1328
22城山
5/105/2086
城樂縣
5/121/2415
36城湟
5/114/2319
40城塘縣（廢）
5/112/2284
60城固縣

6/133/2614
76城陽山
5/104/2060
77城門山
4/99/1983
80城父縣
1/12/232

4323₂ 狼

17狼孟故城
2/40/843
22狼山
6/143/2785
26狼皋山
1/8/144
35狼溝
1/7/127
90狼毒井
4/85/1693

4332₇ 鷟

08鷟鸞山
6/134/2629

4343₂ 娘

17娘子神祠

5/115/2336

娘子祠

5/118/2383

4345_0　娥

77娥眉磧

6/149/2887

4346_0　始

01始龍溪

4/88/1748

10始平縣（廢）

5/109/2203

始平原

2/27/578

15始建縣

4/85/1695

22始豐山

5/106/2109

30始寧郡

6/140/2721

始寧山

6/139/2707

始寧縣（廢）

6/139/2707

始安郡

7/162/3097

始安嶺

7/162/3103

始安縣

5/122/2430

44始基城

1/12/224

始基故城

1/12/229

60始昌城

7/150/2902

76始陽山

3/77/1552

77始興郡

7/159/3052

始興縣

7/160/3075

4347_7　妒

40妒女泉

2/50/1051

妒女祠

2/50/1052

4354_4　鞍

43鞍城

1/13/253

4373_2　裴

72裴氏城

1/1/11

4380_5　越

10越王廟

7/162/3102

越王石

4/100/1994

7/171/3277

越王山

4/100/1992

7/159/3054

越王渡

7/161/3086

越王闕

7/160/3072

22越巂郡

3/80/1615

越巂縣

3/80/1617

30越賓縣

4/88/1743

32越州

4/96/1921

越溪

　3/79/1594

40越女墓

　5/107/2142

43越城（故）

　4/90/1790

越城嶺

　7/162/3103

90越裳縣

　7/171/3275

4385₀ 戴

22戴山

　4/95/1912

31戴憑宅

　1/11/201

32戴淵墓

　5/112/2284

戴溪

　4/96/1933

88戴笠山

　6/133/2615

4402₇ 協

32協州

3/79/1594

3/79/1604

4410₀ 封

01封龍山

　3/61/1251

12封水

　7/157/3022

20封爵觀

　3/59/1219

22封川縣

　7/164/3139

封山

　7/170/3258

封山縣（廢）

　7/169/3228

27封侯水

　5/108/2183

32封州

　7/164/3138

封溪

　5/109/2214

封溪水

　7/164/3139

46封堁山

　4/94/1887

封觀墓

　1/10/188

72封丘臺

　1/1/9

封丘縣

　1/1/8

74封陵縣（廢）

　7/166/3173

76封陽縣（廢）

　7/161/3085

4410₄ 董

21董卓宅

　1/3/54

董卓壘

　2/50/1052

22董川井

　4/85/1697

25董仲舒祠

　3/58/1195

董仲舒墓

　2/27/579

27董叔山

　4/82/1653

30董永冢

　3/66/1344

34董池陂
　　2/46/969
36董澤
　　2/46/959
　　2/46/969
40董塘陂
　　3/58/1194
50董奉山
　　6/132/2601
67董昭墓
　　1/13/260
77董賢冢
　　2/26/562

墊

31墊江水
　　6/137/2673
　　墊江縣
　　6/149/2890

4410₇　藍

00藍豪山
　　7/159/3056
12藍水
　　2/42/889
　　2/45/938

22藍嶺
　　5/117/2370
　　藍山
　　3/70/1418
　　5/117/2362
　　藍山縣
　　5/117/2362
30藍家冢
　　6/126/2498
32藍州
　　4/88/1743
60藍田山
　　2/26/555
　　2/27/580
　　藍田縣
　　2/26/555
　　藍田關
　　2/26/556

蓋

22蓋山
　　5/103/2048
23蓋牟州
　　3/71/1448
30蓋寬饒墓
　　3/54/1109

62蓋縣城（漢）
　　1/23/481
88蓋竹山
　　4/98/1963

4411₀　茫

55茫井
　　4/85/1697

4411₂　地

12地裂溝
　　3/71/1430
75地肺山
　　1/6/112
　　地肺山
　　4/99/1980
80地鏡
　　1/18/353

范

10范不婁廟
　　5/104/2069
27范蠡洲
　　4/96/1932
　　范蠡祠
　　6/142/2753

43范城
　　1/13/251
48范增冢
　　6/126/2497
60范睢墓
　　1/1/16
62范縣
　　1/14/277
76范陽郡
　　3/69/1394
　范陽故城
　　3/67/1360
　范陽縣
　　3/70/1412

44121 菏

12菏水
　　1/13/259
　　1/14/286
36菏澤
　　1/13/259

44127 蒲

10蒲吾故城
　　3/61/1254
12蒲水

2/35/741
2/48/1006
2/48/1010
17蒲子
　　2/42/890
　蒲子故城
　　2/48/1011
22蒲川
　　2/32/693
　蒲川水
　　2/35/738
　蒲山
　　5/105/2081
31蒲江縣
　　3/75/1526
32蒲州
　　2/46/949
35蒲津關
　　2/28/602
　　2/46/954
　　2/46/956
36蒲澤
　　3/61/1249
40蒲臺(古)
　　3/64/1316
　蒲臺縣

3/64/1315
42蒲圻湖
　　5/112/2285
　蒲圻縣
　　5/112/2284
43蒲城
　　1/2/30
　蒲城子路
　　1/6/106
　蒲城縣
　　2/28/603
　蒲城縣(故)
　　2/28/597
44蒲姑城
　　1/18/360
　蒲萄宮
　　2/25/538
55蒲井
　　4/85/1696
60蒲昌縣
　　7/156/2995
　蒲邑故城
　　2/48/1011
62蒲縣
　　2/48/1011
71蒲阪故城

2/46/955

76蒲陽山

　3/62/1274

78蒲陰縣

　3/62/1271

80蒲谷川

　2/48/1011

81蒲領城（故）

　3/63/1287

　3/65/1328

91蒲類海

　7/156/2997

　蒲類縣

　7/156/2997

99蒲縈臺

　3/65/1331

蒟

27蒟醬山

　5/120/2398

蕩

12蕩水

　3/54/1114

　3/55/1141

22蕩山

7/161/3085

　蕩山縣（廢）

　7/161/3085

30蕩寇將軍古城

　5/116/2344

勤

32勤州（廢）

　7/158/3042

4412₉ 莎

61莎題

　3/63/1289

4413₂ 滇

44滇碭渠

　1/2/27

　3/52/1082

4414₂ 薄

22薄山

　1/6/97

41薄姬冢

　1/8/149

47薄妃廟

　1/5/83

67薄昭墓

　2/31/662

72薄后陵

　2/25/527

77薄骨律渠

　2/36/761

　2/36/764

4414₇ 鼓

22鼓山

　3/56/1161

27鼓角山

　6/127/2509

32鼓州

　5/120/2399

43鼓城縣

　3/61/1258

45鼓樓山

　6/137/2677

65鼓嘯山

　6/137/2676

　6/137/2678

77鼓門

　7/157/3013

80鼓鐘山

　2/47/994

4414₉ 萍

27萍鄉縣
　5/109/2201

萍鄉縣故城
　5/109/2202

30萍實
　6/146/2839

4416₀ 堵

12堵水
　6/142/2763
　6/143/2787

4416₁ 塔

22塔山
　1/18/362
　6/130/2568

37塔泥井
　4/85/1698

4416₄ 落

00落亭石
　5/109/2208

24落豔水
　7/168/3214

29落峭石
　5/110/2241

32落澄山
　7/169/3239

落叢山
　6/135/2646

34落漠水
　3/59/1219

落漠城
　2/40/852

44落猿山
　7/169/3239

50落屯縣
　7/169/3239

60落星石
　4/96/1935

落星山
　4/90/1785
　5/111/2252

落星江
　5/117/2370

落星湖
　5/109/2197

落吳縣
　3/81/1633

71落馬澗

4/90/1778

76落陽水
　4/85/1700

77落門水
　7/151/2921

落門谷水
　7/150/2904

4420₁ 苧

32苧溪
　4/94/1897

60苧羅山
　4/96/1933

4420₂ 蓼

12蓼水
　2/46/960
　3/59/1216

22蓼山
　6/142/2762

32蓼洲
　5/106/2104

43蓼城
　6/129/2549

46蓼堤
　1/1/5

4420₇ 考

43考城縣
　　1/2/25

夢

12夢水
　　4/101/2013
　　5/109/2197

4421₁ 莞

80莞谷水
　　2/44/917

荒

80荒谷水
　　6/146/2835

薙

22薙山
　　6/145/2818

麓

40麓臺山
　　2/40/851
　　2/41/869

4421₂ 苑

22苑川城
　　7/151/2927
27苑鄉縣城（古）
　　3/59/1218
43苑城
　　4/90/1781
74苑陵故城
　　1/9/171
　　苑陵縣城（廢）
　　1/1/14

菀

43菀城
　　3/56/1157

4421₄ 花

17花碌山
　　4/90/1795
37花瀨
　　4/94/1896
44花姑廟
　　5/103/2048

莌

10莌平故城
　　3/54/1118
43莌城（廢）
　　1/19/392

莊

32莊州
　　5/120/2399
　　莊州
　　5/122/2429
80莊公臺
　　1/21/438

薩

00薩摩陂
　　3/65/1327
32薩州縣
　　4/88/1744

4421₆ 貌

44貌姑山
　　5/107/2157

244

4421₇ 梵

10梵雲山
　4/87/1727

蘆

11蘆北故城
　6/134/2634

21蘆衕尖山
　2/50/1055

40蘆塘
　5/115/2332

4422₁ 芹

22芹川
　2/34/723

43芹城
　3/69/1403

猗

72猗氏縣
　2/46/959

荷

22荷山
　5/106/2119

4422₂ 茅

20茅焦冢
　3/65/1334

22茅山
　4/89/1762
　4/89/1765
　4/90/1795
　4/94/1897
　4/96/1929

35茅津
　1/6/94

4422₇ 芮

10芮王廟
　1/6/96

12芮水
　2/34/723

27芮鄉
　2/28/603

43芮城(古)
　1/6/97

　芮城縣
　1/6/95

芳

34芳池州都督府(廢)
　2/33/711

44芳藜縣
　3/81/1636

　芳林苑
　4/90/1792

帶

12帶水
　5/121/2413

　帶水縣
　5/121/2413

31帶河縣
　3/81/1636

32帶州
　3/71/1443

55帶井
　4/85/1698

莆

60莆田縣
　4/102/2038

菁

22菁山
　5/113/2306
60菁口
　5/116/2349

蓿

62蓿縣
　3/63/1290

萬

　見4442₇　萬

幕

00幕府山
　4/90/1785
　5/113/2304
27幕阜山
　5/106/2111

薦

31薦福山
　5/107/2136

蒿

60蒿里山
　1/21/443

蕭

00蕭帝巖
　5/108/2181
07蕭望之墓
　1/23/486
21蕭何墓
　2/26/562
22蕭山
　4/96/1936
　蕭山縣
　4/96/1936
37蕭郎中舊堂
　5/111/2254
46蕭相國祠
　6/145/2818
62蕭縣
　1/15/303
77蕭關故城
　2/33/704
　蕭關縣
　2/33/705

蘭

00蘭亭
　4/96/1926
　蘭麻山
　7/162/3105
22蘭巖
　5/116/2348
　蘭巖山
　1/9/172
　蘭山
　3/76/1541
　3/79/1592
　蘭山澤六鎮三戍
　2/36/763
31蘭江縣
　7/168/3220
32蘭州
　7/151/2925
　7/168/3221
　蘭溪水
　6/127/2510
　蘭溪縣
　4/97/1952
34蘭池宮
　2/26/560

藺池陂

2/26/560

44藺苛山

4/96/1934

71藺馬臺

3/67/1361

74藺陵縣城

1/23/485

77藺風山

4/96/1936

藺風湖

4/96/1935

78藺陰山

4/97/1952

藺

46藺相如冢

3/58/1193

3/66/1347

藺相如臺

3/63/1290

藺相如墓

3/56/1165

4423$_2$ 蒙

12蒙水

7/157/3020

22蒙山

1/23/482

1/23/486

2/40/844

3/77/1553

蒙山郡

7/163/3124

32蒙州

7/163/3124

蒙溪水

6/138/2698

36蒙澤

1/12/221

蒙澤城

1/13/260

43蒙城縣

1/12/233

蒙城縣(廢)

6/129/2547

47蒙都縣

7/171/3283

88蒙籠山

5/121/2415

5/121/2416

92蒙恬冢

2/26/562

2/38/800

猿

77猿門

4/83/1667

猿門山

4/83/1663

藤

32藤州

7/158/3042

蘽

32蘽州

3/81/1633

4424$_0$ 苻

15苻融壘

3/63/1287

50苻表墓

5/109/2215

77苻堅墓

2/34/721

蔚

32蔚州
　　2/51/1061
38蔚汾關
　　2/41/876
44蔚茹水
　　2/32/692
　　2/33/706

4424₇ 蔣

00蔣帝祠
　　5/112/2279
　蔣廟
　　4/90/1791
13蔣琬宅
　　3/72/1470
　蔣琬墓
　　4/83/1664
22蔣山
　　4/90/1782
42蔣橋
　　3/72/1472
43蔣城
　　1/1/14
74蔣陵（宋）

4/90/1784
80蔣谷水
　　2/40/852

獲

00獲鹿縣
　　3/61/1251
09獲麟堆
　　1/14/280
22獲鼎
　　2/31/670
37獲湖
　　6/146/2840
40獲嘉城（故）
　　3/56/1154
　獲嘉縣
　　3/53/1098

葭

44葭萌縣
　　6/135/2648
　葭蕬城
　　1/13/262

4425₃ 茂

01茂龍州

5/120/2399
27茂名縣
　　7/161/3090
32茂州
　　3/78/1572
40茂嘉山
　　7/170/3259
74茂陵故城
　　2/27/578
　茂陵縣城（廢）
　　4/84/1680

藏

27藏舟浦
　　6/126/2492
32藏溪橋
　　5/106/2115

4426₀ 猫

11猫頭石
　　5/108/2186
77猫兒山
　　1/5/80

4428₂ 蕨

22蕨山

4/83/1664

4428₉ 荻

40荻塘
4/94/1885
44荻蘆山
4/100/1994

4429₃ 蘱

44蘱蕉島
3/55/1140

4429₆ 獠

77獠母井
4/85/1697

4430₃ 蘧

26蘧伯玉祠
1/2/31

4430₄ 蓮

27蓮勺城（古）
2/29/617
40蓮塘
4/91/1824
蓮塘寺

5/107/2154
44蓮花峯
5/107/2143
5/111/2251
蓮花洞
5/111/2253
蓮花湖
5/106/2109
蓮荷山
5/107/2137
84蓮鑊
5/107/2152

蓬

22蓬山郡
3/80/1613
蓬山縣
6/139/2712
32蓬州
6/139/2708
蓬溪縣
4/87/1728
34蓬池
1/1/4
1/1/13
蓬池縣

6/139/2709
44蓬萊山
7/157/3014
蓬萊縣
1/20/407
蓬萊鎮
1/20/412
47蓬鵲山
3/59/1222
60蓬羅縣
4/88/1744
80蓬矢州
3/77/1561

4430₇ 芝

22芝山縣
7/168/3221
32芝州
7/171/3280
60芝田鄉
1/5/75
92芝忻州
7/168/3218

4432₀ 蓟

32蓟州

3/70/1414

43薊城

　3/69/1399

62薊縣

　3/69/1398

4432₇ 芍

74芍陂

　6/129/2548

蘮

10蘮石

　7/158/3046

22蘮嶺

　2/40/854

4433₁ 赫

17赫胥氏墓

　1/19/394

35赫連勃勃墓

　2/43/906

　赫連氏京觀

　1/6/107

蒸

12蒸水

250

5/115/2330

蕪

37蕪湖

　5/105/2084

　蕪湖縣

　5/105/2083

43蕪城

　6/123/2443

　7/161/3087

44蕪蔞亭

　3/63/1293

　蕪蔞故城

　3/63/1293

熱

10熱石

　5/117/2362

44熱薄汗山

　7/151/2927

燕

00燕京山

　2/41/874

22燕山

　3/70/1416

燕樂縣

　3/71/1436

23燕然

　2/38/806

　燕然州

　2/38/805

　燕然都護府

　2/39/828

32燕州

　3/71/1436

40燕臺

　1/20/417

44燕藪澤

　5/108/2186

67燕昭王冢

　3/69/1400

　燕昭王墓

　1/19/393

77燕留城

　3/65/1329

4433₂ 蔥

22蔥嶺山

　6/135/2648

　蔥山

　8/闕逸/3866

4433₃ 慕

22慕仙縣
　3/78/1580
24慕化縣
　7/162/3105
30慕容暐廟
　5/113/2307

4433₆ 煮

38煮海里
　4/102/2032
50煮棗故城
　1/13/261
　3/63/1286
78煮鹽澤
　2/26/566

4433₈ 恭

10恭耳縣
　3/78/1582
24恭化郡
　3/80/1614
32恭州
　3/80/1614
43恭城縣

　7/163/3123
74恭陵
　1/5/76

4433₉ 懋

44懋林山
　4/96/1934

4436₀ 赭

22赭山
　3/56/1163
40赭土山
　1/15/298
42赭圻屯
　5/103/2049

4439₄ 蘇

00蘇摩嶠
　7/166/3181
　蘇磨嶠
　7/169/3229
08蘇許公墓
　2/27/586
13蘇武冢
　2/31/673
22蘇嶺

　3/56/1155
　蘇山
　5/111/2263
32蘇州
　4/91/1815
37蘇祁縣
　3/80/1619
50蘇屯山
　5/105/2081
　蘇秦亭
　3/59/1217
　蘇秦宅
　1/3/54
55蘇農州
　2/37/787
71蘇歷江
　7/170/3257
77蘇門山
　3/56/1155
80蘇令墓
　5/109/2209
　蘇公潭
　4/94/1884
90蘇小小墓
　4/95/1914

4440₀ 艾

10艾不城(廢)

　1/22/463

17艾子城

　1/17/332

22艾山

　1/23/487

　艾山渠

　2/36/763

43艾城(古)

　5/106/2112

4440₁ 芋

22芋山

　8/闕逸/3865

莘

00莘亭

　3/54/1111

25莘仲故城

　1/13/260

43莘城

　1/9/168

　2/28/599

　莘城(故)

1/1/11

62莘縣

　3/54/1110

71莘原

　1/6/104

4440₄ 婪

77婪鳳州

　7/166/3176

4440₆ 草

00草玄堂

　3/72/1469

90草堂

　4/90/1781

菒

22菒山

　3/61/1252

4440₇ 孝

12孝水

　1/3/48

　1/19/377

17孝子石

　3/79/1593

孝子沈普母墓

　5/107/2147

孝子村

　1/13/265

21孝經潭

　5/107/2137

27孝鵝冢

　4/94/1897

40孝女饒娥祠

　5/107/2146

　孝女饒娥墓

　5/107/2146

43孝娥廟

　5/105/2087

47孝婦廟

　1/22/464

　孝婦祠

　6/123/2446

53孝感水

　1/19/384

　孝感瀆

　4/92/1842

　孝感縣

　6/132/2595

80孝義里

　6/123/2446

孝義縣
　2/41/868

90孝堂山
　1/13/253

4441₃ 菟

40菟臺岡
　3/61/1255

43菟裘故城
　1/21/445

72菟氏城
　1/1/13

4441₇ 執

25執失州
　2/37/787

4442₇ 勃

10勃弄縣
　3/79/1596

萬

17萬承州
　7/166/3176

21萬歲亭
　1/9/172

萬歲山
　5/117/2360
　5/117/2362

萬歲宮
　2/46/959

萬歲池
　3/72/1465

萬歲湖
　6/130/2573

萬歲城
　7/152/2943

萬歲樓
　4/89/1759

萬歲縣
　6/137/2672

萬頃澤田
　4/82/1652

22萬山
　6/145/2814

24萬德州
　7/166/3176

26萬泉縣
　2/46/962

30萬寧縣
　7/169/3240

萬户溪

6/137/2678

萬家石
　7/164/3140

萬家冶
　1/21/447

萬安水
　7/158/3039

萬安郡
　7/169/3239

萬安山
　1/3/51
　3/69/1398

萬安州
　7/169/3239

萬安故城
　4/83/1666

32萬州
　6/149/2885

40萬壽泉
　5/107/2154

萬壽渦
　2/29/618

萬壽縣
　1/11/211

萬壽縣（廢）
　6/136/2663

43萬載縣
    5/109/2203
47萬根谷
    2/50/1049
50萬春山
    5/107/2140
  萬春臺
    7/170/3254
  萬春縣（故）
    2/46/962
53萬戈城
    3/56/1155
60萬里沙
    1/20/417
  萬里橋
    3/72/1465
71萬匹梁
    1/24/505
80萬年鄉
    2/26/566
  萬年縣
    2/25/521

荔

12荔水
    7/162/3106

31荔江
    7/162/3106
32荔溪
    7/162/3106
33荔浦江
    7/163/3122
  荔浦縣
    7/162/3106
44荔枝灘
    3/79/1591
  荔枝園
    3/79/1592
    6/136/2661

4443₀ 樊

08樊於期墓
    1/1/6
22樊川
    2/25/524
  樊山
    5/112/2280
33樊梁溪
    6/130/2571
34樊港
    5/112/2283
44樊姥廟

    5/112/2284
62樊縣故城
    1/21/434
68樊噲墓
    1/15/300
74樊陂
    6/142/2757
77樊輿城
    3/68/1376

葵

72葵丘
    1/2/26
    1/18/356

莫

17莫耶山
    6/128/2530
22莫山
    7/157/3021
29莫愁湖
    4/90/1779
32莫州
    3/66/1346
80莫谷水
    2/27/584

2/31/671

2/31/673

2/31/674

99莫營關

　2/31/674

4443₂ 菰

43菰城縣（廢）

　4/94/1886

4444₁ 葬

43葬城

　1/13/259

4445₆ 韓

10韓王臺

　1/2/32

20韓信山

　3/61/1251

　韓信壇

　1/16/315

　韓信堰

　1/22/461

　韓信城

　3/61/1251

　6/124/2463

22韓山

　1/22/467

30韓滂墓

　5/109/2200

31韓憑冢

　1/14/281

38韓濟潭

　5/109/2202

43韓城縣

　2/28/600

66韓嬰冢

　3/66/1347

71韓原

　2/28/600

74韓陵山

　3/55/1136

77韓朋墓

　1/16/316

4446₀ 姑

04姑孰溪

　5/105/2082

17姑胥山

　4/91/1820

21姑衍州

　2/37/787

23姑臧南山

　7/152/2937

　姑臧縣

　7/152/2936

24姑射山

　2/43/899

　2/43/906

　姑射神祠

　2/43/900

44姑幕城（漢）

　1/24/502

　姑蘇山

　4/91/1820

　姑蘇臺

　4/91/1826

茄

44茄蘆水

　2/37/786

　2/38/804

茹

50茹由城（故）

　6/127/2513

74茹陂

　6/127/2516

4450₄ 華

00華亭谷
　4/95/1915

　華亭縣
　4/95/1915
　7/150/2909

　華亭縣（廢）
　2/32/687

07華歆冢
　3/54/1118

10華不注山
　1/19/384

22華山
　2/27/584
　4/90/1795
　4/91/1820

26華泉
　1/19/385

30華容縣
　5/113/2301

32華州
　2/29/612

34華池
　2/34/722

　華池縣

　2/33/709

35華津水
　3/73/1489

　華清縣
　7/171/3277

44華蓋山
　4/99/1977
　5/110/2236

　華菜山
　1/15/302

　華林山
　5/106/2114

　華林苑
　3/55/1140

　華林園
　4/90/1781

71華原縣
　2/31/659

73華陀墓
　1/16/316

76華陽亭
　3/63/1287

　華陽洞
　4/90/1796

　華陽縣
　3/72/1463

　華陽縣城
　5/106/2120

　華陽縣城（廢）
　4/84/1680

78華陰郡
　2/29/612

　華陰縣
　2/29/618

4450₆ 葦

36葦澤故關
　2/50/1052

80葦谷水
　2/35/738

4452₁ 蘄

12蘄水
　1/17/331
　6/127/2509

　蘄水縣
　6/127/2510

32蘄州
　6/127/2506

50蘄春郡
　6/127/2506

　蘄春縣

6/127/2508

62蕲縣

　1/17/330

4453₀ 芙

44芙蘆山

　7/157/3020

　芙蓉山

　4/98/1965

　4/99/1981

　5/107/2159

　5/110/2237

　芙蓉湖

　4/92/1844

　4/92/1850

　芙蓉園

　2/25/525

　芙蓉縣

　5/121/2413

　芙蓉岡

　7/159/3055

英

22英山

　2/29/615

32英州

3/79/1601

7/160/3073

40英布城

　5/107/2139

44英孝烈女廟

　5/107/2147

60英羅縣

　7/168/3220

71英巨山

　5/110/2233

4460₁ 昔

76昔陽故城

　2/50/1053

菩

44菩薩山

　6/139/2712

　6/142/2761

薔

44薔薇水

　5/115/2336

薯

43薯城

1/19/389

4460₂ 苕

12苕水

　4/94/1891

　4/94/1892

32苕溪

　4/94/1884

　4/94/1895

4460₄ 苦

12苦水

　3/61/1257

26苦泉

　2/28/595

32苦溪

　5/104/2061

34苦池

　2/46/968

44苦菜山

　1/8/144

　6/142/2764

88苦竹山

　7/158/3036

　苦竹洲

　5/106/2110

若

17若耶山

　　4/96/1927

　若耶溪

　　4/96/1930

　　7/170/3258

4460₆ 莒

62莒縣

　　1/24/500

菖

44菖蒲潭

　　6/142/2757

　菖蒲澗

　　7/157/3012

4460₇ 茗

22茗山

　　8/闕逸/3867

蒼

22蒼山

　　3/56/1152

32蒼溪縣

　　4/86/1716

41蒼頡墓

　　1/1/6

　蒼梧郡

　　7/164/3140

　蒼梧山

　　1/22/463

　蒼梧縣

　　7/164/3141

67蒼野冡

　　1/9/162

99蒼榮州

　　3/77/1562

4460₉ 蕃

12蕃水縣

　　7/168/3219

32蕃州

　　7/166/3176

　　7/168/3219

4462₇ 荀

26荀息墓

　　2/48/1007

40荀爽兄弟八冡

　　1/7/128

43荀城

　　2/47/987

77荀卿墓

　　1/23/485

4464₁ 薜

44薜蘿溪水

　　7/170/3259

4470₀ 斟

00斟亭

　　1/18/364

34斟灌城

　　1/18/358

4471₀ 芒

22芒山

　　1/3/47

32芒洲花園

　　5/107/2158

62芒縣故城

　　1/12/236

4471₁ 老

17老子廟

　　2/30/647

老子山
3/56/1158

老子祠
1/12/236
3/56/1153

老子陵
2/25/535
2/30/647

老君祠
2/43/903

27 老烏山
3/65/1331

72 老丘城
1/1/11

甚

77 甚岡
4/83/1665

4471₂ 苞

44 苞茅山
8/闕逸/3867

4471₇ 芭

44 芭蕉山
5/107/2143

4472₂ 鬱

10 鬱平縣（廢）
7/165/3154

12 鬱孤臺
5/108/2175

22 鬱山
3/58/1192

31 鬱江
7/166/3174

44 鬱林水
7/165/3162

鬱林郡
7/165/3152

鬱林江
7/166/3173

鬱林州
7/165/3152

鬱林縣
7/166/3178

4472₇ 葛

10 葛平西墓
4/90/1796

15 葛璝山
3/73/1486

22 葛仙山
4/85/1700
5/106/2113

葛仙壇
5/106/2105
5/109/2202

葛仙觀
5/107/2153

葛仙公廟
1/11/202

葛仙公墓
4/90/1796

葛仙公搗藥山
5/107/2153

葛山
4/94/1897

26 葛伯城
1/7/135

32 葛溪水
5/107/2153

34 葛洪山
5/111/2259

40 葛塘湖
4/90/1779

43 葛城（故）
1/12/228

葛城戍
　1/17/332
44葛蘖故城
　3/58/1196
葛姥祠
　5/108/2178
74葛陂
　1/11/202
　1/11/206

4473_1 藝

20藝香山
　4/94/1893
25藝失州
　2/37/787

4473_2 莨

12莨弘祠
　1/3/49
　3/76/1541

4474_1 薛

17薛琡夢
　3/69/1400
43薛城（古）
　1/15/302

4477_0 甘

00甘亭
　2/26/554
甘亭戍
　6/133/2616
甘亭關
　6/133/2616
10甘露嶺
　1/12/228
甘露寺
　4/89/1761
12甘水
　7/162/3101
23甘峻山
　7/152/2942
26甘泉
　2/28/595
　2/36/757
　2/36/763
　5/109/2199
甘泉水
　5/111/2255
甘泉山
　2/31/665
　5/109/2196

5/111/2255
甘泉宮（隋）
　2/26/555
甘泉城（故）
　2/29/617
甘泉縣
　2/36/757
　3/79/1597
　4/88/1743
32甘州
　7/152/2940
甘溪
　7/157/3012
34甘遠山
　7/161/3090
40甘土坑
　1/21/446
43甘城
　1/1/5
　1/3/49
甘城（故）
　1/11/211
48甘松嶺
　3/81/1632
甘松縣
　3/81/1634

74甘陵

3/58/1201

80甘谷水

2/31/672

4477₇ 舊

00舊府城（平晉）

2/40/845

10舊石城

2/38/801

22舊崖州（廢）

7/169/3237

32舊州河（黃州）

6/131/2582

舊州城（黃州）

6/131/2582

62舊縣城（廢，稾城）

3/61/1250

舊縣城（平山）

3/61/1254

菅

32菅涔山

2/41/874

4480₁ 共

22共山

3/56/1158

27共叔段墓

3/56/1159

43共城縣

3/56/1157

其

00其章縣

6/139/2706

90其常縣

7/171/3278

楚

00楚廟

4/94/1881

楚襄王廟

6/132/2596

10楚平王祠

4/90/1793

6/142/2764

12楚水

6/141/2736

17楚子城

6/144/2799

22楚山

5/109/2202

6/141/2735

6/141/2738

30楚宮

6/148/2876

32楚州

6/124/2459

40楚女冢

6/142/2764

43楚城驛

5/111/2257

44楚莊王冢

6/146/2839

46楚相祠

6/127/2516

72楚丘城

3/57/1182

楚丘城（古）

1/12/223

楚丘縣

1/12/222

4480₆ 黄

00黃鹿谷

6/133/2615

黃帝祠
3/71/1429

黃帝冢
2/34/727

黃唐山
5/108/2174

黃衣水
3/55/1138

01黃龍廟
3/74/1503

黃龍灘
6/148/2874

黃龍縣
3/71/1446

10黃霸墓
1/2/26

黃石
1/13/254

黃石水
6/127/2510

黃石山
3/61/1257
5/117/2366

黃石溪
5/118/2378

黃石洞
5/108/2185

黃石城
5/112/2284

黃石公
3/80/1621

黃石公廟
1/17/336

20黃香冢
6/143/2785

22黃川城（故）
6/127/2513

黃岑山
5/117/2361

黃巖縣
4/98/1966

黃山
3/62/1275
5/105/2081
6/126/2496
6/146/2841

黃山宮（漢）
2/27/579

25黃牛山
6/133/2612
6/139/2705

6/147/2862

黃牛洲
5/106/2104

26黃白城
2/31/663

27黃魚山
3/79/1591

黃阜山
2/45/940

31黃河
1/2/27
1/5/67
1/5/78
1/6/93
1/6/99
1/6/101
1/6/106
1/6/111
1/9/161
1/9/164
1/9/170
1/13/253
1/13/256
1/14/274
1/19/381
1/19/387

1/19/392	3/54/1119	5/118/2377
2/35/746	3/54/1120	黄溪水
2/36/756	3/56/1152	1/11/200
2/36/762	3/57/1177	33黄浦
2/36/763	3/57/1178	4/94/1885
2/36/764	3/57/1179	34黄池
2/36/766	3/63/1292	1/1/8
2/37/780	3/64/1308	黄池縣
2/37/786	3/64/1309	4/88/1744
2/38/802	3/64/1313	35黄津江
2/38/811	3/64/1316	3/79/1600
2/41/876	3/65/1331	黄溝
2/42/886	7/155/2984	1/2/26
2/42/887	黄河(古)	3/57/1178
2/46/958	1/19/389	36黄澤
2/46/960	黄河(舊)	3/54/1114
2/46/961	3/64/1315	37黄洛水
2/48/1005	黄河孟津水	3/70/1419
2/48/1007	2/47/994	黄洛城
2/48/1013	黄河堰	3/70/1419
2/48/1014	2/37/780	38黄潸水
3/52/1080	黄源	4/82/1652
3/53/1098	5/106/2104	39黄沙城
3/54/1110	32黄州	6/126/2495
3/54/1111	6/131/2580	黄沙場
3/54/1118	黄溪	4/101/2020

40黃臺
　　1/7/133
　黃真人臺
　　5/109/2200
41黃頗墓
　　5/109/2200
　黃櫨谷水
　　2/48/1010
　黃板水
　　6/135/2644
43黃城
　　4/92/1844
　黃城（故）
　　1/20/412
　黃城山
　　6/142/2763
　　6/142/2764
44黃花水
　　3/55/1143
　黃花川
　　6/134/2628
　黃花山
　　4/101/2012
　黃花縣（廢）
　　6/134/2628
　黃華山

　　5/116/2352
　黃蘗務
　　7/150/2910
　黃蘗嶺
　　5/117/2366
　黃蘗山
　　4/94/1883
　　5/117/2362
　黃蘗澗
　　4/94/1885
47黃鶴樓
　　5/112/2279
　黃鶴山
　　4/89/1761
　　4/93/1866
　　5/112/2278
48黃墩湖
　　5/104/2061
　黃梅水
　　6/127/2509
　黃梅縣
　　6/127/2509
53黃成山
　　1/8/144
　　1/8/148
　黃戔谷

　　3/55/1138
60黃國故城
　　6/127/2512
62黃縣
　　1/20/412
70黃檗山
　　5/109/2209
71黃原水
　　2/35/738
　黃馬阪
　　1/5/73
74黃陂縣
　　6/131/2583
77黃岡縣
　　6/131/2582
　黃聞山
　　5/118/2380
　黃間山
　　6/129/2545
80黃金水
　　6/138/2692
　黃金山
　　5/111/2252
　黃金成
　　6/138/2692
　黃金縣（廢）

6/138/2692

87黄銀坑
　1/20/418
88黄竹山
　6/143/2786
　黄箱山
　5/117/2361
90黄堂
　4/91/1822
　黄卷阪
　1/6/106

蒝

76蒝陽宮
　2/26/554

蕒

43蕒城
　3/61/1258

蕢

22蕢山
　2/26/556

4490_0　樹

45樹樓山

2/36/765

4490_1　蔡

01蔡龍縣(廢)
　7/169/3228
12蔡水
　1/1/5
　1/2/29
　1/10/184
22蔡山
　6/127/2510
25蔡仲冢
　3/66/1345
26蔡伯喈墓
　1/1/6
28蔡倫宅
　5/115/2332
31蔡河
　1/7/135
32蔡州
　1/11/197
　蔡洲
　4/90/1779
74蔡陂縣城(廢)
　1/1/14
77蔡岡

1/11/202

4490_4　茶

12茶水
　5/115/2331
21嵖岈山
　1/20/422
22茶山
　4/101/2013
　6/127/2510
　7/161/3089
32茶溪
　5/115/2330
74茶陵
　6/124/2461
　茶陵縣
　5/115/2330

茬

44茬莈山
　1/15/299
　茬莈溝
　6/123/2447

葉

48葉檢縣(廢)

3/80/1621

62葉縣

1/8/146

80葉公廟

1/8/149

葉公龍

1/8/147

藥

10藥王山

5/106/2114

藥石水

1/20/423

37藥湖

5/106/2119

43藥城

1/12/233

47藥婦山

6/141/2730

44908 萊

22萊山

1/20/413

32萊州

1/20/414

44萊蕪故城

1/19/378

萊蕪縣

1/21/441

萊蕪監

1/21/445

76萊陽城（廢）

1/20/419

萊陽縣

1/20/418

44910 杜

10杜元凱墓

1/1/14

11杜預碑

6/145/2816

杜預墓

1/5/81

1/5/83

12杜水

2/30/643

17杜子恭墓

4/91/1825

21杜衍故城

6/142/2754

22杜山

7/157/3022

27杜郵亭

2/26/560

44杜若洲

3/55/1140

46杜如晦墓

2/25/527

53杜甫宅

3/72/1470

杜甫墓

5/115/2332

74杜陵

2/25/523

2/26/561

杜陵縣（廢）

7/158/3039

76杜陽縣城（漢）

2/30/644

44914 桂

10桂平縣

7/163/3126

22桂川縣

3/81/1636

桂嶺

5/117/2366

桂嶺山

7/161/3086

桂嶺縣
7/161/3086

桂山
7/159/3054
7/163/3118

30桂宮
2/25/536

31桂江
7/162/3101

32桂州
7/162/3097

桂溪縣
6/149/2891

42桂橋
4/92/1853

43桂城（故）
1/13/262

44桂林苑
4/90/1792

76桂陽水
5/117/2361

桂陽郡
5/117/2359

桂陽山
5/107/2158

桂陽縣
5/117/2366

桂陽監
5/117/2369

權

43權城（故）
3/61/1250

蘿

44蘿藦亭
2/40/852

4491_7 植

10植石廟
1/22/459

蘊

80蘊谷
2/27/586

4492_7 楠

32楠溪
4/99/1978

菊

12菊水
6/142/2755

31菊河
6/142/2758

菊潭縣（廢）
6/142/2755

32菊溪水
6/142/2755

4494_7 枝

31枝江縣
4/88/1744
6/146/2840

4496_0 枯

10枯下漳渠
3/58/1200

21枯上漳渠
3/58/1200

26枯白馬渠
3/63/1292

30枯漳河
3/54/1113
3/58/1202

3/63/1289

46枯柏

　1/12/237

楮

00楮亭山

　5/107/2151

橭

22橭山

　5/106/2109

4498₆ 横

10横石灘

　5/120/2391

22横嶺

　2/41/870

　横嶺山

　2/48/1006

　2/48/1008

　横山

　1/24/501

　2/38/801

　4/96/1929

　4/97/1952

　6/132/2594

横山郡

　7/166/3182

　横山縣

　7/166/3182

31横江廟

　5/112/2280

　横江浦

　6/124/2455

32横州

　7/166/3180

　横溪

　5/117/2361

33横浦廢關

　5/108/2184

42横橋

　2/25/526

　2/26/560

43横城（故）

　2/48/1011

45横槽原

　2/37/782

62横縣

　1/24/496

67横野軍

　2/51/1063

4499₀ 林

12林水源

　7/159/3054

21林慮山

　3/55/1143

　林慮縣

　3/55/1142

32林州

　7/171/3281

34林波州

　3/77/1556

47林胡

　2/49/1035

60林邑縣

　7/171/3281

71林歷山

　5/104/2066

80林谷水

　2/26/554

94林燒州

　3/77/1556

4499₁ 蒜

22蒜山

　4/89/1759

4514₃ 塼

43塼城
　1/11/210

4528₆ 幀

22幀山
　2/40/850

4593₂ 棣

32棣州
　3/64/1311

4594₄ 樓

40樓真山
　5/103/2051

77樓賢山
　3/76/1544

　樓賢觀
　3/76/1538

樓

00樓亭縣(廢)
　3/67/1363

10樓石山
　4/98/1965

　4/99/1981

22樓山
　2/48/1013
　7/170/3255

　樓山故縣
　2/48/1014

27樓船水
　7/160/3075

46樓觀
　2/30/647

77樓桑村
　3/69/1402

91樓煩郡
　2/41/871

　樓煩城
　2/41/875

　樓煩故城
　2/49/1029

　樓煩縣
　2/42/891

4600₀ 加

17加子洲
　4/90/1780

50加夷城
　3/67/1361

4601₀ 旭

22旭川縣
　4/85/1699

4621₀ 觀

00觀亭山
　7/157/3018

12觀水
　2/26/554

24觀峽山
　7/157/3018

27觀魚臺
　1/14/286
　5/107/2138
　6/128/2531

31觀江水
　7/157/3022

35觀津城
　3/63/1288

　觀津丘
　3/63/1288

40觀堆祠
　2/43/905

42觀獵城
　5/107/2139

43觀城縣
　3/57/1177

4622₇ 獨

12獨登山
　7/152/2946
　獨孤水
　4/85/1700
　獨孤山
　1/13/265
17獨子川
　2/42/891
20獨秀山
　3/76/1541
　7/162/3100
22獨山
　4/90/1792
　5/107/2137
27獨角山
　5/107/2137
44獨樹山
　1/11/203
47獨婦山
　4/96/1926
57獨擔山
　2/42/889

63獨戰山
　2/36/754
77獨母柴
　5/104/2067
　獨母冢
　1/12/231
88獨坐山
　4/82/1651

4626₀ 帽

22帽山
　7/167/3194
39帽澇水
　7/161/3090
　帽澇山
　7/161/3089

4640₀ 如

00如意泉
　2/36/763
　如離水
　7/166/3175
26如皋港
　6/130/2567
　如皋縣
　6/130/2566

　如和水
　7/166/3174
　如和縣
　7/166/3173
31如江縣
　7/168/3221
57如賴縣
　7/166/3182
60如墨山
　6/126/2495

4641₀ 妲

77妲己墓
　2/31/672

4654₀ 鞞

22鞞山
　2/50/1046

4680₆ 賀

12賀水
　7/165/3160
　7/168/3214
　賀水郡
　7/165/3159
　賀水縣(廢)

7/165/3160

27賀魯州

　2/37/787

31賀酒臺

　3/52/1079

32賀州

　7/161/3082

44賀蘭山

　2/36/764

　2/37/786

　5/108/2175

　7/155/2984

　賀蘭溪

　1/5/75

4690₀ 柏

12柏水

　7/154/2975

21柏仁驛

　1/6/111

22柏崖廟

　1/5/80

　柏崖城

　1/5/79

　柏山縣（漢）

　2/49/1035

27柏鄉故城

　3/59/1221

　柏鄉縣

　3/60/1234

30柏寢臺

　1/18/360

33柏梁臺

　2/25/532

37柏冢

　1/10/191

40柏柱

　6/148/2876

44柏坡州

　3/77/1561

　柏枝山

　6/149/2892

56柏暢亭

　3/60/1235

70柏壁

　2/47/985

74柏陵城

　3/68/1376

80柏人故城

　3/59/1221

　柏谷

　1/6/112

柏谷水

　1/6/101

柏谷亭

　1/6/111

柏谷塢

　1/5/74

相

22相山

　5/109/2207

　相山碑

　1/17/329

32相州

　3/55/1133

43相城（故）

　1/17/330

46相如縣

　4/86/1711

4691₃ 槐

12槐水

　3/60/1232

　3/60/1235

60槐里城

　2/27/578

4692₇ 楊

10楊震宅
　　1/6/111
　楊震墓
　　2/29/622
11楊班祠
　　2/35/739
17楊子洲
　　5/113/2302
　楊君神
　　6/135/2645
24楊緒水
　　1/19/390
26楊泉
　　2/51/1069
33楊浦
　　6/124/2455
40楊太祖墳
　　6/130/2574
43楊城（故）
　　2/43/901
44楊葉洲
　　5/105/2087
　　5/111/2258
53楊成公營

　　5/111/2263
73楊駿五公墓
　　1/6/103
　楊駿墳
　　3/60/1233
74楊陓澤
　　3/63/1285
　楊陂縣
　　3/79/1598

4694₀ 椑

椑
　　1/24/503

4702₇ 郲

00郲府臺
　　1/8/149
22郲山
　　1/3/47
43郲城縣
　　1/8/149

4712₀ 均

32均州
　　6/143/2778

4712₇ 壻

12壻水
　　6/133/2614

邔

22邔山
　　7/150/2904

邔

43邔城（古）
　　4/98/1961

4713₈ 懿

32懿州
　　3/81/1633

4720₇ 弩

71弩牙山
　　4/84/1682
　　5/112/2286

4721₇ 猛

74猛陵縣
　　7/164/3144

272

47220 狗

22狗嶺
2/35/746

狗山
3/58/1195

麴

80麴令祠堂
6/125/2481

47227 郁

24郁射州
2/37/787

50郁夷故城
2/32/687

鶴

22鶴嶺
5/106/2102

31鶴源水
5/106/2112

32鶴州
5/120/2399

36鶴澤
5/118/2382

37鶴洞山
7/167/3193

40鶴奔岡
7/164/3142

43鶴城（故）
1/2/31

67鶴鳴山
3/75/1525
3/75/1528
3/76/1541
4/87/1727
4/96/1929

77鶴門洞
5/111/2255

80鶴父亭
6/129/2549

47232 狼

10狼石
4/89/1761

47272 猛

22猛山
1/18/353

47282 歡

22歡樂井
6/129/2545

47286 獺

31獺河
1/19/390

47327 郝

32郝州
5/120/2399

47401 聲

22聲山
7/169/3240

32聲州
3/79/1601

聲溪
4/97/1947

47420 朝

10朝霧山
6/136/2658

17朝那
2/35/737

朝那湫淵祠
2/33/704

朝那城
2/32/694

朝歌故城
3/56/1157

24朝斛故城
1/17/330

27朝夕池
4/91/1822

28朝鮮城
3/70/1419

34朝斗壇
5/106/2110

40朝臺
7/157/3013

朝女山
4/85/1692

43朝城縣
3/54/1111

60朝邑縣
2/28/601

71朝阪
2/28/601

76朝陽城
1/19/394

朝陽故城
6/142/2752
6/142/2757

朝陽山
3/56/1155
3/77/1561

77朝閣山
6/137/2672

4742_7 婦

44婦姑城
1/1/16

鄭

62鄭縣
3/66/1347

鄭縣城（廢）
3/66/1348

4744_0 奴

00奴襄井
4/85/1697

04奴誥城
3/80/1618

20奴雞山
4/87/1731

40奴南山
4/87/1732

71奴厥山
4/87/1727

85奴缽山
3/76/1542

4744_7 好

40好女泉
2/29/621

64好時故城
2/31/672

好時縣
2/31/672

4760_1 磬

10磬石山
1/16/312
1/17/337

4760_9 馨

20馨香巖
5/107/2156

4762_0 胡

00胡度水

6/140/2721

胡亥陵

7/150/2909

17胡刀縣（廢）

5/121/2414

21胡盧河

2/32/692

2/33/706

26胡鼻山

6/139/2705

胡保山

6/142/2757

31胡江縣（廢）

5/121/2414

胡逗洲

6/130/2565

37胡洛鹽池

2/39/825

40胡奈山

3/74/1505

43胡城

1/11/209

44胡藩冢

5/106/2107

胡茂縣

4/88/1743

胡蘇河（古）

3/65/1332

胡蘇古亭

3/65/1334

46胡如水

3/75/1525

56胡蝗

3/63/1284

60胡甲水

2/40/850

80胡公山

2/42/886

4762₇ 郗

12郗水

6/145/2820

都

00都亭山

6/145/2820

都龐山

5/117/2362

都亮縣

7/168/3220

01都龍山

7/168/3216

04都護門

4/96/1931

21都上縣

5/121/2410

都盧山

2/33/705

7/151/2919

22都山

3/62/1275

27都黎縣

7/168/3221

都伊縣

7/168/3219

都督山

4/95/1911

都鄉城

3/70/1412

30都寧縣

4/88/1743

都安堰

3/73/1495

31都江

3/72/1470

都江水

3/72/1465

3/73/1487

都濡縣

　5/120/2398

32都溪

　5/116/2349

33都梁山

　1/16/317

都梁宮

　1/16/314

　6/124/2461

都梁驛宮

　1/16/319

34都波山

　5/122/2423

40都來水

　5/122/2422

都來山

　5/122/2423

43都城縣(廢)

　7/164/3135

44都茗山

　7/166/3174

48都救縣

　7/166/3182

50都夷縣

　7/168/3221

都東水

　5/120/2398

53都轄水

　7/166/3175

都感場

　7/168/3216

57都邦縣

　7/168/3218

60都恩縣

　7/168/3217

都田貴山

　2/49/1033

都昌古城

　1/18/365

都昌故城

　1/18/359

都昌縣

　5/111/2262

都圓浦

　4/100/1994

71都隴縣

　7/168/3219

80都善縣

　4/88/1744

88都竹水

　4/84/1680

都籠山

　7/166/3174

鵲

22鵲山

　3/52/1080

　3/59/1215

鵲山單林洞

　7/158/3041

53鵲甫亭

　6/128/2535

鄱

31鄱江

　3/75/1529

4772_0 切

74切騎州

　3/79/1604

4772_7 邯

22邯山

　3/56/1163

35邯溝故城

　3/58/1196

67邯鄲縣

　3/56/1163

4777₂ 馨

60馨口山

3/59/1217

4780₁ 起

80起義堂碑

2/40/847

4782₀ 期

43期城

1/1/9

60期思城

6/127/2516

期思縣(廢)

6/129/2552

4788₂ 欺

71欺阿崖

8/闕逸/3867

4791₀ 粗

22粗山

6/145/2820

楓

44楓林宮

6/123/2444

77楓岡寨

5/109/2209

4791₂ 枹

37枹罕縣

7/154/2969

4792₀ 柳

00柳亭城

3/65/1333

17柳子水

6/145/2815

22柳山

5/106/2116

26柳泉井

4/85/1697

30柳宿城

3/62/1275

31柳江

7/168/3213

柳河

3/59/1219

32柳州

7/168/3212

43柳城

1/10/192

柳城(故)

3/65/1333

柳城郡

3/71/1431

柳城縣

3/71/1432

44柳莨墓

5/111/2257

50柳中縣

7/156/2995

柳中路

7/156/2995

77柳居山

5/107/2155

80柳谷水

2/28/598

7/153/2963

柳公樓

5/107/2138

87柳舒故城

1/13/250

桐

00桐廬縣
　　4/95/1911
12桐水
　　5/103/2052
27桐鄉城
　　2/47/988
　桐鄉故城
　　2/46/969
30桐牢亭
　　1/1/9
31桐源山
　　5/103/2052
32桐溪
　　4/95/1912
37桐過縣城
　　2/49/1035
43桐城縣
　　6/125/2478
46桐柏山
　　4/96/1933
　　4/98/1968
　　6/132/2601
　　6/142/2761
　桐柏縣

　　6/142/2761
72桐丘城
　　1/2/33

枸

60枸邑故城
　　2/34/722

欄

41欄杆山
　　4/101/2016

4792₂ 杼

22杼山
　　4/94/1883
29杼秋城
　　1/15/303

4792₇ 桶

55桶井
　　4/85/1697

橘

32橘洲
　　5/114/2319

郴

12郴水
　　5/117/2362
32郴州
　　5/117/2359
62郴縣
　　5/117/2360

4794₀ 椒

72椒丘城
　　5/106/2105

4794₇ 殺

80殺谷
　　2/48/1012

穀

31穀江
　　4/97/1947

穀

04穀熟縣
　　1/12/224
12穀水
　　1/5/71

1/12/225

22穀山

　1/5/72

　5/108/2184

35穀神山

　6/145/2818

43穀城

　6/145/2818

　穀城（故）

　1/3/49

　1/13/254

　穀城山

　1/3/48

　1/13/251

　1/13/254

　穀城縣

　6/145/2817

72穀丘

　1/12/224

　穀丘故城

　3/63/1293

76穀陽城

　1/17/331

4796₄ 格

44格勒橋

5/107/2139

4810₇ 盩

71盩厔縣

　2/30/645

4816₆ 增

12增水

　7/157/3013

31增江

　7/157/3013

43增城縣

　7/157/3016

4826₁ 猶

32猶溪

　4/98/1967

4832₇ 驚

10驚雷山

　7/169/3231

12驚磯山

　5/112/2278

22驚川州

　3/77/1556

4841₇ 乾

23乾峨山

　4/87/1732

24乾德縣

　6/145/2822

27乾歸故城

　2/30/635

28乾谿水

　1/12/232

　乾谿臺

　1/10/190

30乾寧軍

　3/68/1379

　乾寧縣

　3/68/1380

32乾州

　2/31/670

　乾溪

　6/146/2845

34乾祐縣

　2/27/586

40乾坑

　2/28/597

44乾封縣

　1/21/443

73乾脯山
　　1/5/81

74乾陵
　　2/31/672

77乾闥婆城
　　7/157/3022

88乾符縣（廢）
　　3/65/1328

96乾燭谷
　　2/40/843

4842₇ 翰

70翰辟山
　　5/105/2081

4844₀ 教

22教山
　　2/47/992

4844₁ 幹

12幹水
　　7/167/3198

　幹水縣（廢）
　　7/167/3198

22幹山
　　4/96/1928

4860₁ 警

22警山
　　2/36/762

4864₀ 故

00故市城
　　1/9/168

07故望山
　　7/152/2942

38故道水
　　6/134/2628
　　6/134/2630

60故壘山
　　4/84/1674

敬

00敬亭山
　　5/103/2047

50敬本古城
　　2/39/830

4891₁ 槎

32槎溪
　　5/106/2110

4892₁ 榆

27榆多勒山
　　2/38/806

32榆溪山
　　3/58/1192

34榆社城（古）
　　2/44/927

　榆社縣
　　2/44/926

37榆次縣
　　2/40/850

43榆城溪
　　7/154/2970

44榆林郡
　　2/38/809

　榆林縣
　　2/38/810

　榆林關
　　2/38/811

50榆中縣故城（漢）
　　7/151/2927

4892₇ 粉

48粉榆社
　　1/15/301

4893₂ 松

17松子石笥
　5/108/2185
22松嶺山
　4/83/1667
31松江
　4/91/1822
　4/91/1828
　松源山
　7/171/3268
32松州
　3/81/1629
　松州都督府
　3/81/1633
　松溪縣
　4/101/2016
37松湖
　6/131/2583
38松滋縣
　6/146/2842
　松滋縣（廢）
　6/129/2551
44松林巖
　5/108/2185
　松林宮

　6/123/2444
60松果山
　2/29/621
74松陵
　4/91/1828
77松關嶺
　4/83/1667
　松門嶺
　2/45/943
　松門山
　5/106/2102

4894₀ 枚

20枚乘宅墓
　6/124/2463
36枚迴洲
　6/146/2835

橄

48橄欖山
　7/162/3105

4895₇ 梅

00梅市
　4/96/1932
17梅君山

　4/101/2013
22梅嶺
　5/108/2183
　5/110/2238
　梅嶺岡
　4/90/1777
　梅山
　1/9/167
　6/126/2497
31梅福宅
　5/106/2107
　梅福池
　5/106/2107
32梅州
　7/160/3072
　梅溪
　4/100/2001
　6/142/2753
　梅溪水
　7/158/3037
　梅溪山
　4/94/1891
37梅澳湖
　4/96/1935
43梅城（故）
　1/12/231

47梅根山
　　5/105/2090
62梅縣城（廢）
　　6/125/2477

4898₁ 樅

76樅陽湖
　　6/125/2479
　樅陽故城
　　6/125/2480

4928₀ 狄

21狄仁傑祠
　　3/54/1109
22狄山
　　3/53/1097
38狄道
　　7/151/2927
　狄道縣
　　7/151/2928

4980₂ 趙

00趙襄子城
　　2/40/850
13趙武靈王墓
　　2/51/1064

17趙君祠
　　3/67/1367
　趙郡
　　3/60/1229
23趙佗墓
　　3/61/1251
　　7/157/3016
30趙家山
　　5/116/2351
32趙州
　　3/60/1229
34趙瀆
　　4/94/1894
40趙臺城
　　1/19/381
　趙奢墓
　　3/56/1165
　趙奢壘（故）
　　2/44/926
43趙城
　　2/43/906
　趙城縣
　　2/43/905
50趙屯城（古）
　　5/111/2258
72趙盾廟

　　2/47/987
　趙盾祠
　　2/47/989
　趙盾墓
　　1/19/393
88趙簡子廟
　　2/43/906
　趙簡子祠
　　3/67/1362
　趙簡子臺
　　3/56/1165

5000₆ 中

00 中廬縣
　　6/145/2818

07 中部郡
　　2/35/739

　　中部縣
　　2/35/740

12 中水城（故）
　　3/63/1295

20 中受降城
　　2/39/830

22 中川州
　　3/77/1557

　　中山
　　2/31/665
　　4/90/1792

　　中山故城
　　3/62/1270

　　中山夫人廟
　　1/14/276

23 中牟臺
　　1/2/28

　　中牟縣
　　1/2/27

26 中白渠

　　2/26/564

27 中條山
　　1/5/79
　　1/6/97
　　1/6/105
　　2/46/954
　　2/46/960
　　2/46/964
　　2/46/966

30 中宿峽
　　7/157/3018

31 中江
　　3/76/1538
　　3/76/1543

　　中江水
　　3/76/1540
　　3/76/1542
　　4/82/1649

36 中渭橋
　　2/26/560

37 中祠山
　　1/20/420

　　中郎城
　　1/20/413

38 中泠泉
　　4/89/1760

40 中臺山
　　2/49/1028

42 中橋
　　1/3/47

47 中都城
　　2/41/870

　　中都故城
　　2/40/851

　　中都故縣
　　2/41/869

　　中都縣
　　1/13/252

60 中易水
　　3/67/1359

　　中邑
　　3/65/1327

76 中陽山
　　6/142/2764

77 中留縣
　　7/162/3107

80 中人亭
　　3/62/1275

申

33 申浦
　　4/92/1851

67申明公城
　　5/118/2377

車

00車膚山
　　3/75/1526

12車水渦
　　2/29/621

74車騎崖
　　4/86/1710

　車騎城
　　6/138/2695

77車岡山
　　3/74/1504

88車箱城
　　2/47/993

　車箱谷
　　2/29/621

5001₄ 推

48推梅州
　　3/77/1557

擁

60擁思茫水
　　4/85/1695

　　4/85/1701

5001₇ 抗

33抗浪山
　　5/107/2140

5003₀ 夫

21夫槩廟
　　4/94/1896

47夫椒山
　　4/92/1842

50夫夷故城
　　5/115/2335

80夫人城
　　3/61/1256
　　6/145/2817

5003₂ 夷

10夷王墓
　　3/73/1487

12夷水
　　6/147/2865

　夷水縣
　　7/168/3219

22夷山故城
　　6/147/2862

28夷儀嶺
　　3/59/1215

　夷儀城（故）
　　3/59/1216

30夷安澤
　　1/24/504

　夷牢水
　　5/121/2413

　夷賓州
　　3/71/1441

32夷州
　　5/121/2408

　夷洲
　　4/98/1965

37夷郎川
　　3/74/1505

38夷道縣城（故）
　　6/147/2863

44夷蒙縣
　　7/168/3219

　夷獠誓碑
　　3/74/1504

47夷都山
　　3/79/1594

60夷里橋
　　3/72/1465

74夷陵郡
　6/147/2860
　夷陵縣
　6/147/2862
77夷門
　1/1/4
94夷惜水
　3/74/1511

5004₄ 接

32接溪山
　6/135/2645

5004₇ 掖

12掖水
　1/20/417
62掖縣
　1/20/416

5010₆ 畫

20畫重州
　3/77/1556
30畫扇峯
　6/146/2834
60畫邑
　1/18/356

5010₇ 盇

27盇漿
　2/46/965

5013₂ 泰

22泰山
　1/21/443
　7/159/3056
　泰山（靈州）
　2/36/762
23泰戲山
　2/49/1030
26泰和臺
　5/109/2202
32泰州
　6/130/2564
77泰興縣
　6/130/2566

5014₈ 蛟

01蛟龍池
　1/2/25
　蛟龍神祠
　4/84/1679
55蛟井

5/106/2104
5/114/2323

5022₇ 肅

32肅州
　7/152/2944

青

00青衣水
　3/74/1505
　3/77/1553
　3/79/1593
　6/142/2764
　青衣山
　3/74/1510
　青衣神
　3/74/1510
　青衣津
　3/74/1510
01青龍岡
　5/108/2184
　青龍山
　1/5/69
　2/38/801
　5/108/2185
10青石山

1/21/442

4/87/1728

6/136/2657

青石縣

4/87/1728

青雲浦

5/106/2104

12青水

1/9/167

6/140/2724

20青嶂山

4/99/1979

21青盧縣

4/88/1744

22青巖山

7/152/2937

青嶺原

2/37/782

青山

2/43/907

3/59/1223

4/90/1794

4/92/1853

4/93/1867

4/94/1893

青山州

3/71/1446

青山橋

4/92/1842

青山縣

3/71/1446

青山縣(廢)

3/59/1222

24青化水

2/36/757

青綺門

2/25/525

32青州

1/18/349

35青神城(故)

3/74/1506

青神縣

3/74/1505

37青泥嶺

6/135/2645

青潤水

7/152/2939

青冢

2/38/806

39青沙峴

1/23/487

40青壇

5/114/2323

青檀山

3/57/1184

41青梧觀

2/30/646

43青城山

3/73/1495

青城縣

3/73/1495

青城縣(廢)

6/125/2483

44青坡道

2/49/1036

青草湖

5/113/2301

5/113/2302

青草縣

7/158/3044

青林湖

6/127/2510

48青松山

7/152/2942

58青蛉縣

3/79/1597

60青田縣

4/99/1984

71青原
2/29/623

72青丘
1/1/8
1/18/360

74青陵臺
1/7/130
1/14/281

76青陽務
7/150/2910

青陽縣
5/105/2087

77青鳳山
6/141/2738

青岡
6/129/2546

青眉山
2/36/758

78青鹽澤
2/36/763

80青羊肆
3/72/1468

5033_3　惠

22惠山寺
4/92/1845

24惠佳縣
7/166/3182

30惠安縣
4/102/2032

32惠州
7/160/3067

5033_6　忠

22忠山
4/86/1716

32忠州
6/149/2888

44忠孝亭
4/90/1782

90忠黨山
7/164/3139

5040_4　妻

47妻墦山
5/104/2069

婁

37婁湖
4/90/1778

5043_0　奏

01奏龍州
3/79/1602

5044_7　冉

22冉山縣
3/78/1581

25冉仲弓墓
3/54/1110

32冉州
3/78/1581

55冉耕墓
1/5/79

5050_3　奉

02奉新縣
5/106/2113

奉新縣（故）
5/113/2308

10奉天縣
2/31/671

24奉化縣
4/98/1961

奉德縣
3/81/1634

32奉州

　　3/81/1634

　　4/88/1744

43奉城（故）

　　6/146/2837

60奉國山

　　5/113/2304

　奉國縣

　　4/86/1717

67奉明園

　　2/25/538

88奉節縣

　　6/148/2873

5050₇　毒

44毒草城

　　3/79/1595

5055₆　轟

50轟轟廟

　　2/43/905

5060₀　由

00由文縣

　　7/171/3282

10由吾大夫廟

1/22/464

90由拳山

　　4/93/1868

　由拳縣（故）

　　4/95/1915

5060₁　書

90書堂

　　7/159/3056

　書堂山

　　5/109/2199

5060₃　春

31春江亭

　　6/123/2445

32春州

　　7/158/3040

37春洞

　　5/106/2119

44春草宮

　　6/123/2444

5071₇　屯

43屯城（古）

　　1/16/314

72屯氏河

3/54/1107

　　3/54/1110

　　3/54/1112

　　3/65/1333

77屯留縣

　　2/45/941

5077₇　春

22春山

　　5/116/2344

74春陵古城（廢）

　　5/116/2344

　春陵故城

　　6/144/2798

5080₆　貴

10貴平山

　　4/85/1694

　貴平縣

　　4/85/1694

12貴水

　　5/107/2158

31貴源山

　　5/107/2157

32貴州

　　7/166/3177

288

貴溪
　4/94/1884

貴溪水
　6/138/2696

貴溪山
　5/107/2156

貴溪縣
　5/107/2155

34貴池
　5/105/2086

貴池縣
　5/105/2086

44貴林州
　3/77/1562

5090₀ 未

50未央宮
　2/25/536

末

41末柸城
　3/58/1199

耒

12耒水
　5/115/2331

22耒山
　5/117/2364

76耒陽縣
　5/115/2331

5090₂ 棗

16棗强城（故）
　3/63/1289

棗强縣
　3/63/1288

30棗户城
　2/49/1027

72棗丘
　1/10/189

76棗陽縣
　6/144/2798

5090₃ 素

22素嶺山
　6/134/2635

31素河水
　3/70/1419

5090₄ 秦

00秦亭
　1/14/277

07秦望山
　4/93/1865
　4/95/1915
　4/96/1928

10秦王廟
　2/32/688

秦王鑄劍鑪
　2/32/688

12秦水
　3/74/1511

21秦上州
　3/77/1561

22秦川山
　5/116/2349

秦嶺山
　1/6/106
　2/32/690
　6/141/2735

秦山
　1/6/106
　5/116/2345
　6/141/2739
　7/161/3086

23秦臧縣
　3/79/1596

30秦淮

4/90/1783

秦宓宅
3/72/1469
3/73/1492

秦宮
1/20/411

31秦河
2/44/921

32秦州
7/150/2897

37秦鑿渠
7/162/3103

40秦柱山
4/91/1828

43秦城
2/32/687

秦娥峯
5/108/2177

秦始皇陵
2/27/583

49秦趙二壁
2/44/919

秦趙城
1/5/71

63秦獸圈
2/25/525

72秦丘
1/10/188

80秦人峯
5/110/2241

囊

12囊水
1/6/94

5090₆ 束

00束鹿縣
3/61/1257

42束皙墓
3/54/1109

43束城縣
3/66/1344

87束鋒州
3/77/1555

東

00東方朔廟
3/65/1329

東方朔祠
3/64/1309

東府齋
6/123/2444

東府城
4/90/1787

東離狐城
3/57/1185

10東墅縣
7/168/3216
7/171/3279

東下密縣(廢)
1/18/364

東平郡
1/13/247

東平憲王陵
1/13/250

東平場
4/101/2021

東平思王墓
1/13/250

東平縣(廢)
1/13/251

東天井
6/146/2835

東西湖
4/92/1842

12東水
4/86/1717
4/86/1718

13 東武
4/96/1925

東武垣城
3/66/1343

20 東受降城
2/39/829

東維水
6/134/2632

21 東熊洲
7/157/3021

22 東川州
3/77/1562

東嶽廟
1/21/443

東山
3/55/1142
4/99/1977

23 東偏城
1/7/129

東牟郡
1/20/406

東牟故城
1/20/410

26 東魏二陵
3/56/1162

東嵎

4/85/1693

27 東黎故城
3/57/1185

東鄉縣
6/137/2679

30 東流縣
5/105/2090

東濠水
6/128/2532

東安縣
3/79/1594
5/116/2351

東安故城
1/22/462

東安陽縣（漢）
2/49/1035

東究山
7/170/3257

東官郡故城
7/157/3015

32 東溪
4/94/1885
5/103/2047

東溪水
6/149/2889

33 東漻水

6/132/2596

東浦亭
4/92/1849

34 東斗山
7/165/3154

東池堡
2/43/908

35 東神山
2/38/806

36 東溫嶺
5/117/2364

37 東湖
5/106/2103
5/107/2137

東湖橋
5/107/2139

38 東海王故城
1/17/335

東海郡
1/22/456

東海縣
1/22/462

東遊水
6/139/2707
6/140/2721

40 東南縣

291

5/122/2430

東嘉梁州

3/77/1558

東壽光

1/18/358

41 東垣縣(宋)

1/5/79

43 東城(廢)

6/128/2535

44 東莞

3/65/1334

東莞縣

7/157/3019

東蒙山

1/23/483

東華山

5/114/2318

6/139/2710

東萊郡

1/20/414

47 東期城

1/12/228

53 東輔山

2/44/922

56 東捍海堰

1/22/463

60 東田

4/90/1790

東昌故城

3/63/1288

東昌故縣

5/109/2211

67 東明縣

1/2/34

71 東陘關

2/49/1028

東阿故城

1/13/250

1/13/255

東阿縣

1/13/253

東區縣

7/163/3125

7/168/3218

72 東昏故城

1/2/34

74 東陵山

1/19/391

東陵聖母廟

6/123/2445

東陵縣

3/81/1633

75 東陳縣(廢)

6/125/2483

76 東陽郡

4/97/1948

東陽山

1/16/318

東陽江

4/97/1951

東陽城

1/18/353

1/18/359

東陽故城

1/16/319

3/58/1203

東陽縣

4/97/1951

77 東丹水

1/18/366

東巴縣(廢)

6/140/2723

東關

6/124/2458

東關水

6/137/2676

6/137/2679

東關山

6/126/2496

東關故郡城

　6/137/2678

東關縣

　4/82/1655

東門池

　1/10/187

東門故城

　3/60/1238

78東鹽州

　7/156/2998

90東光縣

　3/68/1378

5101₀　輥

99輥榮州

　3/77/1561

5101₁　輕

12輕水縣

　5/122/2430

5102₀　打

26打鼻山

　3/74/1503

5103₂　振

13振武軍

　2/38/804

74振陂

　3/65/1329

77振履堆

　2/32/692

5104₁　攝

22攝山

　4/90/1785

43攝城（故）

　3/54/1121

5106₀　拓

30拓定故城

　2/48/1007

32拓州

　3/80/1613

62拓縣

　3/80/1614

63拓跋陵

　2/49/1028

5111₀　虹

43虹城（故）

　1/17/329

62虹縣

　1/17/329

5112₇　蠣

22蠣山

　1/22/460

5178₆　頓

43頓城

　3/54/1111

72頓丘城（廢）

　6/128/2527

頓丘縣

　3/56/1157

　3/57/1175

頓丘縣（古）

　3/57/1178

5202₁　折

26折泉

　1/24/503

40折塌城

2/34/723

60折羅漫山
7/153/2963

5204₁ 挺

43挺城
1/20/419

5206₄ 括

44括蒼山
4/98/1963

括蒼山洞
4/99/1983

5206₉ 播

22播川郡
5/121/2411

32播州
5/121/2411

37播郎縣
4/88/1744

43播狼州
3/79/1602

60播羅縣
4/88/1743

74播陵州

3/79/1604

播陵縣
4/88/1744

5209₄ 採

44採菱亭
5/118/2383

採菱城
5/115/2336

50採掠山
2/49/1034

5211₀ 虬

22虬嶺
5/106/2114

5216₉ 蟠

01蟠龍山
5/109/2198

5225₇ 靜

見 5725₇ 静

5302₇ 輔

80輔公祐城
4/90/1790

5304₇ 拔

12拔延州
2/37/787

拔延山
7/155/2984

5310₇ 盛

22盛山
6/137/2672

盛山郡
6/137/2670

盞

10盞石
1/20/418

5311₁ 蛇

01蛇龍山
6/138/2698

77蛇骨洲
5/111/2265

5315₀ 蛾

32蛾州
3/81/1635

77蛾眉山
4/93/1866

5318₆ 蠵

32蠵洲
5/107/2137

5320₀ 戌

50戌夫山
2/49/1030

成

10成平故城
3/66/1346
13成武縣
1/14/285
22成山
1/20/411
1/20/417
26成皋故關
3/52/1081
27成鄉
1/24/499
成紀縣
7/150/2900
30成宜

2/38/808
成安縣
3/54/1115
32成州
7/150/2905
47成都市
4/85/1700
成都江
3/72/1470
成都城
3/72/1466
成都縣
3/72/1463
60成國渠
2/30/638
80成公綏城
3/57/1182

威

21威虜軍
3/68/1381
24威化縣
3/71/1438
32威州
3/71/1438
34威遠縣

4/85/1700
79威勝軍
2/50/1043

戚

50戚夫人冢
2/26/562

咸

30咸寧郡
2/35/743
咸寧城(廢)
2/35/745
咸安郡
6/139/2708
32咸州
3/79/1601
76咸陽故城
2/26/557
2/40/852
咸陽縣
2/26/556

感

見 5333₀ 感

295

5322₇ 甫

22甫嵐州
3/77/1561

44甫蓴州
3/77/1562

5333₀ 感

26感泉山
4/90/1793

60感恩水
7/169/3234

感恩縣
7/169/3233

80感義郡
7/158/3042

感義縣（廢）
7/158/3044

5340₀ 戎

32戎州
3/79/1589

43戎城縣
7/164/3141

5401₄ 挂

82挂劍臺
1/16/312

5401₆ 掩

22掩山
5/116/2345

33掩浦
4/94/1885

5401₇ 軌

32軌州都督府
3/81/1635

5403₀ 軑

62軑縣（古）
6/127/2514

5404₇ 披

00披衣山
6/139/2713

60披甲湖
6/146/2843

5413₄ 蟆

71蟆頤山
3/74/1502

5416₁ 蜡

37蜡湖
4/102/2034

5500₀ 井

11井研縣
4/85/1694

22井山
5/110/2235

40井九山
4/88/1747

43井城葭蘆澤
2/37/783

71井陘故關
2/50/1052

井陘口
3/61/1252

井陘水
3/61/1251

井陘縣
3/61/1252

80井谷關
2/45/938
84井鑊山
4/85/1695

5502₇ 拂

10拂雲堆
2/38/811
2/39/828

5503₀ 扶

00扶六水
6/139/2710
22扶樂故城
1/2/29
24扶德州
3/79/1603
4/88/1742
扶德縣
4/88/1742
4/88/1745
27扶黎故城
3/71/1433
扶緣山
7/171/3270
32扶州

6/134/2635
扶州（廢）
6/134/2634
35扶溝城（古）
1/2/33
扶溝縣
1/2/32
40扶南郡
7/171/3283
扶南縣
7/171/3283
扶來縣
4/88/1744
44扶蘇冢
2/34/726
2/38/800
扶蘇城
1/10/190
扶蘇陵
7/151/2920
扶萊縣（廢）
7/167/3193
47扶歡縣
5/122/2427
扶柳故城
3/63/1285

76扶陽城
1/15/304
扶陽場（廢）
5/115/2336
扶陽故城
1/12/232
扶陽縣
5/121/2416
77扶風郡
2/30/632
扶風縣
2/30/636

5504₃ 轉

24轉鮒
1/20/417
80轉鐘潭
5/109/2197

5510₀ 蚌

43蚌城
6/146/2837

5512₇ 蜻

58蜻蛉水
3/79/1600

蜻蛉縣

3/80/1621

5560₀ 曲

12曲水

1/12/235

曲水縣

4/88/1743

6/134/2632

22曲嶺縣

3/81/1635

27曲阜縣

1/21/434

曲郵亭

2/27/582

31曲江

5/106/2109

7/159/3055

曲江池

2/25/530

曲江縣

7/159/3053

曲河

3/56/1164

32曲州

3/79/1594

3/79/1604

曲沃

1/6/94

曲沃縣

2/47/987

33曲梁宮（秦）

2/31/663

34曲池水

5/112/2278

37曲洛

1/5/82

曲洛溝

3/70/1413

53曲成故城

1/20/417

76曲陽城（古）

6/128/2534

曲陽故城

1/22/461

曲陽縣

3/62/1276

77曲周縣

3/58/1194

5560₆ 曹

22曹嵩墓

1/23/482

曹山

6/128/2531

23曹參冢

2/26/562

32曹州

1/13/257

34曹洪宅

3/55/1137

40曹南山

1/13/258

1/13/265

43曹城

1/5/74

1/19/388

曹城（故）

6/132/2602

曹娥碑

4/96/1935

44曹恭王廟

4/91/1829

50曹由洲

5/113/2300

曹屯湖

6/146/2843

76曹陽墟

1/6/94

曹陽城

　　1/6/101

80曹公臺

　　1/2/28

曹公城（故）

　　1/24/502

曹公故城

　　3/57/1185

曹公壘

　　2/45/942

曹公固

　　3/65/1330

5580₁ 典

55典農城

　　2/36/765

5580₆ 費

32費州

　　5/121/2414

43費城

　　1/12/236

費城（故）

　　1/23/483

62費縣

1/23/482

費縣城（故）

　　4/90/1787

5580₉ 燹

32燹溪水

　　5/122/2424

　　5/122/2425

　　6/136/2662

38燹道縣

　　3/79/1591

5599₂ 棘

10棘下

　　1/18/353

12棘水

　　6/142/2757

35棘津故城

　　3/63/1289

43棘城

　　1/1/6

　　1/12/234

　　3/71/1434

76棘陽故城

　　6/142/2762

77棘門

2/26/559

6/129/2545

5600₀ 拍

88拍笑亭

　　5/107/2142

5602₇ 揚

30揚之水

　　5/104/2060

32揚州

　　6/123/2441

揚州城（古）

　　4/90/1788

5603₂ 轅

54轅轘山

　　1/5/73

5604₁ 捍

47捍胡城

　　2/40/846

5608₀ 軹

38軹道

　　2/25/524

43 軹城（古）
3/53/1095

62 軹縣故城
3/52/1085

77 軹關（故）
3/52/1085

5608₁ 提

10 提石山
7/166/3179

5613₄ 蜈

58 蜈蚣山
5/111/2263

5619₃ 螺

00 螺亭石山
5/108/2175

17 螺子山
5/111/2253

22 螺山水
3/71/1436

31 螺江
4/100/1993

32 螺洲
5/107/2138

77 螺岡
7/169/3231

5701₂ 抱

17 抱子山
5/116/2354

24 抱犢山
1/15/302
1/23/484
2/45/942
3/61/1252
3/61/1256

5702₀ 軥

20 軥觤洲
5/106/2104

輞

22 輞山
5/112/2277

5702₇ 邦

32 邦州
5/120/2399

擲

88 擲筆峯
5/111/2253

5704₇ 投

01 投龍洞
5/106/2114

17 投醪河
4/96/1930

5706₁ 擔

10 擔石湖
5/106/2103

5706₂ 招

20 招信縣
1/16/320

72 招隱山
4/89/1762

77 招屈亭
5/115/2336

80 招義山
7/167/3198

5707₂ 掘

26掘鯉淀
3/66/1347

74掘陵原
2/31/660

5714₇ 蝦

21蝦虎城
4/92/1846

5722₇ 郕

47郕都故城
1/14/276

5725₇ 静

00静方縣
3/81/1634

22静川郡
3/81/1640

静巖山
2/41/871

静山
5/112/2278

静樂縣
2/41/873

31静福山
5/117/2367

32静州
3/81/1640

36静邊州都督府(廢)
2/38/804

静邊井
3/75/1526

38静海縣
6/130/2568

40静南縣(廢)
4/88/1748

44静蕃縣
3/71/1440

53静戎郡
3/80/1612

静戎軍
3/68/1384

77静居縣
3/81/1641

5742₇ 鄿

31鄿江水
4/82/1654

38鄿道
4/82/1650

62鄿縣
4/82/1649

72鄿丘
1/11/209

邨

40邨吉州
2/37/787

5743₀ 契

32契州
5/120/2399

60契吳山
2/37/786

契吳城
2/37/785

5750₂ 擊

44擊鼓山
5/103/2050

5790₃ 繋

01繋龍橋
3/74/1503
3/75/1530

21繋虎橋

5/107/2139

27繫舟山

　2/41/874

　2/42/889

71繫馬山

　1/20/414

5798₆ 賴

00賴應山

　4/82/1653

10賴王山

　4/87/1728

17賴子井

　4/85/1698

28賴倫井

　4/85/1697

30賴賓井

　4/85/1697

32賴溪

　4/85/1701

34賴婆山

　4/88/1747

　賴婆溪

　4/88/1747

37賴溲井

　4/85/1698

賴郎井

　4/85/1697

賴郎溪

　4/86/1712

47賴胡儒井

　4/85/1698

60賴因井

　4/85/1697

5802₇ 擒

60擒昌故城

　2/43/902

輪

40輪臺州都督府

　7/156/2998

　輪臺縣

　7/156/2997

55輪井

　1/20/416

　3/61/1255

5803₁ 撫

12撫水州

　5/120/2399

　7/168/3221

撫水縣

　7/168/3221

30撫寧縣

　2/38/804

32撫州

　5/110/2231

5803₇ 輇

42輇橋

　1/6/99

5810₁ 整

32整州

　5/120/2399

5824₀ 敖

07敖鄗山

　3/52/1082

22敖嶺

　5/106/2120

　敖山

　1/9/169

　1/23/486

80敖倉城

　1/9/169

敷

10敷西城
　　2/29/622

18敷政縣
　　2/36/756

33敷淺水
　　5/111/2260

　敷淺山
　　5/107/2135

5829₈ 黎

00黎亭
　　2/27/585

43黎城
　　2/27/584

5833₆ 鳌

12鳌水
　　6/143/2787

5871₇ 黿

12黿水
　　6/139/2711

5877₂ 嶅

22嶅山
　　7/159/3061

5911₄ 螳

57螳螂山
　　1/23/481
　　3/79/1595

6001₄ 睢

12睢水
　　1/2/24
　　1/12/220
　　1/17/328
　　1/17/338

35睢溝
　　1/1/10

74睢陵
　　1/16/317

　睢陵故城
　　1/17/336

76睢陽郡
　　1/12/218

6002₇ 昉

44昉村
　　5/104/2062

6006₁ 暗

22暗山
　　5/122/2422

6010₀ 日

40日南郡

7/171/3273

日南縣

7/171/3269

44 日勒城

7/152/2943

72 日斤川

2/48/1010

2/48/1015

6010₁ 目

22 目嶺水

7/159/3055

目巌山

7/163/3122

6010₄ 里

40 里克墓

2/47/988

星

10 星石山

5/107/2151

17 星子縣

5/111/2261

墨

22 墨山

1/20/423

3/56/1155

6/142/2758

34 墨池

1/6/95

4/96/1930

6010₇ 疊

10 疊石溪

7/168/3216

32 疊州

7/155/2985

44 疊地山

7/157/3022

6011₃ 晁

84 晁錯墓

1/7/128

6012₇ 蜀

12 蜀水

5/106/2119

17 蜀郡

3/72/1457

22 蜀川縣

3/74/1506

蜀山

3/72/1464

3/78/1575

24 蜀先主宅

3/69/1400

蜀先主惠陵

3/72/1469

27 蜀侯神

3/73/1489

31 蜀江

3/72/1464

6/146/2841

6/146/2842

6/147/2867

蜀江門灘

5/120/2392

32 蜀州

3/75/1527

77 蜀岡

6/123/2443

6/130/2574

6015₃ 國

22國山
　　4/92/1846

　國山城
　　4/92/1849

6021₀ 四

07四望墅
　　5/109/2214

　四望水
　　3/74/1510

　四望山
　　4/90/1784
　　7/151/2924

　四望湖
　　1/19/385

　四望城
　　1/11/201

　四望故城
　　1/11/204

22四鼎山
　　6/126/2494

24四皓廟
　　2/25/526

　四皓墓

　　6/141/2735

26四白山
　　6/137/2677

27四角冢
　　1/2/33

30四流山
　　6/127/2508

34四瀆口
　　3/54/1118

38四海場
　　6/124/2465

40四十九頭山
　　5/122/2428

60四口故關
　　3/54/1118

　四口關
　　1/19/392

　四見山
　　3/56/1163

64四時祠
　　1/24/494

67四明山
　　4/96/1934
　　4/98/1960
　　4/100/1996

75四隝山

　　6/124/2457

80四會縣
　　7/157/3019

見

40見在井
　　1/16/315

6021₁ 晃

32晃州
　　5/120/2399

6022₇ 易

00易京城
　　3/66/1347
　　3/70/1414

12易水
　　3/66/1344
　　3/66/1347
　　3/70/1414

31易河
　　3/67/1364

32易州
　　3/67/1356

39易洸墓
　　5/109/2200

62易縣
　3/67/1358

圃

60圃田澤
　1/2/28
　1/9/167

6022_8 界

16界碑(漳南)
　3/58/1202
22界山
　4/95/1911
45界樓故城
　6/126/2493

6023_2 園

30園客祠
　1/13/261

6032_7 罵

60罵晉山
　6/143/2785

6033_0 思

00思唐山

　5/122/2422
01思龍
　7/168/3218
03思誠州
　7/166/3175
　7/166/3176
10思玉山
　7/166/3174
　思王山
　5/122/2422
　思王縣
　5/122/2422
　5/122/2432
　思靈島
　7/169/3232
13思琅州
　7/166/3176
17思邛水
　5/122/2423
　思邛山
　5/122/2422
　思邛縣
　5/122/2423
　思子宮故城
　1/6/107
20思傍水

　7/165/3162
21思順州
　3/71/1439
　7/168/3217
22思後園
　2/25/535
23思峨州
　4/88/1744
　思峨縣
　4/88/1744
27思黎山
　7/168/3216
　思鄉水
　7/169/3228
　思鄉城
　2/26/556
30思安縣
　3/81/1634
　7/164/3144
　思良江
　7/164/3143
　思寮縣
　7/168/3219
31思源州
　5/120/2399
32思州

5/122/2420

34思遠山

6/140/2720

37思湖

4/89/1765

38思渝縣

5/122/2432

44思勤縣(廢)

7/163/3124

思蒙水

3/74/1505

思耆山

7/164/3135

思黄金山

7/164/3135

47思柳水

7/171/3270

48思乾井

7/161/3091

60思恩州

7/166/3176

思恩縣

7/168/3220

7/171/3283

思晏江水

4/88/1742

思晏縣

4/88/1744

67思明州

7/166/3176

思明州(廢)

7/158/3046

70思璧州

2/37/787

72思剛州

7/166/3176

76思陽縣

7/168/3221

77思同州

7/166/3176

80思公山

6/140/2724

88思籠縣(廢)

7/166/3173

99思勞洞

7/164/3137

恩

10恩平郡

7/158/3037

恩平江

7/158/3039

恩平縣(廢)

7/158/3039

32恩州

7/158/3037

76恩陽縣

6/139/2705

6033₁ 黑

01黑龍山

7/160/3071

黑龍津

2/25/530

12黑水

2/37/786

3/75/1531

3/79/1591

3/79/1593

3/80/1617

6/133/2615

6/134/2635

7/152/2942

22黑嶺山

2/44/922

黑山

1/1/8

2/43/903

3/56/1155

3/59/1217

3/59/1223

43黑城

2/36/756

76黑陽山

1/2/27

77黑兒嶺

2/48/1011

6033₂ 愚

80愚公山

1/18/355

愚公谷

1/18/355

6034₃ 團

00團亭港

6/125/2479

團亭湖

6/125/2479

43團城

2/41/868

2/48/1014

60團圓山

2/48/1014

6039₆ 黥

40黥布墳

5/107/2138

6040₀ 田

32田州

7/166/3175

7/166/3176

7/166/3182

44田橫島

1/20/420

田橫墓

1/5/83

田橫固

1/22/464

55田井

4/85/1697

旱

22旱山

7/161/3085

6040₁ 旱

22旱山

6/133/2612

圍

43圍城

1/1/15

6040₄ 晏

20晏嶂山

5/106/2114

32晏州

4/88/1744

66晏嬰城

1/19/387

晏嬰墓

1/18/358

6040₆ 罩

22罩山

2/47/992

6042₇ 禹

22禹山

7/157/3012

32禹州（廢）

7/167/3193

77禹同山

3/79/1600

6043₀ 吴

07吴望山
　4/94/1893
　5/116/2345
10吴王廟
　5/114/2320
　吴王女墓
　4/91/1825
　吴王芮墓
　5/107/2146
　吴平縣(廢)
　5/109/2203
　吴天師墳
　4/93/1868
17吴郡
　4/91/1815
22吴川
　7/167/3197
　吴川縣
　7/167/3197
　吴嶽
　2/30/635
　吴山
　1/6/99
　2/32/688

　4/101/2015
　吴山泉
　4/93/1866
　吴山縣
　2/32/688
26吴憩山
　5/106/2113
30吴房故城
　1/11/203
31吴江
　4/91/1828
　吴江縣
　4/91/1828
32吴溪山
　5/107/2145
34吴造峴
　5/112/2281
36吴澤陂
　3/53/1099
40吴大帝城
　5/112/2283
　吴大帝陵
　4/90/1783
　吴太伯廟
　4/91/1823
　吴塘陂

　6/125/2475
　吴真人宅(故)
　5/106/2116
43吴城
　1/16/313
　吴城山
　5/106/2102
44吴芮舊居
　5/107/2144
　吴村
　5/104/2069
47吴猛泉
　5/111/2265
62吴縣
　4/91/1819
67吴明徹堰
　6/129/2546
71吴阪
　2/46/954
　吴臣廟
　5/107/2139
74吴陂祠
　6/125/2476
　吴陂堰
　6/125/2476
77吴兒城

2/38/800

2/38/802

吳闡城

　5/107/2147

吳興郡

　4/94/1878

80吳公臺

　6/123/2446

6044₀ 昇

10昇雨山

　7/153/2956

　昇平縣

　2/35/742

22昇山

　4/94/1882

　4/100/1992

31昇遷水

　3/72/1468

　昇遷橋

　3/72/1466

32昇州

　4/90/1772

6050₀ 甲

12甲水

6/141/2736

6/141/2738

甲水城（故）

　2/50/1045

17甲子山

　7/159/3056

6050₄ 畢

12畢發水

　2/50/1051

22畢嶺

　4/97/1950

25畢失州

　2/37/787

44畢萬墓

　1/6/98

71畢原

　2/25/522

　2/26/557

6050₆ 圍

22圍川水

　2/27/584

32圍州

　7/169/3229

6052₇ 羈

71羈馬城

　2/28/596

　羈馬故城

　2/46/955

6060₀ 回

30回流宮

　6/123/2444

50回中宮

　2/30/635

呂

00呂亭山

　6/125/2478

20呂香縣（廢）

　2/48/1007

33呂梁

　1/15/297

　呂梁城

　1/15/299

40呂布城

　1/15/299

44呂坡

　2/43/905

呂蒙城
　5/112/2286
　5/116/2349
呂蒙墓
　5/112/2286
77呂母垞
　1/13/250
呂母固
　1/22/464
80呂公灘
　5/104/2061

昌

10昌元郡
　4/88/1746
昌元縣
　4/88/1747
昌平縣
　3/69/1403
昌平縣(漢)
　2/49/1035
昌磊州
　3/77/1557
22昌山
　1/20/411
　5/109/2196

　7/159/3056
昌利山
　3/76/1544
昌樂縣
　1/18/365
24昌化郡
　2/42/884
　7/169/3232
昌化縣
　4/93/1870
　7/169/3233
昌化鎮
　2/36/767
27昌黎縣
　3/71/1441
31昌江
　5/107/2143
32昌州
　3/71/1444
　4/88/1746
48昌松縣
　7/152/2938
53昌成故城
　3/63/1285
60昌邑城
　5/106/2106

昌邑故城
　1/14/283
昌邑縣
　1/18/365
67昌明州
　3/77/1561
76昌陽湯
　1/20/411

6060_4 固

10固王古城
　6/145/2822
30固安縣
　3/70/1412
43固城(古)
　4/90/1793
固城縣
　4/88/1744
固始縣
　6/127/2515
74固陵
　1/10/185
77固屑場
　7/168/3221

6066₀ 品

32品州
　3/79/1604

6071₁ 昆

10昆吾亭
　2/46/968
　昆吾臺
　3/57/1181
22昆山
　1/24/503
32昆州
　3/79/1595
55昆井
　4/86/1710
67昆明州
　7/166/3176
　昆明池
　2/25/530
　昆明觀
　2/25/531
　昆明縣
　3/80/1619
76昆陽城
　1/8/148

毘

74毘陵郡
　4/92/1839

6071₆ 罷

50罷畫溪
　4/92/1848

6072₇ 曷

22曷山
　5/103/2050

6080₀ 貝

32貝州
　3/58/1196
40貝左
　3/78/1581
72貝丘
　3/54/1112
　貝丘聚
　1/18/360

6080₆ 員

32員州
　7/166/3176

圓

72圓丘
　1/21/440

6090₃ 累

11累頭山
　2/49/1026

6090₄ 困

77困悶城
　2/44/927

果

22果山
　4/86/1710
32果州
　2/36/762
　4/86/1708

6090₆ 景

17景子殿
　1/13/250
22景山
　1/5/73
　1/12/223

2/46/969

6/143/2785

31 景福殿

　　1/7/131

32 景州

　　3/79/1602

　　7/171/3282

43 景城郡

　　3/65/1323

　景城縣

　　3/66/1345

60 景口

　　6/146/2841

　景里洲

　　6/146/2834

74 景陵縣

　　6/144/2803

76 景陽山

　　6/139/2712

　景陽樓

　　4/90/1781

　景陽井

　　4/90/1781

80 景谷縣（廢）

　　6/135/2649

6091₄ 羅

00 羅辯縣（廢）

　　7/167/3193

　　7/167/3196

01 羅龍縣

　　7/171/3283

07 羅韶縣

　　7/171/3280

10 羅霄山

　　5/109/2201

12 羅水

　　7/167/3196

　羅水縣

　　3/81/1634

　羅水縣（廢）

　　7/158/3041

20 羅爲縣（廢）

　　5/121/2414

21 羅經石

　　5/108/2177

22 羅川

　　2/35/738

　羅川水

　　2/34/727

　羅巖州

3/77/1555

3/77/1561

羅山

　　5/110/2236

　　6/132/2602

　　7/163/3117

羅山縣（廢）

　　6/132/2602

25 羅巃山

　　4/83/1666

　羅繡縣（廢）

　　7/167/3193

26 羅泉井

　　4/85/1698

27 羅多水

　　5/122/2422

　羅繩山

　　3/77/1553

　羅緣山

　　5/122/2424

30 羅富山

　　7/165/3160

31 羅江水

　　3/73/1490

　羅江縣

　　4/83/1665

32羅州（廢）

　7/167/3197

　羅洲

　7/158/3039

　羅浮山

　4/99/1979

　5/120/2391

　7/157/3014

　7/160/3069

　7/167/3201

34羅池神廟

　7/168/3213

　羅漢溪

　7/167/3192

38羅遵縣

　7/168/3217

40羅奈水

　5/120/2397

43羅城縣

　7/166/3171

44羅藍縣

　4/88/1743

　羅蒙山

　3/74/1511

　羅蓬州

　3/77/1558

　羅林州

　3/77/1556

50羅夷山

　6/134/2635

51羅指山

　3/75/1527

60羅目縣

　3/74/1511

　羅圍縣

　4/88/1743

74羅陸水

　7/166/3174

76羅陽縣

　4/88/1744

77羅門

　3/56/1159

　羅門縣

　4/88/1744

80羅舍溪水

　7/166/3179

　羅含宅

　6/146/2838

　羅含墓

　5/115/2332

　羅谷水

　7/150/2900

81羅瓶水

　3/75/1527

90羅掌縣

　4/88/1743

　羅當縣

　4/88/1743

6101₀ 毗

22毗山

　4/94/1881

　毗山亭

　4/94/1886

39毗沙都督府

　7/156/3000

77毗邪山

　7/169/3234

6101₆ 嘔

50嘔夷水

　2/51/1064

　嘔夷河

　2/51/1063

6103₂ 啄

53啄戈河

　1/16/320

6104₀ 盱

12盱水
　5/110/2238
　5/110/2241
63盱眙山
　1/16/318
　盱眙縣
　1/16/317

6138₆ 顯

06顯親故城
　7/150/2900
10顯平縣
　3/81/1636
22顯川縣
　3/81/1636
　顯山
　4/94/1883
47顯朝岡
　7/166/3179

6204₉ 呼

00呼鷹臺
　6/145/2817
12呼延州都督府(廢)

2/37/787
71呼鼉水
　7/152/2946

6207₂ 咄

26咄泉
　6/129/2546

6211₃ 跳

15跳珠泉
　5/107/2159

6233₉ 懸

00懸甕山
　2/40/844
10懸雷山
　4/93/1867
22懸巖
　4/82/1651
26懸泉水
　7/153/2957
31懸潭
　5/109/2217
32懸州
　5/120/2399
40懸壺城

1/11/200
　懸布山
　6/137/2678
42懸瓠山
　2/44/918
　懸瓠城
　1/11/200
60懸圃水
　7/152/2942
80懸鏡亭
　6/123/2445

6240₀ 別

95別情洲
　7/157/3017

6280₀ 則

10則天行宮
　1/5/75

6299₃ 縣

16縣理(原武)
　1/9/170
　縣理(莒縣)
　1/24/501
　縣理(高密)

1/24/504

縣理城（太康）

1/2/29

縣理城（沛縣）

1/15/300

縣理城（下邳）

1/17/335

縣理城（長山）

1/19/379

縣理城（東海）

1/22/465

縣理城（沂水）

1/23/481

縣理城（承縣）

1/23/485

縣理城（郯縣）

2/30/637

縣理城（石樓）

2/48/1015

縣理中城（費縣）

1/23/483

22縣山舊城

6/125/2480

23縣外城（棗强）

3/63/1289

43縣城（神山）

2/43/903

縣城（榆社）

2/44/927

縣城（樂平）

2/50/1053

縣城（廢，容城）

3/67/1365

縣城（故，新滏）

5/109/2210

6303₄ 畎

31畎江五皁洲

6/127/2509

6315₀ 戭

72戭兵山

5/104/2067

6315₃ 踐

40踐土城

3/52/1078

6333₄ 默

12默水

5/107/2155

31默河

6/142/2756

6355₀ 戰

27戰鳥山

5/103/2049

6363₄ 獸

11獸頭石

7/165/3155

6382₁ 貯

96貯糧臺

1/10/186

6400₀ 吅

10吅石

5/107/2150

6401₀ 叱

44叱勒州

7/156/2998

67叱略州

2/37/787

吐

12吐延水

2/36/758

6401₄　畦

64畦時
　2/26/566

睦

32睦州
　4/95/1909
　睦州城（故）
　6/147/2864
43睦城阪
　2/26/565

6404₁　時

44時蓬州
　3/77/1562
　時苗冢
　3/59/1219

6413₈　跌

65跌跗州
　2/37/787

6502₇　嘯

80嘯父

3/58/1195

6509₀　味

31味江水
　3/73/1496
62味縣
　3/79/1595

6600₀　咽

41咽荔州
　7/156/2998

6602₇　喝

22喝斷山
　5/109/2199

6603₂　曝

40曝布山
　7/171/3274

6604₄　嚶

38嚶游山
　1/22/463

6606₀　唱

50唱車廟

4/85/1694

6610₀　跚

61跚蹞山
　6/126/2495

6620₇　罞

12罞水
　7/171/3270

6621₄　瞿

17瞿君祠
　3/72/1469
　3/75/1531
27瞿嶼山
　4/99/1980
40瞿塘峽
　6/148/2875

6624₈　嚴

10嚴震墓
　4/82/1653
17嚴子陵釣臺
　4/95/1912
　嚴君平宅
　3/72/1469

22嚴山
　　4/93/1868
32嚴州
　　3/79/1602
　嚴州(廢)
　　7/165/3163
38嚴道山
　　3/77/1551
　嚴道縣
　　3/77/1551
74嚴陵山
　　4/95/1912

6640₄ 嬰

22嬰山
　　2/40/844

6640₇ 矍

46矍相圃
　　1/21/439

6650₆ 單

10單于臺
　　2/49/1033
　單于都護府(廢)
　　2/49/1037

　　2/51/1070
32單州
　　1/14/283
80單父城
　　1/14/281
　單父縣
　　1/14/284

6671₇ 鼉

33鼉浦
　　5/105/2082
37鼉湖
　　6/144/2804

6701₆ 晚

22晚山
　　4/93/1871

6702₀ 明

15明珠浦
　　4/93/1866
16明聖湖
　　4/91/1825
22明川州
　　3/77/1561
26明皋山

　　1/8/144
28明谿水
　　1/5/68
32明州
　　4/98/1958
　　5/120/2399
60明昌州
　　3/77/1562
77明月山
　　2/31/670
　　2/31/673
　　4/87/1728
　　6/146/2842
　明月峽
　　6/136/2661
　明月池
　　5/115/2336
　　5/118/2382
　　6/138/2689
　明月祠
　　4/85/1700
80明公祠
　　2/46/966
90明堂山
　　1/20/423
　明堂縣廨(廢)

2/25/525

6702₇ 哆

45哆樓縣
4/88/1744

77哆岡縣
4/88/1744

鳴

00鳴鹿臺
1/12/235

10鳴玉溪
6/149/2890

鳴石山
7/166/3182
7/167/3194

鳴石溪
3/62/1276

12鳴水柵
5/116/2350

鳴水縣(廢)
6/135/2645

20鳴雞山
3/71/1428

22鳴山
2/43/904

24鳴犢泉
2/25/532

鳴犢河
3/54/1120
3/68/1378

鳴犢溝
3/54/1120

鳴犢冢
3/58/1195

26鳴皋廟
1/5/66

鳴皋山
1/5/66

27鳴條陌
2/46/968

39鳴沙
2/36/762

鳴沙山
7/153/2956

鳴沙縣(廢)
2/36/765

47鳴鶴塘
1/16/318

鳴鶴城
7/154/2975

55鳴井

1/10/186

71鳴鴈亭
1/1/15

鳴馬山
6/141/2737

84鳴鐃山
4/100/2001

6703₄ 唤

30唤渡亭
5/111/2265

6705₆ 暉

32暉州
5/120/2399

6706₂ 昭

00昭應縣
2/27/579

昭慶縣
3/60/1236

10昭靈夫人陵廟
1/1/10

22昭山
5/114/2318

24昭化縣

6/135/2649

昭德郡

　3/80/1622

昭德縣

　3/80/1623

32昭州

　7/163/3121

80昭義縣

　3/56/1165

昭公臺

　1/21/438

88昭餘祁

　2/41/870

6706₄ 略

69略畔道故城

　2/33/709

76略陽道廢城（漢）

　7/150/2900

6708₂ 吹

40吹臺

　1/1/4

　6/123/2445

吹臺山

　4/99/1978

6710₇ 盟

00盟亭

　3/65/1327

35盟津

　1/5/82

盟津黃河

　2/36/755

6712₂ 野

10野王城

　1/5/78

野王城（古）

　3/53/1095

11野韭澤

　2/25/529

22野川州

　3/77/1562

30野容山

　4/85/1701

34野瀦澤

　7/152/2937

42野狐城（古）

　3/67/1361

55野井亭

　1/19/387

80野人塢

　2/30/635

6712₇ 郢

32郢州

　6/144/2799

43郢城（故）

　6/146/2836

6716₄ 路

26路縵山

　7/171/3269

67路嗣恭生祠

　5/108/2178

6722₇ 鄂

10鄂王城

　5/112/2283

22鄂嶺阪

　1/5/73

32鄂州

　5/112/2274

34鄂渚

　5/112/2278

62鄂縣城（故）

　5/112/2284

6732₇ 黔

62黔縣
5/104/2065

鄖

43鄖城
3/61/1258

6733₆ 照

62照影橋
6/146/2844

6742₇ 鸚

17鸚鵡山
3/80/1618
6/144/2797

鸚鵡洲
5/112/2279

6752₇ 鴨

43鴨城
4/91/1823
4/92/1844

47鴨欄磯
5/113/2301

61鴨嘴山
6/144/2801

6778₂ 歇

47歇鶴臺
1/5/80

71歇馬山
1/8/152

歇馬臺
5/111/2253

6782₇ 郹

27郹鄉縣
6/143/2781

43郹城
6/132/2596

6801₇ 吃

44吃莫河
2/37/790

6814₆ 蹲

22蹲山
5/109/2213

47蹲狗山
1/20/413

6832₇ 黔

31黔江縣
5/120/2397

32黔州
5/120/2393

50黔中郡
5/120/2393

黔中故城
8/闕逸/3866

77黔陬故城（秦）
1/24/496

6884₀ 敗

23敗伏山
5/106/2118

26敗舶灣
5/112/2282

42敗橋湖
5/112/2282

7010₃ 璧

22璧川縣
3/78/1582

7010₄ 壁

22壁山縣
6/136/2663

27壁魯洞
5/107/2158

32壁州
6/140/2721

7021₄ 雅

32雅州
3/77/1549
3/81/1633

雕

22雕山
2/35/737
2/37/786

30雕窠峽
7/151/2919

74雕陵亭
1/2/33

78雕陰山
2/36/757

雕陰縣（故）
2/36/757

7022₇ 防

12防水
3/69/1401

22防山
1/21/434

43防城
3/55/1141

77防風山
4/94/1887

7024₆ 障

22障山
1/23/487

7034₁ 驿

71驛馬戍
7/152/2943

7034₈ 駮

00駮鹿山
7/162/3100

7064₁ 辟

76辟陽城
3/54/1115

辟陽故城
3/63/1285

7071₇ 甓

22甓山
1/16/312

7110₆ 暨

76暨陽城（古）
4/92/1852

7113₆ 鼍

22鼍崖關
3/73/1494

7121₁ 阮

10阮平縣
7/168/3221

55阮曲
1/3/52

80阮公溪
4/94/1889

88阮籍臺

　1/1/14

阮籍墓

　1/1/14

歷

00歷亭縣

　3/58/1202

12歷水

　1/19/384

　5/115/2331

22歷山

　1/14/275

　1/19/383

　3/63/1285

　3/71/1429

　5/105/2090

歷山(古)

　4/92/1843

30歷室

　3/69/1399

43歷城縣

　1/19/383

76歷陽郡

　6/124/2453

歷陽湖

　6/124/2456

歷陽縣

　6/124/2454

陘

00陘庭故城

　2/47/988

22陘山

　1/9/171

60陘邑縣

　3/62/1273

隴

10隴西郡

　7/151/2917

隴西縣

　7/151/2921

12隴水

　6/142/2764

22隴山

　2/32/686

　7/150/2909

30隴寧山

　3/74/1511

隴安縣

　2/32/689

32隴州

　2/32/684

43隴城縣

　7/150/2900

76隴隄縣

　3/79/1595

80隴首山

　7/150/2900

7121₂ 厄

55厄井

　3/52/1081

陋

44陋巷

　1/21/440

7121₄ 雁

32雁浮山

　6/143/2785

42雁橋

　3/73/1489

7122₀ 阿

11阿班山

　2/38/801

323

13阿武城(故)
3/63/1295

23阿伏斤水
2/36/758

24阿德州
2/37/787

30阿房宫
2/25/538

40阿難渠
3/58/1194

阿難枯渠
3/58/1194

44阿蓬水
5/120/2397

阿林縣(廢)
7/167/3192

50阿史那州
2/37/787

55阿井
1/13/250

74阿陵城(故)
3/66/1348

76阿陽城
1/19/388

阿陽故城
1/19/387

阿陽縣故城
7/150/2900

77阿膠井
1/13/255

80阿谷水
1/1/10

7122₇ 厲

10厲王胥冢
6/123/2445

22厲山
6/144/2797

27厲鄉
6/144/2797

隔

22隔山
6/130/2568

71隔馬山
1/19/392

鴈

18鴈鶩陂
2/25/531

77鴈門郡
2/49/1024

鴈門縣
2/49/1026

鴈門關
2/42/892

7123₂ 辰

32辰州
8/闕逸/3865

辰溪
8/闕逸/3866

辰溪縣
8/闕逸/3866

74辰陵亭
1/10/185

7123₄ 厭

37厭次縣
3/64/1312

80厭氣臺
1/15/304

7124₀ 牙

22牙利縣
3/80/1613

31牙江水
3/75/1526

厨

22厨山
　6/135/2646

30厨宰城
　3/56/1164

7124₇ 反

68反蹤城（故）
　1/19/378

厚

72厚丘城
　1/22/468

阪

22阪山
　3/71/1430

7126₀ 陌

43陌城
　4/91/1827

7126₁ 厝

43厝城（故）
　3/58/1201

階

32階州
　7/154/2971

7128₂ 厥

22厥山
　4/94/1882

7129₆ 原

13原武縣
　1/9/169

22原山
　1/19/377

24原仇山
　2/40/855

32原州
　2/33/700

　原州川水
　2/33/702

37原過祠
　2/40/851

60原圃
　1/2/28

80原公祠
　2/40/851

7131₁ 驪

22驪山
　2/27/580

41驪姬冢
　2/47/988

　驪姬墓
　2/47/986

53驪戎故城
　2/27/582

7131₇ 驢

26驢泉山
　6/144/2798

7132₇ 馬

00馬度山
　7/166/3179

10馬元祠
　3/75/1529

　馬平縣
　7/168/3213

11馬頭嶺
　7/163/3117

　馬頭山
　2/48/1008

馬頭城

6/128/2532

馬頭塢

4/94/1888

馬頭戍

6/146/2841

15馬融冢

1/19/394

馬融墓

3/73/1490

22馬嵬坡

2/27/578

馬嵬故城

2/27/578

馬嶺山

1/5/70

2/33/708

2/33/710

2/34/722

5/117/2361

7/166/3179

7/166/3179

馬嶺縣（廢）

2/33/709

27馬盤山

4/84/1683

28馬牧澤

2/27/578

馬給事祠

1/16/314

30馬渡

7/169/3229

馬户山

6/142/2757

馬窟山

6/145/2822

31馬江縣（廢）

7/163/3124

32馬脊岡

5/108/2177

34馬池水

7/150/2902

37馬湖江

3/79/1593

馬祖壇

2/26/554

馬冢

2/25/526

41馬頰河

3/63/1290

3/64/1308

3/64/1309

3/65/1329

馬頰枯河

3/64/1313

馬頰社

2/32/690

43馬城

7/152/2938

馬城縣

3/70/1420

馬城縣（漢）

2/49/1035

馬鞍山

1/22/460

4/91/1827

4/92/1850

6/130/2568

7/157/3015

馬鞍溪

6/146/2836

46馬場原

3/52/1079

50馬屯山

2/33/704

7/151/2919

52馬援營

7/165/3155

60馬蹄山
　　7/152/2942
　馬蹄泉
　　1/5/72
　馬跡山
　　5/107/2136
　　6/141/2731
　馬圈鎮
　　6/142/2752
　馬邑郡
　　2/51/1066
　馬邑城
　　2/44/922
　　2/51/1068
　馬邑縣
　　2/51/1070
　　3/79/1597
　馬昂洲
　　4/90/1786
　馬嘷山
　　4/93/1865
67馬鳴戍
　　4/85/1699
　馬鳴閣
　　6/135/2649
72馬丘城

　　6/128/2534
74馬陵
　　3/54/1108
77馬尾溝
　　6/126/2495
　馬骨阪
　　6/144/2804
　馬服岡
　　3/58/1192
　馬閣水
　　4/84/1676
　　4/84/1683
　馬閣山
　　4/84/1676
78馬腹陂
　　2/26/554
80馬首山
　　3/71/1433
　馬首故城
　　2/40/854
　馬谷山
　　3/65/1331
81馬領城
　　3/66/1343
90馬當山
　　5/111/2257

7171₁ 匡

21匡衡墓
　　1/23/485
22匡川縣
　　3/79/1596
24匡先生廟
　　5/111/2252
32匡州
　　3/79/1596
　匡州城（故）
　　2/38/802
43匡城（古）
　　1/2/24
60匡邑城
　　1/2/30

7171₂ 匠

77匠門
　　4/91/1823

7171₇ 巨

10巨靈神廟
　　2/29/623
　巨石
　　7/158/3041

巨石山
4/93/1864

38巨洋水
1/23/481

巨海
7/161/3089

42巨橋倉
3/58/1194

44巨蔑水
1/23/481

71巨馬河
2/51/1065
3/67/1359
3/67/1362
3/67/1364
3/67/1365
3/70/1413

80巨人山
3/78/1575

巨合城
1/19/386

甌

43甌城（古）
4/101/2013

7171₈ 鹽

27鹽船山
4/90/1793

7173₂ 長

00長廊巖
5/107/2158

長廣城（故）
1/20/419

10長夏水
6/144/2804

長平水
2/44/919

長平觀
2/26/564

長平阪
2/26/565

長平關
2/44/919

長平關（廢）
2/45/940

13長武城
2/34/723

17長子縣
2/45/939

20長秀山
6/137/2678

22長豐渠
3/66/1349

長豐縣
3/66/1349

長嶺山
5/109/2213

長山
4/97/1950
7/171/3275

長山縣
1/19/379
7/171/3278

長利水
6/141/2737

長樂郡
4/100/1990

長樂山
2/36/761
2/36/765
4/100/1993

長樂宮
2/25/535

長樂坡
2/25/522

長樂村
　4/101/2019
長樂縣
　4/100/1995
26 長白山
　1/19/379
　1/19/389
長和縣
　3/79/1597
28 長脩故城
　2/47/987
30 長寧州
　4/88/1744
長守城（古）
　2/48/1010
長安城
　3/67/1360
長安城（故）
　2/30/636
長安故城
　2/25/533
長安縣
　2/25/527
31 長江水
　7/171/3275
長江縣

　4/87/1728
長河水
　3/80/1618
長河縣（廢）
　3/64/1310
長汀縣
　4/102/2036
32 長州
　7/171/3278
長洲
　7/164/3143
長洲苑
　4/91/1827
長洲縣
　4/91/1827
長溪縣
　4/100/1995
34 長社故城
　1/7/129
長社縣
　1/7/126
35 長清縣
　1/19/391
36 長澤縣
　2/39/824
38 長道縣

　7/150/2902
39 長沙郡
　5/114/2315
長沙溝
　3/55/1141
長沙縣
　5/114/2317
40 長塘湖
　4/89/1765
　4/92/1848
長壽水
　2/43/900
長壽故城
　2/48/1011
長壽縣
　6/144/2800
41 長垣城
　1/2/30
長垣縣
　1/2/29
42 長橋
　4/92/1849
43 長城
　1/13/253
　1/13/256
　2/28/599

2/29/622

2/37/787

2/38/800

2/41/875

2/51/1065

3/68/1382

7/151/2927

7/155/2982

長城（古）

1/23/481

2/37/789

2/42/891

2/50/1054

長城（故）

7/152/2946

長城（齊）

1/24/495

長城（燕）

3/71/1430

長城（秦）

2/33/710

2/35/737

2/37/786

3/70/1420

7/150/2909

7/154/2975

長城（隋）

2/36/764

2/41/876

44 長蘆水

3/63/1285

3/63/1288

3/63/1290

3/65/1327

長蘆枯溝

3/63/1285

長蘆縣（廢）

3/65/1326

長葛縣

1/7/128

長林山

7/161/3085

長林溝

3/62/1271

3/62/1275

長林縣

6/146/2846

46 長楊宮（漢）

2/30/645

48 長松山

6/134/2628

長松縣（廢）

6/134/2633

50 長泰縣

4/102/2034

長春宮

2/28/602

53 長蛇川

2/32/689

60 長星川

3/62/1270

長圍石

7/158/3041

長圍山

1/16/318

長羅縣城

1/2/30

67 長明溝

1/1/13

3/55/1139

長明縣

3/79/1601

長鳴溝

3/67/1367

71 長原

2/46/953

74 長陵

2/26/561

長陵故城
2/26/558
76長陽溪
6/147/2864
長陽縣
6/147/2863
77長風沙
6/125/2475
長翠縣
6/135/2645
長卿山
4/84/1678
長興縣
4/94/1891
80長谷
3/71/1434
長命洲
4/90/1780
長命谷
2/48/1011
88長箱城
1/7/127
1/7/129

7210₀ 劉

00劉文龍宅

6/142/2754
10劉靈墓
1/23/486
2/33/709
劉元海城
2/43/898
劉元海墓
2/43/902
16劉聰墓
2/43/901
21劉師祠
7/152/2946
22劉山
1/24/499
劉鯀城
5/106/2105
25劉仲城
2/28/599
26劉和墓
2/43/901
27劉綱祠
1/17/336
37劉郎浦
6/146/2844
50劉表墓
2/33/704

54劉虬墓
6/146/2842
80劉善明宅
1/18/354
劉公橋
1/13/250
1/13/256
90劉炫碑
3/65/1326

7210₁ 丘

11丘頭
1/11/210
37丘遲墓
4/94/1886

7220₀ 剛

43剛城
1/7/131
剛城（故）
1/21/442

7221₄ 腄

腄
1/20/411

7222_7 髣

22髣山廟
　1/13/264

鬃

32鬃州
　3/79/1596

7223_0 瓜

21瓜步山
　6/123/2448
32瓜州
　7/153/2959
43瓜城
　2/41/868

7223_1 斥

22斥山
　1/20/411
72斥丘故城
　3/54/1115

7223_7 隱

22隱山
　2/36/762
　7/162/3100
26隱泉山
　2/41/867
40隱士石室
　5/107/2153
47隱塢
　4/94/1890
82隱劍泉
　4/84/1678

7226_1 后

26后稷祠
　2/27/586
40后土祠
　2/46/958

7230_0 馴

32馴州
　3/79/1603

7240_0 删

77删丹山
　7/152/2943
　删丹縣
　7/152/2943

7274_0 氏

71氏陌山
　4/84/1680

7277_2 岳

00岳廟
　6/129/2553
28岳牧上考詞石表
　1/12/232
30岳安山
　6/138/2698
32岳州
　5/113/2297
34岳池縣
　6/138/2698
76岳陽山
　4/86/1718
　岳陽樓
　5/113/2299
　岳陽縣
　2/43/908

7280_6 質

30質家湫
　3/80/1613

7370₀ 卧

01卧龍山
　　4/84/1674
　卧龍城
　　7/152/2937
　卧龍原
　　2/32/694
10卧石
　　7/162/3106

7410₄ 墮

33墮淚碑
　　6/145/2815
60墮星河
　　6/129/2552

7420₀ 附

00附唐
　　3/79/1596
17附子山
　　4/83/1667
44附樹州
　　3/77/1562

尉

37尉遲敬德冢
　　2/26/562
72尉氏縣
　　1/1/12

7421₄ 陸

10陸雲祠
　　1/1/8
　陸賈墓
　　2/31/672
22陸川縣
　　7/167/3191
32陸州
　　7/171/3276
36陸澤縣
　　3/63/1292
37陸鴻漸宅
　　5/107/2152

7422₇ 隋

00隋文帝廟
　　6/144/2797
　隋文帝泰陵
　　2/27/586

12隋水
　　6/140/2721
15隋建縣（廢）
　　7/158/3046

7423₁ 臕

71臕脂井
　　4/90/1781

7423₂ 隨

27隨侯墓
　　6/144/2797
　隨侯堂
　　6/144/2797
32隨州
　　6/144/2795
62隨縣
　　6/144/2796

7423₈ 陝

17陝郡
　　1/6/91
32陝州
　　1/6/91
40陝内縣（廢）
　　1/6/104

62陝縣
　1/6/93

7424₇ 陂

76陂陽縣(廢)
　5/108/2183

陵

12陵水
　7/167/3196
　陵水郡
　7/167/3195
　陵水縣
　7/169/3240
22陵川縣
　2/44/921
　陵山
　3/52/1083
　3/52/1085
　6/126/2498
31陵江山
　6/136/2657
32陵州
　4/85/1691
43陵城縣(廢)
　7/167/3191

55陵井
　4/85/1693
　4/85/1697
　陵井監
　4/85/1696
60陵羅縣(廢)
　7/167/3196
76陵陽城
　5/105/2089
　陵陽山
　5/103/2048
　5/105/2089

7431₄ 驪

12驪水
　7/166/3173
32驪州
　7/171/3273

7432₁ 騎

00騎立山
　6/142/2756
10騎石山
　4/97/1946

7434₀ 駁

25駁牛山
　3/67/1358

7438₁ 騏

60騏邑
　2/48/1008

7480₉ 熨

34熨斗陂
　2/46/965

7528₆ 隤

43隤城
　3/56/1159

7529₆ 陳

10陳王穴
　7/158/3044
　陳王祠
　7/169/3228
　陳平北廟
　1/6/96
　陳平祠
　1/6/96

陳平墓
　1/2/27

陳石山
　5/108/2181
　5/108/2186

17陳司農（羣）墓
　1/1/12

23陳佗溝
　1/10/185

26陳伯先墓
　1/2/35

27陳侯弩臺
　1/10/186

30陳寔冢
　1/7/129

32陳州
　1/10/182

陳州州城
　1/10/184

40陳太丘廟
　1/2/34

43陳博達墓
　1/21/438

60陳國冢
　4/98/1961

陳思王臺

1/14/275

陳思王墓
　1/13/255

74陳陵
　1/1/11

77陳留郡（廢）
　6/129/2548

陳留縣
　1/1/10

80陳倉故城
　2/30/641

陳倉山
　2/30/641

7532₇ 騁

32騁州
　3/79/1603

7570₇ 肆

21肆盧川水
　2/42/890

32肆州
　3/81/1636

7620₀ 胭

71胭脂石廟

6/132/2595

7621₂ 颺

40颺堆
　1/6/108

7621₄ 腥

76腥臊巖
　5/107/2156

7622₇ 陽

10陽平山
　4/93/1869

陽石（故）
　1/20/418

陽晉水
　2/33/702

陽雲臺
　6/148/2876

12陽水
　1/18/353
　7/157/3018

13陽武故城
　1/2/27

陽武縣
　1/2/26

17陽翟縣
　　1/7/132
20陽信縣
　　3/64/1314
21陽師縣
　　3/71/1442
22陽川縣（廢）
　　7/158/3046
　陽山
　　5/118/2381
　陽山縣
　　3/80/1619
　　5/117/2367
　陽山關
　　5/117/2368
　陽樂
　　1/20/418
　陽樂縣城
　　5/106/2120
24陽岐山
　　6/146/2843
　陽貨墓
　　1/19/391
27陽鳥橋
　　5/106/2115
　陽鄉故城

　　3/70/1413
30陽安郡
　　3/76/1536
　陽安縣
　　3/76/1537
31陽江
　　7/158/3039
　　7/162/3101
　陽江縣
　　7/158/3038
　陽河水
　　3/56/1157
32陽溪
　　4/92/1848
37陽湖
　　4/92/1844
38陽海山
　　7/162/3103
　陽海祠
　　7/162/3104
40陽臺廟
　　6/132/2597
　陽臺觀
　　1/5/78
　陽壺城（古）
　　2/47/994

　陽直故城
　　2/40/848
　陽壽縣
　　7/165/3161
43陽城淀
　　3/62/1275
　陽城縣
　　2/44/919
　陽城門
　　3/72/1467
47陽穀亭
　　1/13/255
　陽穀縣
　　1/13/256
48陽乾山
　　1/5/76
50陽春縣
　　7/158/3041
55陽曲故城
　　2/40/848
　　2/50/1049
　陽曲縣
　　2/40/842
60陽邑故城
　　2/40/852
71陽原縣（漢）

2/49/1035

72陽劉湖

　　4/90/1779

　陽丘城

　　1/19/390

74陽陵

　　2/26/561

　陽陵城

　　2/26/559

77陽關

　　7/153/2958

　陽門山

　　4/86/1718

80陽人聚

　　1/8/146

　陽羨古城

　　4/92/1846

87陽朔縣

　　7/162/3104

90陽堂山

　　4/96/1928

髑

75髑髏山

　　2/44/918

　　2/48/1010

髑髏山神廟

　　2/36/754

髑髏堆

　　6/134/2630

7623₃　隰

22隰川縣

　　2/48/1010

32隰州

　　2/48/1008

78隰陰縣

　　1/19/389

7628₆　隕

10隕石水

　　1/12/221

7634₁　驛

71驛馬溝

　　1/10/189

7710₀　且

46且如縣（漢）

　　2/49/1035

7710₇　闔

77闔閭山

　　5/113/2305

7710₈　豎

40豎土山

　　4/89/1759

7712₁　鬭

20鬭雞臺

　　1/7/128

　　1/21/439

　　3/67/1363

7713₆　閩

22閩山

　　4/100/1993

35閩清縣

　　4/100/1996

62閩縣

　　4/100/1992

7714₈　闙

43闙城（古）

　　1/13/252

7716₄　闊

22闊山
　　3/65/1333

31闊源縣
　　3/81/1633

7721₀　几

22几山
　　4/94/1888

凡

43凡城
　　1/18/359

　凡城（故）
　　3/56/1159

22凡山
　　1/18/353

風

00風亭
　　6/123/2445

10風雨山
　　5/106/2102

　風雨池
　　5/106/2103

　　5/106/2107

17風子山
　　4/97/1952

22風山
　　2/41/874

　　2/48/1005

　　5/113/2303

25風牛山
　　4/99/1984

26風伯雨師祠
　　2/40/847

30風涼原
　　2/26/556

　風穴
　　5/114/2323

34風渚山
　　4/94/1887

74風陵津
　　2/46/955

　風陵堆山
　　2/46/954

　風陵故關
　　2/46/955

77風門
　　2/29/624

　風門山

　　3/59/1215

　　4/87/1729

　　5/118/2380

　　7/171/3271

80風公山
　　4/94/1887

鳳

32鳳州
　　6/134/2626

38鳳遊山
　　5/107/2145

40鳳臺
　　3/56/1153

　鳳臺山
　　4/90/1777

41鳳栖山
　　5/112/2281

44鳳林泉
　　1/6/108

　鳳林縣
　　7/154/2970

　鳳林關
　　7/154/2970

47鳳翅山
　　2/35/744

3/76/1538

76鳳陽門

　3/55/1139

77鳳凰山

　4/91/1827

　4/93/1865

　6/137/2676

　6/137/2680

　6/141/2732

　7/150/2906

　7/158/3035

　鳳凰臺

　　1/5/76

　　3/67/1368

　鳳凰樓

　　1/7/133

　鳳凰原

　　2/27/580

　　2/29/624

　鳳凰陂

　　2/25/532

　鳳凰岡

　　6/132/2595

87鳳翔府

　　2/30/632

7721₁ 尼

72尼丘山

　1/21/444

7721₄ 屋

74屋駃巀

　2/44/924

隆

21隆慮山

　3/55/1143

80隆龕山

　4/87/1731

7721₇ 兒

31兒渠

　3/54/1114

肥

12肥水

　1/12/232

　6/126/2492

　6/129/2546

27肥鄉故城

　3/58/1196

肥鄉縣

　3/58/1195

31肥潭

　5/108/2186

43肥城（故）

　1/13/253

60肥纍城

　3/61/1250

74肥陵山

　6/129/2545

76肥陽城

　1/1/16

兜

18兜鍪山

　1/6/112

　4/84/1678

23兜牟山

　6/143/2781

7722₀ 同

10同夏故城

　4/90/1789

22同川縣（廢）

　2/33/708

同山

3/56/1155

同樂縣

3/79/1595

30同安郡

6/125/2472

同安縣

4/102/2032

同安故城

6/125/2480

同突箇堡

2/38/802

同官縣

2/31/669

32同州

2/28/592

33同心山

4/88/1746

47同起縣

3/79/1595

60同昌縣（廢）

6/134/2634

67同盟山

3/53/1099

80同谷郡

7/150/2905

同谷川

7/150/2907

同谷縣

7/150/2906

周

00周康王陵

2/26/561

周文王陵

2/26/560

10周王廟

1/5/68

1/5/83

周天子祠

1/6/108

13周武王宮

2/25/538

周武王陵

2/26/561

18周瑜廟

6/125/2481

周瑜祠

6/125/2477

周瑜故宅

5/107/2152

22周山

1/3/48

1/9/173

周幽王陵

2/27/583

26周穆王陵

2/25/539

32周祇墓

4/89/1766

40周太祖嵩陵

1/9/172

41周桓王陵

1/5/72

43周城

2/27/584

44周世宗慶陵

1/9/168

47周朝六廟

1/3/51

50周夷王墓

3/73/1486

53周成王陵

2/26/561

60周羅水

7/167/3199

周羅山

7/167/3199

周羅縣（廢）

7/167/3199

71周厲王陵
2/43/905

周原
2/30/645

72周氏墓
4/89/1763

周氏陂
2/26/559

80周首亭
1/13/255

周公山
3/77/1551

周公禮殿
3/72/1467

周公墓
2/26/561

90周黨墓
2/40/850

月

22月巖
5/107/2150

27月嶼
4/100/1994

34月滿山

3/73/1486

44月桂子
4/98/1966

46月觀
6/123/2445

67月明沽
3/65/1331

72月氏都督府
7/156/3001

74月陂
1/3/48

岡

32岡州（廢）
7/157/3022

朋

22朋山
7/169/3234

胸

22胸山
1/18/359
1/22/460

胸山縣
1/22/458

43胸城（故）
1/22/461

73胸朒城
6/147/2867

陶

22陶山
1/13/253

25陶朱公冢
6/146/2845

26陶侃廟
5/112/2284

陶侃宅
5/114/2321

陶侃湖
5/114/2319

陶侃墓
5/114/2320

陶侃母墓
5/109/2210
5/110/2236

32陶淵明故里
5/106/2121

37陶湖塘
5/114/2319

43陶城（故）

1/2/34

1/7/127

2/46/954

80陶公(潛)舊宅

　5/111/2254

　陶公石室

　5/109/2204

脚

22脚川州

　3/77/1562

7722₂ 膠

10膠西縣(廢)

　1/24/505

12膠水

　1/18/363

　1/20/417

　1/20/423

　1/24/495

　1/24/504

　膠水縣

　1/20/422

22膠山

　1/24/494

　4/92/1845

50膠東縣(廢)

　1/18/364

7722₇ 邱

27邱鄉亭

　1/13/249

43邱城

　1/23/478

郂

43郂城

　1/23/485

骨

20骨悉箇堡

　2/38/801

47骨胡川

　2/36/755

鄐

47鄐塢

　2/30/637

62鄐縣

　2/30/636

鴉

22鴉山

　5/116/2348

　鴉山穴

　5/116/2349

鶺

32鶺州

　2/37/787

7723₃ 闞

77闞與城

　2/50/1044

7724₇ 服

30服官

　1/2/24

履

43履博縣

　7/168/3217

屛

12屛水

　7/158/3036

22屛山水
　　4/83/1663
74屛陵城
　　6/146/2841
　屛陵故城
　　5/118/2378

7725₃ 犀

22犀峯
　　5/114/2323
27犀角山
　　7/168/3214
33犀浦縣
　　3/72/1472
42犀橋
　　3/73/1489

7725₄ 降

12降水
　　3/63/1285
　　3/63/1287
　降水枯瀆
　　3/63/1286
22降蠻山
　　7/168/3214
62降縣

　　3/79/1596

7726₄ 居

00居庸山
　　3/69/1403
　居庸關
　　3/69/1403
12居延州
　　2/38/805
　居延海
　　7/152/2942
　居延城
　　7/152/2943
22居崇山
　　6/139/2711
　居巢山
　　6/126/2495
34居池
　　3/80/1619
77居風山
　　7/171/3270

7726₆ 層

22層山
　　5/118/2377
40層臺

　　6/146/2847

7726₇ 眉

32眉州
　　3/74/1500

7727₀ 尸

27尸鄉
　　1/5/81

7727₂ 屈

00屈産泉
　　2/48/1014
22屈山
　　4/87/1727
40屈大夫宅
　　6/148/2879
71屈原祠
　　5/113/2303
80屈谷山
　　2/48/1012

7727₇ 陷

31陷河
　　3/80/1617

7728₂ 欣

22欣山
　5/108/2179
38欣道縣（廢）
　7/167/3191

7736₄ 駱

43駱越水
　7/166/3173
73駱駝水
　7/162/3105
　駱駝橋
　4/94/1886
80駱谷水
　6/138/2689
　6/138/2690
　駱谷道
　2/30/647
　駱谷關
　2/30/646

7740₀ 閔

17閔子騫冢
　1/17/329
　閔子騫墓

　1/14/277
56閔損墓
　1/13/262

7740₁ 聞

40聞喜縣
　2/46/969
44聞猿閣
　4/100/1998

7740₇ 學

24學射山
　3/72/1466

閡

27閡鄉津
　1/6/106
　閡鄉縣
　1/6/106

7744₀ 丹

10丹霞嶼
　4/102/2033
12丹水
　2/25/532
　2/44/917

2/44/918
2/44/919
3/53/1095
6/141/2736
6/142/2758
6/142/2759
6/143/2782
19丹砂井
　5/115/2336
　5/118/2382
　丹砂山
　4/85/1695
22丹巖縣
　3/81/1634
　丹嶺山
　7/152/2942
　丹山
　6/147/2866
　丹山縣（廢）
　3/76/1541
24丹徒縣
　4/89/1758
　丹稜縣
　3/74/1505
25丹朱墓
　3/55/1142

32丹州
2/35/743

丹州城（古）
2/35/745

丹溪縣（廢）
5/122/2425

35丹神山
3/76/1541

43丹城縣
7/164/3145

50丹畫山
7/171/3270

55丹井
5/106/2115

丹井山
5/103/2052

76丹陽郡
4/89/1756

丹陽郡城（古）
4/90/1788

丹陽郡城（故）
4/90/1786

丹陽川
2/35/744

丹陽山
5/120/2398

丹陽湖
4/90/1793

丹陽縣
4/89/1763

77丹丹國
7/169/3241

7744₁　開

07開望州
3/77/1562

10開元縣（廢）
6/141/2737

15開建縣
7/164/3139

24開化城（古）
4/90/1793

開化縣
4/97/1947

開化縣（廢）
6/129/2554

26開皇長城
2/51/1064

30開寶監
6/134/2630

31開江縣
6/137/2672

32開州
6/137/2670

36開邊縣（廢）
3/79/1593

44開封府
1/1/1

開封故城
1/1/5

開封縣
1/1/4

76開陽縣城（漢）
1/23/479

開陽縣（廢）
7/164/3136

開陽門
1/3/55

90開光縣
2/38/804

7744₇　段

10段干木墓
1/1/7

1/6/98

2/41/868

40段太尉冢
2/32/688

段太尉墓

2/27/583

80段谷水

7/150/2902

7748₂　闕

30闕塞山

1/3/48

60闕里

1/21/436

闕里

1/21/439

7760₁　醫

10醫巫閭山廣寧祠

3/71/1439

醫巫閭山祠

3/71/1434

7760₂　留

20留停山

6/141/2731

43留城

1/15/301

7760₄　閣

22閣川水

2/32/693

7/151/2920

閣山

5/107/2136

26閣皂山

5/109/2208

7760₆　閭

43閭城(廢)

6/128/2535

72閭丘臺

3/66/1348

80閭谷水

6/141/2731

闇

77闇闍門

4/91/1823

闇門

4/91/1823

闇門灘

5/104/2068

7771₇　巴

10巴西郡

4/83/1661

巴西山

4/83/1667

巴西縣

4/83/1663

12巴水

5/110/2237

22巴川郡

6/136/2655

巴川縣

6/136/2658

巴嶺水

6/139/2705

巴嶺山

6/138/2691

巴山

5/110/2236

6/146/2842

巴山縣(廢)

5/110/2237

6/147/2865

巴山縣(故)

5/109/2209

30巴字水

　6/140/2723

31巴江

　5/120/2392

　巴江水

　5/122/2422

　巴渠江

　6/137/2677

　巴渠縣

　6/137/2678

32巴州

　6/139/2703

50巴東郡

　6/148/2877

　巴東縣

　6/148/2880

62巴縣

　6/136/2660

72巴丘湖

　5/113/2300

74巴陵郡

　5/113/2297

　巴陵縣

　5/113/2299

　巴陵縣（廢）

　5/110/2237

鼠

30鼠穴

　2/45/942

97鼠怪

　1/2/25

7772_0 印

10印石

　5/105/2088

22印山

　5/113/2306

34印渚山

　4/93/1867

即

60即墨故城

　1/20/422

　即墨縣

　1/20/419

72即丘縣城（漢）

　1/23/478

卿

32卿州

　5/120/2399

7772_7 邸

77邸閣水

　4/94/1891

　邸閣山

　4/94/1890

　邸閣溪

　4/94/1895

　邸閣城

　3/58/1194

　邸閣城（古）

　3/58/1201

鄍

43鄍城（故）

　1/7/135

　鄍城縣

　1/7/134

7773_2 閬

31閬江

　4/86/1715

32閬州

　4/86/1712

44閬英縣（廢）

　6/137/2677

347

50閬中
　4/86/1715

閬中水
　4/86/1714

閬中郡
　4/86/1712

閬中山
　4/86/1714

閬中縣
　4/86/1714

7777_0 臼

12臼水
　6/132/2598

7777_2 關

01關龍逢祠
　2/45/940

關龍逢墳
　1/6/102

17關羽祠
　3/72/1469

32關洲
　1/11/210

43關城（澤州）
　2/44/919

60關邑城（故）
　3/62/1273

7777_7 門

12門水
　1/6/100
　1/6/111
　3/73/1495

22門山縣
　2/36/755

閣

37閣沒墓
　2/40/853

47閣坎
　3/52/1078

80閣倉城
　1/10/192

7778_2 歐

00歐亭山
　4/94/1882

30歐寶墓
　5/109/2215

76歐陽都護墳
　7/162/3102

歐陽建墓
　3/65/1334

88歐餘山
　4/94/1882

7780_1 具

22具山
　1/23/486

44具茨山
　1/7/132

71具區藪
　4/94/1883
　4/94/1894

興

00興唐縣
　2/51/1062

10興元府
　6/133/2609

興平縣
　2/27/577

興平縣（廢）
　5/109/2218

22興山縣
　6/148/2880

24興化軍

4/102/2037

興化縣
4/102/2038
6/130/2566

興德宮
2/28/595

30 興寧縣
7/159/3061

興安縣
7/162/3102

32 興州
6/135/2642

興業水
5/107/2141

興業縣
7/165/3154

38 興道縣
6/138/2689

40 興古郡
3/80/1620

43 興城關
6/135/2645

44 興勢山
6/138/2689

60 興國軍
5/113/2304

興國縣
5/108/2187

興

33 興浦
6/123/2444

7780₆ 貫

43 貫城
1/13/260

釁

22 釁山
1/19/377

7782₇ 鄖

62 鄖縣
4/98/1960

7790₄ 桑

00 桑亭埭
4/93/1869

12 桑弘羊墓
3/57/1185

24 桑犢縣（廢）
1/18/364

26 桑泉縣城（故）
2/46/957

32 桑溪
3/71/1436

40 桑梓苑
1/9/169

43 桑城山
4/99/1979

44 桑落洲
6/125/2482

48 桑乾水
3/69/1399
3/69/1402

桑乾河
2/51/1070

桑乾都督府（廢）
2/37/787

桑乾縣（漢）
2/49/1035

閑

71 閑原
1/6/99

7810₄ 墜

60 墜星石

1/20/416

7810₇ 監

22監利縣

　6/146/2845

27監鄉

　6/126/2498

鹽

00鹽亭水

　4/82/1653

　鹽亭縣

　4/82/1652

12鹽水縣

　3/81/1636

22鹽山縣

　3/65/1332

26鹽泉

　6/137/2673

　鹽泉縣

　3/79/1597

　4/83/1667

30鹽官水

　7/150/2903

　鹽官縣

　4/93/1869

鹽宗廟

　2/46/966

32鹽州

　2/37/781

　鹽溪村

　3/78/1579

33鹽治州都督府

　7/156/2998

34鹽池

　2/37/783

　2/46/965

　2/46/968

　7/152/2942

　鹽瀆

　6/124/2463

37鹽禄州都督府

　7/156/2998

43鹽城縣

　6/124/2464

　鹽城監

　6/124/2465

46鹽場

　6/124/2465

　6/130/2569

55鹽井

　3/80/1619

7821₁ 阼

43阼城縣

　1/9/163

7821₂ 胣

74胣胈州

　3/77/1561

7821₆ 覽

79覽勝亭

　5/109/2203

7821₇ 隘

60隘口

　2/51/1063

77隘門山

　2/51/1063

7823₁ 陰

10陰平郡

　6/134/2630

　陰平城

　1/22/468

　陰平縣

　4/84/1675

17陰那山
7/158/3036

22陰山
1/20/420
2/38/806
3/70/1415

陰山州都督府
7/156/2998

陰山道
2/49/1035

27陰盤故城
2/27/582

陰盤縣(廢)
2/34/723

陰鄉
3/69/1400

30陰安故城
6/125/2480

陰密城
2/32/693

74陰陵山
6/128/2527

陰陵城(故)
6/128/2534

76陰陽山
7/169/3237

陰陽里
1/18/357

83陰館城
2/51/1069

7838₆　驗

31驗江水
6/139/2710

7876₆　臨

00臨高縣
7/169/3236

01臨龍谷
2/47/986

10臨平湖
4/93/1870

臨平故城
3/61/1258

臨晉城
2/28/601

臨晉縣
2/46/957

12臨水
7/161/3084

臨水山
6/129/2550

臨水源
7/159/3054

13臨武縣
5/117/2362

17臨邛郡
3/75/1522

臨邛故城
3/75/1530

臨邛縣
3/75/1524

臨翼郡
3/78/1576

21臨潁皋
1/7/130

臨潁縣
1/7/129

22臨川水
5/110/2234

臨川郡
5/110/2231

臨川山
5/110/2236

臨川縣
5/110/2233
7/169/3239

臨山縣

7/168/3219

臨樂
　3/65/1333

臨樂山
　1/23/487

26臨泉水
　2/42/886

臨泉縣
　2/42/886
　3/81/1634

27臨鄉故城
　3/70/1413

29臨愁水
　6/143/2785

30臨淮郡
　1/16/310

臨淮山
　6/128/2532

臨淮縣
　1/16/312

臨濟縣
　1/19/394

臨漳山
　6/145/2821

臨漳縣
　3/55/1142

臨安山
　4/93/1870

臨安縣
　4/93/1870

31臨江郡
　7/158/3044

臨江山
　4/96/1936

臨江宮
　6/123/2444

臨江縣
　6/149/2889
　7/167/3202

臨涇縣
　2/33/702

臨河縣
　3/57/1178
　3/81/1634

臨河鎮
　2/36/767

臨汀郡
　4/102/2034

臨潭郡
　7/167/3202

臨潭縣
　7/154/2975

32臨洮郡
　7/154/2973

臨洮東城
　7/155/2982

臨沂縣
　1/23/477

臨沂縣城
　4/90/1788

臨溪
　4/96/1933

臨溪石
　5/104/2065

臨溪縣
　3/75/1527

臨濮縣
　1/14/275

臨淄定公墓
　1/19/391

臨淄城（古）
　1/18/355

臨淄縣
　1/18/354

34臨汝郡
　1/8/142

臨汝縣（廢）
　1/8/152

35臨津縣
　　3/65/1333
　　3/81/1635
　　4/84/1679
　臨清縣
　　3/54/1112
　臨清關
　　3/56/1154
37臨渙縣
　　1/17/332
　臨渙縣城（古）
　　1/17/333
　臨洺縣
　　3/58/1195
　臨瀨縣（廢）
　　6/142/2754
38臨渝山
　　3/70/1418
　臨汾宮
　　2/41/867
　臨汾故城
　　2/47/985
　臨汾縣
　　2/43/898
　臨海郡
　　4/98/1962

臨海山
　　4/98/1965
　臨海縣
　　4/98/1963
　臨滄觀
　　4/90/1791
40臨真縣
　　2/36/756
43臨城（古）
　　3/60/1235
　臨城縣
　　3/60/1234
44臨封郡
　　7/164/3138
　臨黃縣（廢）
　　3/57/1177
　臨桂縣
　　7/162/3099
46臨賀郡
　　7/161/3082
　臨賀縣
　　7/161/3084
48臨松山
　　7/152/2942
50臨春山
　　2/42/891

臨春閣
　　4/90/1781
60臨邑故城
　　1/13/256
　臨邑縣
　　1/19/389
71臨原故城
　　1/18/359
77臨朐城（故）
　　1/20/418
　臨朐縣
　　1/18/358
80臨金務
　　7/150/2910
88臨餘山
　　3/70/1418

7922₇　勝

12勝水
　　2/41/868
32勝州
　　2/38/809

騰

21騰豻嶺
　　7/159/3060

7923₂ 滕

62滕縣
　1/15/302

8000₀ 人

11人頭崖
　7/150/2904

八

00八度故關
　3/62/1272

05八諫水
　2/45/938

07八部澤
　2/26/554

10八面山
　4/101/2014

　八石山
　6/128/2527

14八功德水
　4/90/1781

21八街九陌
　2/25/534

22八川
　2/25/529

24八稜山
　5/107/2137

27八角山
　4/87/1731

八角井
　1/9/162

30八字巖
　5/107/2159

40八十川水
　2/43/907

43八卦壇
　1/10/187

60八疊山
　5/106/2119
　6/145/2821

75八陣圖
　3/72/1471
　6/148/2874

77八風溪
　1/5/76

八門城
　2/41/867

80八公山
　6/129/2545

八公塢
　2/31/661

8010₄ 全

32全州
　5/116/2352

47全鳩水
1/6/107

47全椒縣
6/128/2526

88全節水
1/6/107

全節縣(廢)
1/19/385

8010₇ 盆

12盆水
3/56/1156

22盆山縣
7/166/3183

33盆浦
5/111/2255

益

00益唐山
6/125/2479

27益漿水
5/108/2183

30益寧縣
3/79/1596

31益遷水
6/137/2680

32益州
3/72/1457

益州郡
6/135/2646

47益都縣
1/18/352

60益昌故城
3/70/1413

76益陽縣
5/114/2324

8010₉ 金

01金龍縣
7/171/3281

10金石山
7/164/3142

12金水
5/109/2209
5/112/2278

金水縣
3/76/1543
3/78/1581

15金珠水
6/134/2633

金磧山
6/149/2888

20金雞石
7/158/3039

金雞山
4/102/2032
5/108/2180

金雞冢
6/144/2801

21金虎臺
3/55/1139

22金川州
3/77/1558

金山
1/14/280
2/42/889
4/83/1663
4/89/1759
4/94/1882
7/152/2938
7/152/2947
7/157/3014
7/167/3194

金山寺
4/89/1761

25金牛
6/146/2848

金牛墊

5/113/2309

金牛山
4/93/1869
5/114/2318
6/126/2491

金牛潭
7/157/3014

金牛渚
5/105/2082

金牛城
6/126/2493

金牛縣（廢）
6/133/2616

26金泉
2/31/665
4/92/1848

金泉山
1/20/423
4/100/2001

27金漿澗水
6/127/2517

金魚池
5/107/2137

金船
3/76/1544

金鵝山

4/93/1864
4/94/1887

金鄉縣
1/14/282

28金徽州
2/38/805

金谿場
5/110/2239

31金河
2/38/806
2/51/1068

金河水
2/49/1034

金河泊
2/38/811

金河縣
2/38/806

金潭
4/94/1895

32金州
6/141/2727

金溪
7/167/3192

34金池縣
3/81/1634

金港

6/144/2801

金滿州都督府
7/156/2998

37金通山
7/155/2982

39金沙泉
4/94/1892

金沙臺
5/106/2121

金沙場
6/130/2570

40金臺
3/67/1361

金臺山
3/76/1543

金臺岡
7/157/3022

金壇大洞天
4/90/1796

金壇縣
4/89/1764

金坑
5/116/2353
7/164/3142

金埔城
1/3/50

42金埒

　　1/3/50

43金城

　　1/17/335

　　2/25/523

　金城郡

　　7/151/2925

　金城山

　　5/112/2277

　　6/139/2711

　金城塞

　　7/152/2946

　金城州

　　7/168/3220

　金城縣

　　7/168/3220

　金城關

　　7/151/2927

44金花洲

　　3/55/1140

　金華山

　　4/97/1950

　　5/112/2278

　金華縣

　　4/97/1949

　金林山

　　7/164/3135

　金林州

　　3/77/1557

46金堤

　　1/2/32

　　3/54/1110

　　3/57/1177

　　3/57/1183

　　3/72/1465

　金堤上源

　　3/57/1178

47金塢

　　2/25/523

60金日磾冢

　　2/29/618

　金蹄犢子殿

　　2/36/756

　金呂城

　　7/152/2939

67金明川水

　　2/36/758

　金明縣

　　2/36/758

71金原縣

　　3/81/1635

72金氏陂

　　2/29/617

74金附州

　　7/156/2998

76金隄

　　1/9/162

　　1/9/169

　金隄關（廢）

　　1/9/164

77金岡山

　　7/157/3014

　金丹山

　　4/99/1978

　金門山

　　1/6/93

　　2/44/918

79金勝山

　　4/97/1952

80金釜井

　　3/75/1526

　金釜山

　　3/74/1504

　　3/75/1526

　金鐘湖

　　5/106/2104

　金羊山

　　4/87/1731

金谷
1/3/47

金谷水
1/5/80
2/26/556

82金鏷江
4/100/1992

金劍山
7/154/2970

89金鎖潭
7/157/3018

90金堂水
3/76/1543

金堂縣
3/76/1544

95金精石鼓山
5/108/2182

金精山
5/108/2176

釜

00釜底潭
5/104/2061

22釜山
2/38/806

8011₄ 鐘

12鐘延嶺
7/169/3239

31鐘潭
5/107/2137

60鐘口江
5/106/2119

8011₆ 鏡

37鏡湖
4/96/1926

8012₇ 翁

22翁山縣（廢）
4/98/1961

31翁源縣
7/159/3056

32翁洲
4/96/1931

77翁同山
3/70/1415

鎬

26鎬泉
2/29/621

34鎬池
2/25/533

8018₂ 羨

77羨門鄉
5/111/2265

8021₁ 羌

80羌谷
7/152/2942

羌谷水
7/152/2946

8022₀ 介

17介子推祠
2/40/847

22介山
2/40/844
2/41/870
2/41/871
2/46/963

介山橫嶺
2/50/1050

24介休縣
2/41/869

44介葛盧墓

1/24/497

8022₁ 斧

22斧山
　7/171/3270
41斧柯山
　7/159/3058

俞

22俞山
　5/116/2348

前

10前王陵
　3/62/1271
32前溪
　4/94/1888

8022₇ 分

10分雲神祠
　2/46/966
12分水嶺
　6/142/2756
　分水縣
　4/95/1913
　分飛水

7/158/3036
22分嶺水
　2/42/890
30分宜縣
　5/109/2201
　分寧縣
　5/106/2110
44分枝嶺
　4/100/2000
45分棟山
　3/72/1473
　3/76/1538

8024₇ 夔

01夔龍州
　3/77/1558
17夔子城
　6/148/2879
32夔州
　6/148/2871

8025₁ 舞

10舞雩壇
　1/21/440
12舞水
　1/7/136

32舞溪
　8/闕逸/3867
76舞陽水
　5/122/2431
　舞陽城
　1/8/148
　舞陽縣
　1/7/135

8025₃ 義

26義和廟
　2/47/987
　義和墓
　2/47/992
32義州
　5/120/2399

8030₇ 令

32令州
　5/120/2399
40令支城
　3/70/1419
42令狐城
　2/46/960
　令狐茂墓
　2/45/943

359

8033₁ 無

17無子水
　5/118/2378

20無爲軍
　6/126/2500

21無虞縣（廢）
　7/165/3160

23無編縣
　7/171/3269

27無終山
　3/70/1415

30無窮山
　5/118/2378

無定河
　2/37/786
　2/37/787
　2/38/800
　2/38/803
　2/38/804

41無極縣
　3/60/1237

45無棣河
　3/65/1332

無棣溝
　3/65/1331

無棣縣
　3/65/1331

78無鹽故城
　1/13/249

86無錫湖
　4/92/1844

無錫縣
　4/92/1843

90無黨山
　5/122/2423

8033₂ 忿

25忿生邑
　3/52/1084

8033₃ 慈

00慈廉江
　7/170/3256

10慈雲塔
　6/127/2509

22慈利縣
　5/118/2378

23慈峨山
　2/31/665

27慈烏水
　2/35/742

慈阜
　1/24/498

32慈州
　2/48/1003

慈溪縣
　4/98/1961

37慈湖溪
　4/92/1848

44慈姥山
　4/90/1776

72慈丘山
　6/142/2764

慈丘縣（廢）
　6/142/2764

77慈母山
　5/105/2080

8040₀ 父

12父水
　1/12/233

17父子崖神
　6/134/2628

父子山
　5/113/2306

43父城
　1/8/148

父城（故）
1/8/149

午

70午壁亭
2/44/918

8040₄　姜

04姜詩泉
6/139/2705

姜詩泉井
3/73/1492

20姜維嶺
2/30/646

姜維山
3/78/1579

姜維故城
6/134/2633

22姜山
7/169/3228

26姜泉
2/30/639

32姜州
5/120/2399

40姜女山
7/162/3107

41姜嫄祠
2/27/586

8040₈　傘

04傘熟
4/92/1854

44傘蓋山
2/44/921

8041₄　雉

21雉衡山
6/142/2756

22雉山
4/94/1893
4/95/1912

8043₀　美

46美相縣
7/154/2975

55美農臺
6/133/2613

71美原縣
2/31/669

76美陽城
2/27/584
2/27/585

羑

41羑頡山
3/71/1429

羑頡侯墓
6/128/2527

8044₁　并

32并州
2/40/837

8050₁　羊

11羊頭山
2/44/918
2/45/938
2/45/940
2/50/1050

20羊舌伯華墓
2/50/1045

羊舌大夫廟
2/47/986

22羊山
5/106/2118

27羊角山
2/43/903
2/47/990

4/84/1683

5/110/2235

28羊牧

1/13/250

43羊求水

2/48/1005

73羊髆山

3/81/1632

75羊髆山

7/153/2957

76羊腸阪

2/41/873

2/45/942

羊腸山

2/50/1049

6/147/2863

8050₇　每

77每母山

6/140/2721

8052₇　羴

76羴陽聚故城

3/55/1142

8055₃　義

00義帝祠

1/16/314

1/16/318

義章縣

5/117/2364

03義誠縣

3/81/1634

22義川縣

3/78/1580

義山

5/109/2216

義山縣(廢)

7/166/3178

26義泉郡

5/121/2408

義泉縣

5/121/2410

27義烏縣

4/97/1951

30義寧縣

7/162/3107

32義溪

5/106/2116

40義臺

3/62/1275

43義城(廢)

6/129/2552

44義林鄉

2/31/670

47義婦宅

1/21/440

60義昌縣

5/117/2364

義昌縣(廢)

7/158/3044

74義陵

2/26/561

76義陽山

6/132/2601

義陽岳山

6/139/2705

8060₁　合

12合水縣(廢)

2/33/709

22合川郡

7/155/2985

合川縣

7/155/2986

27合黎水

7/152/2942

合鄉故城

　1/15/301

31合江亭

　6/125/2478

合江縣

　4/88/1741

合河

　2/41/876

合河縣

　2/41/875

合河關

　2/41/876

32合州

　6/136/2655

33合浦水

　7/169/3229

合浦縣(廢)

　7/169/3228

34合瀆渠

　6/123/2447

76合陽城

　3/63/1286

77合肥故城

　6/126/2493

合肥縣

6/126/2491

87合欽州

　3/77/1561

首

12首水

　2/29/624

76首陽山

　1/5/81

　1/6/97

　2/44/926

　2/46/954

普

00普康縣

　4/87/1731

30普濟寺

　2/43/905

普寧郡

　7/167/3189

普寧州

　5/120/2399

普寧縣

　7/167/3191

普安郡

　4/84/1673

普安縣

　4/84/1674

32普州

　4/87/1729

37普潤縣

　2/30/643

53普成縣

　4/84/1680

80普慈縣(廢)

　4/87/1732

8060₄ 舍

22舍利州

　2/37/787

43舍城縣

　7/169/3237

77舍月縣(廢)

　5/121/2413

8060₅ 善

22善山

　5/104/2069

76善陽嶺

　2/38/806

80善無城

　2/49/1035

99善勞縣（廢）

　7/165/3155

8060₆ 曾

00曾文迻墓

　5/109/2204

22曾山

　7/158/3036

32曾州

　3/79/1597

60曾口縣

　6/139/2706

62曾縣

　3/79/1597

會

12會水

　7/152/2946

22會川縣

　3/80/1620

　會仙亭

　5/106/2105

　會仙里

　7/162/3102

23會稽郡

　4/96/1921

會稽山

　4/96/1927

會稽城

　4/96/1925

會稽縣

　4/96/1927

30會寧郡

　2/37/779

會寧縣

　2/37/780

會寧關

　2/37/781

32會州

　2/37/779

37會軍堂山

　4/82/1654

60會昌縣

　5/108/2187

67會盟壇

　7/151/2919

　會野州

　3/77/1557

70會骸山

　4/95/1915

80會無川

　3/80/1620

8060₇ 含

22含山縣

　6/124/2457

倉

22倉巖州

　3/71/1448

　倉山

　3/56/1155

41倉垣城

　1/1/5

43倉城（黎陽）

　3/57/1184

　倉城（故，山陽）

　6/124/2462

67倉野

　6/141/2736

8060₈ 谷

00谷鹿洲

　5/106/2104

12谷水

　1/10/185

22谷利縣

　3/81/1639

31谷河水

　6/127/2514

44谷林

　·4/96/1935

60谷口城

　2/26/563

8060₉ 畚

35畚凍山

　5/121/2416

74畚陵山

　5/121/2413

8071₇ 乞

17乞子石

　3/79/1593

32乞活城

　3/66/1343

44乞地千原

　2/37/782

8073₂ 公

12公孫弘墓

　2/27/579

　公孫弘墳

　1/18/364

公孫述女冢

　3/75/1530

公孫述墓

　3/72/1472

公孫杵臼墓

　2/47/990

　3/56/1165

22公山江水

　4/95/1911

30公安縣

　6/146/2841

公字山

　2/35/744

33公冶長墓

　1/24/497

55公井縣

　4/85/1701

67公路浦

　6/124/2462

公路澗

　1/5/74

公路臺

　1/10/188

公路城（古）

　1/16/320

公路壘

1/5/74

72公丘故城

　1/15/303

養

27養魚城

　4/91/1829

40養女嶺

　7/151/2924

8080₆ 貧

80貧人村

　3/55/1140

貪

26貪泉

　5/117/2361

　7/157/3012

8080₇ 羗

12羗水

　3/55/1141

60羗里

　3/55/1141

8090₄　余

10余吾故城
　2/45/941

43余城
　5/106/2115

86余鐸廟
　5/107/2142

8111₇　鉅

00鉅鹿郡
　3/59/1211

　鉅鹿縣
　3/59/1220

　鉅鹿澤
　3/59/1220

67鉅野澤
　1/14/280

　鉅野縣
　1/14/280

8114₆　鐔

35鐔津縣
　7/158/3043

44鐔鬱江口
　7/158/3044

8141₇　矩

32矩州
　5/120/2399

8161₇　甑

22甑山
　1/21/443
　6/131/2583

　甑山城（廢）
　6/132/2599

　甑山城（故）
　6/131/2586

8211₄　鍾

00鍾離郡
　6/128/2528

　鍾離城（古）
　6/128/2532

　鍾離縣
　6/128/2530

　鍾離眜故城
　1/22/459

12鍾水
　5/117/2364

13鍾武山

　6/147/2863

　鍾武故城
　5/115/2330

22鍾乳穴
　5/117/2368

　鍾山
　5/109/2196
　6/132/2602

　鍾山水
　2/46/965

　鍾山縣（廢）
　6/132/2602

　鍾繇臺
　1/7/129

　鍾繇墓
　1/5/83

　鍾繇墨池
　5/113/2307

30鍾官故城
　2/26/554

40鍾臺山
　5/112/2287

43鍾城（故）
　1/1/13

8280₀ 劍

12劍水
1/22/466
32劍州
4/84/1673
33劍浦郡
4/100/1996
　劍浦縣
4/100/1998
34劍池
5/106/2110
5/106/2119
　劍池水
5/109/2204
55劍井
5/107/2143
77劍閣道
4/84/1677
　劍門縣
4/84/1676

8315₀ 鐵

10鐵石山
3/80/1619
4/102/2036

鐵石巖
5/108/2185
22鐵山
1/18/356
1/18/364
1/24/498
3/76/1540
4/85/1695
4/85/1701
4/88/1748
5/107/2149
5/109/2211
25鐵牛
2/46/954
6/125/2477
27鐵船峯
5/111/2253
30鐵官山
1/20/409
33鐵冶
1/7/136
40鐵柱觀
5/106/2106
47鐵杷溪
7/169/3231
72鐵丘

3/56/1152
3/57/1176

8315₃ 錢

10錢石山
7/159/3054
40錢塘
4/93/1865
　錢塘縣
4/93/1864
80錢倉
5/107/2153

8377₇ 館

77館陶縣
3/54/1110

8412₇ 鋤

00鋤麂冢
2/26/562

8414₇ 鑊

60鑊里
6/129/2545

8416₀　鈷

87鈷鉧水
　6/127/2509
　鈷鉧山
　5/112/2277

8417₀　鉗

21鉗盧陂
　6/142/2752
22鉗川神
　6/134/2635
　鉗川縣（廢）
　6/134/2635
23鉗矣州
　3/77/1557
32鉗州
　3/79/1604
44鉗恭州
　3/77/1555
80鉗并州
　3/77/1557

8418₁　鎮

01鎮龍山
　7/171/3274

30鎮寧州
　7/168/3221
32鎮州
　3/61/1247
40鎮南縣（廢）
　7/164/3136
50鎮蛟石
　5/106/2114
80鎮念城
　7/154/2975

8471₁　饒

24饒勉縣
　7/168/3220
　7/171/3283
30饒安縣
　3/65/1332
32饒州
　5/107/2133
76饒陽郡
　3/63/1290
　饒陽故城
　3/63/1292
　饒陽縣
　3/63/1292

8490₀　斜

12斜水
　2/30/639
　6/133/2615
30斜安城
　3/67/1360
31斜江水
　3/75/1527
32斜溪嶺
　2/38/801
43斜城
　2/30/639
44斜恭州
　3/77/1556
71斜階山
　7/159/3054
80斜谷
　2/27/584
　2/30/638
　斜谷路
　6/133/2612

8612₇　錦

25錦繡洲
　5/120/2391

錦繡谷
　5/111/2251
32錦州
　8/闕逸/3867
39錦沙村
　4/95/1913
43錦城
　3/72/1469
77錦屏山
　5/107/2159
80錦鏡峽
　7/151/2921

錫

12錫水
　6/144/2799
22錫山
　3/56/1162
32錫溪水
　7/161/3084
80錫義山
　6/143/2782

錫

12錫水
　3/56/1156

80錫盆水
　3/56/1156

8614₁ 鐸

44鐸落泉山
　2/36/761

8660₀ 智

32智州
　7/168/3220
50智本縣
　7/168/3220

8711₀ 鉏

43鉏城（故）
　3/57/1182

8712₀ 釣

12釣磯石
　5/111/2263
　釣磯山
　5/106/2102
14釣璜浦
　2/25/530
22釣山
　5/106/2119

40釣臺
　5/112/2282
　6/123/2445

鉤

27鉤盤河
　3/65/1329
　鉤般河
　3/64/1314
32鉤州
　3/79/1597
43鉤弋陵
　2/31/668
89鉤鎖壘
　1/5/74

鈞

40鈞臺
　1/7/133
　5/107/2146

銅

10銅石山
　7/167/3192
　銅石江
　7/164/3143

18銅務冶

　1/21/446

22銅鼎溪

　7/157/3016

　銅山

　4/94/1890

　4/97/1950

　5/105/2081

　5/105/2090

　5/107/2149

　5/117/2368

　6/130/2574

　7/158/3042

　銅山城（廢）

　3/77/1561

　銅山縣

　3/79/1597

　4/82/1653

25銅牛山

　4/96/1928

27銅盤山

　3/76/1544

　4/87/1727

　7/168/3214

　銅盤灘

　5/118/2378

銅船湖

　7/169/3229

　7/171/3271

30銅官川

　2/31/669

　銅官山

　3/73/1489

　3/75/1524

　3/76/1538

　4/82/1654

　4/94/1887

　5/114/2321

　6/128/2526

　銅官趙監廟

　4/94/1889

32銅溪

　4/98/1967

33銅梁山

　6/136/2656

　銅梁縣

　6/136/2658

40銅柱

　7/171/3271

　銅柱灘

　5/120/2391

43銅城

　6/123/2449

　銅城（廢）

　6/129/2551

　銅城山

　7/151/2920

44銅鼓瀨

　7/165/3162

　銅鼓山

　4/88/1748

　6/139/2713

　銅蔡縣

　7/171/3278

46銅鞮水

　2/45/943

　2/50/1045

　銅鞮山

　2/50/1044

　銅鞮城

　2/50/1045

　銅鞮縣

　2/50/1044

47銅坎

　4/91/1826

55銅井

　1/3/49

　銅井山

6/128/2527

71銅馬祠

　3/59/1220

74銅陵縣

　5/105/2089

　7/158/3042

76銅隄江

　7/170/3257

78銅馳街

　1/3/53

90銅雀臺

　3/55/1136

　3/55/1139

87127 鍋

26鍋泉巖

　5/109/2204

87132 銀

22銀川郡

　2/38/802

　銀山

　4/89/1759

　5/107/2146

　銀山縣（廢）

　3/76/1540

31銀江水

　7/162/3102

32銀州

　2/38/802

43銀城縣

　2/38/808

80銀谷

　2/46/967

87161 鉛

22鉛山

　5/107/2158

　鉛山縣

　5/107/2158

30鉛穴山

　7/158/3044

87182 欽

24欽化縣

　7/168/3217

31欽江水

　7/167/3202

　欽江縣（廢）

　7/167/3202

32欽州

　7/167/3200

歙

32歙州

　5/104/2058

62歙縣

　5/104/2059

87227 邠

32邠州

　2/34/718

鄶

43鄶城（故）

　3/64/1309

鶒

32鶒州

　7/166/3176

87420 朔

00朔方水

　2/37/786

　朔方郡

　2/37/783

　朔方縣

　2/37/785

22朔山
　　5/113/2306
32朔州
　　2/51/1066

87427　鄭

00鄭玄墓
　　1/24/504
12鄭水
　　1/9/167
26鄭白二渠
　　2/31/661
　鄭泉
　　2/31/665
32鄭州
　　1/9/165
60鄭國渠
　　2/31/667
62鄭縣
　　2/29/614
80鄭谷墓
　　5/109/2200
　鄭公鄉
　　1/18/364

87520　翔

77翔鳳山
　　7/158/3035

87620　卻

77卻月城
　　6/131/2585
　　6/144/2803

87622　舒

00舒庸城
　　6/126/2500
10舒王廟（古）
　　6/126/2499
27舒鮑城
　　6/126/2500
32舒州
　　6/125/2472
43舒城縣
　　6/126/2499
47舒鳩城
　　6/126/2499

87627　郘

44郘芮墓

1/6/98

郘

76郘陽縣
　　2/28/596

鄐

43鄐城（故）
　　1/23/485

鄑

12鄑水
　　1/5/70
43鄑城（古）
　　1/9/171

鄱

32鄱州
　　7/151/2922
43鄱城縣
　　7/151/2925
76鄱陽縣
　　2/51/1068

88101　䇑

88䇑篌城

372

1/2/28

8810₈ 笠

36笠澤
　4/91/1828
　4/94/1883
　4/94/1894

8811₇ 筑

12筑水
　6/143/2786
　6/145/2818

8812₇ 筜

32筜州
　3/79/1603
　5/106/2117

8821₁ 筦

32筦州
　3/78/1582
42筦橋
　3/72/1465
　3/72/1466
　筦橋水
　3/72/1466

籠

12籠水
　1/19/377
32籠州
　7/166/3176
　7/171/3283
47籠都縣
　7/164/3144
80籠羊州
　3/77/1556

8822₀ 竹

10竹王廟
　3/75/1525
　4/85/1700
12竹水
　2/25/529
　2/29/615
17竹子場
　6/124/2465
22竹山
　2/29/616
　竹山縣
　6/143/2786
26竹皇祠

　7/162/3104
44竹林堂
　6/146/2838
60竹里山
　4/90/1795
　竹邑
　1/15/298
71竹馬府
　2/40/846
88竹管峒
　5/108/2177

8822₁ 箭

22箭山溪
　5/117/2368
52箭括嶺
　2/33/710
　箭括山
　2/33/708
80箭谷水
　2/29/615
88箭韘谷
　7/150/2901
　箭筈嶺
　2/34/722

8822₇　笏

22笏山
5/116/2354

第

10第五山
7/152/2937

簡

30簡寂觀
5/111/2256

32簡州
3/76/1536

76簡陽嶠
7/166/3181

8824₃　符

00符度山
6/125/2478

符離郡
1/17/326

符離縣
1/17/328

12符水
6/140/2724

60符禺山
2/29/616

76符陽郡
6/140/2718

符陽縣
6/140/2724

8832₇　篤

26篤泉橋
3/72/1465

8834₁　等

80等慈寺
3/52/1081

8841₄　籬

36籬渭縣
3/81/1635

8844₁　筓

11筓頭山
2/32/692
2/33/704
3/69/1398

8850₇　箏

88箏笛浦
6/126/2492

筆

35筆溝
1/1/13

37筆冢
5/116/2350

8860₄　箬

12箬水
4/94/1892

32箬溪
4/94/1894

8871₁　筐

60筐園子務
7/150/2910

8871₃　箧

22箧山
3/65/1332

8872₇ 節

8872₇ 節

00 節度石
　　5/112/2282
40 節女山
　　1/18/362

8874₁ 鉼

鉼
　　1/24/498

餅

89 餅餤山
　　6/142/2763

8877₇ 管

25 管仲墓
　　1/18/358
　　管仲井
　　1/13/254
30 管寧墓
　　1/24/500
32 管涔山
　　2/41/874
43 管城縣
　　1/9/167

57 管輅祠
　　3/64/1309

8879₄ 餘

00 餘慶場
　　6/130/2570
10 餘干水
　　5/107/2141
　　餘干山
　　5/107/2140
　　餘干縣
　　5/107/2140
　　餘不溪
　　4/94/1889
　　4/94/1897
37 餘漁浦
　　4/94/1895
40 餘杭郡
　　4/93/1861
　　餘杭山
　　4/91/1827
　　4/93/1868
　　餘杭縣
　　4/93/1867
42 餘姚郡
　　4/98/1958

餘姚江
　　4/96/1935
餘姚縣
　　4/96/1934
44 餘英溪
　　4/94/1889
66 餘禺溪
　　4/94/1895

8880₁ 箕

00 箕
　　1/24/502
17 箕子冢
　　1/12/222
22 箕山
　　1/5/76
　　1/18/352
　　2/44/924
　　6/124/2463
43 箕城(古)
　　2/44/927
80 箕谷水
　　2/30/641

8884₀ 斂

77 斂具縣

　　3/81/1633

8884₇　簸

88簸箕城

　　1/2/26

8890₃　繁

26繁泉

　　3/57/1179

60繁昌城

　　1/7/130

　　繁昌縣

　　5/105/2084

64繁畤縣

　　2/49/1030

76繁陽故城

　　3/54/1114

8890₄　築

12築水

　　6/143/2785

8894₀　敘

32敘州

　　8/闕逸/3867

8896₁　籍

02籍端水

　　7/153/2960

62籍縣

　　4/85/1695

8912₇　銷

10銷夏灣

　　4/91/1822

9000₀　小

00小廬山

　　5/109/2209

01小聾山

　　3/80/1613

07小部川縣

　　3/81/1634

10小霍山

　　6/129/2554

　　小平縣城

　　1/5/68

　　小天台山

　　3/65/1333

　　小石山

　　6/123/2448

　　小石井

　　5/107/2159

　　小雷山

　　4/94/1882

　　小雷宮

　　6/123/2444

　　小雷岡

　　5/107/2136

　　小可慕山

　　3/75/1526

12小水
　5/121/2410

　小孤山
　5/111/2258

13小武緣水
　7/166/3174

17小翮山
　3/71/1429

21小伍山
　6/132/2595

22小川縣
　3/78/1582

23小峨眉山
　3/74/1511

25小積石山
　7/154/2970

26小白瀨
　4/94/1896

　小泉務
　7/150/2910

27小黎山
　3/79/1594

30小塞門川水
　2/35/737

　小漳水
　2/45/943

小潼津
　4/84/1675

小寧城
　3/71/1429

小安溪
　6/136/2658

31小濡水
　3/70/1418

32小溪縣
　4/87/1727

33小心山
　4/92/1847

34小汝水
　1/10/191

　小婆娑山
　4/87/1732

36小湘江
　7/162/3101
　7/162/3106

37小泥淀
　3/67/1365

　小潊水
　1/7/135

　小郎水
　1/5/80

40小力川

　2/38/802

小力山
　2/38/802

小赤水
　2/29/615

小女水
　1/11/210

41小坯山
　4/92/1847

44小蘭山
　4/92/1847

　小蒙故城
　1/12/221

　小葭蘆水
　2/38/811

　小黄山
　6/142/2759

　小黄城
　1/1/10

　小黄園
　1/1/10

　小黄縣
　1/1/12

　小蒜谷
　2/48/1014

46小槐里

2/27/585

47 小帆山

　　6/123/2448

　小殺谷

　　7/151/2919

50 小史港

　　6/126/2492

　小史埭（廢）

　　6/129/2549

50 小東城（廢）

　　6/128/2532

57 小鄠江水

　　4/82/1654

60 小易城

　　3/70/1414

　小景山

　　6/135/2644

　小羅井

　　4/85/1698

62 小別山

　　6/132/2598

70 小防山

　　3/69/1401

71 小隴山

　　2/32/688

　　7/150/2901

小陘山

　1/9/173

小長安城

　6/142/2754

74 小騎城

　4/94/1896

75 小陳留城

　1/1/11

77 小几山

　1/18/363

小肥陵縣（廢）

　6/129/2549

小巴嶺

　6/140/2720

80 小金臺

　3/67/1361

82 小劍水

　4/84/1677

小劍城

　6/135/2649

87 小銅山

　6/130/2574

小銅梁

　3/74/1511

99 小勞山

　1/20/421

9003₂ 懷

10 懷玉山

　5/107/2155

17 懷柔縣

　3/71/1440

20 懷集縣

　7/157/3017

21 懷仁山

　1/22/466

懷仁故城

　1/22/466

懷仁縣

　1/22/466

24 懷德郡

　7/163/3119

懷德城

　2/28/601

懷德故城

　2/31/661

懷德縣（廢）

　2/39/825

　7/163/3120

27 懷歸縣（廢）

　4/82/1651

30 懷寧縣

6/125/2474

懷安故城
5/103/2050

懷安軍
3/76/1542

懷安縣
4/100/1996

懷安縣（廢）
2/33/710

32懷州
3/53/1091

34懷遠水
7/158/3036

懷遠縣（廢）
2/36/763

懷遠鎮
2/36/768

36懷澤郡
7/166/3177

懷澤縣（廢）
7/166/3178

38懷道郡
7/155/2987

懷道縣
7/155/2988

50懷蛟水

5/107/2138

53懷戎縣
3/71/1428

62懷縣城（故）
3/53/1098

72懷丘
1/10/189

74懷驩縣
7/171/3275

恢

00恢
1/20/413

9010₄　堂

12堂水
1/12/223

60堂邑故城
3/54/1119

堂邑縣
3/54/1119

76堂陽縣
3/63/1288

9020₀　少

12少水

2/50/1050

22少山
2/50/1052

33少梁城
2/28/601

38少海
1/18/353

43少城
3/72/1467

44少華山
2/29/615

少林寺
1/5/74

74少陵原
2/25/523

76少陽山
2/50/1048

9021₁　光

13光武廟
1/10/187

光武碑
3/60/1234

光武祠
6/142/2764

光武臺

1/10/191

6/142/2757

光武故址

6/144/2798

16光碧堂

3/55/1140

22光山縣

6/127/2512

24光化軍

6/145/2821

光化縣

6/144/2799

32光州

6/127/2510

36光澤縣

4/101/2019

38光汾宮

6/123/2444

43光狼城

2/44/919

67光明砂井

8/闕逸/3866

9021₄ 雀

77雀鼠谷

2/41/870

2/41/868

9022₇ 尚

30尚安縣（廢）

6/134/2635

34尚婆水

6/134/2629

50尚書臺

1/7/131

尚書塘

4/102/2031

尚書塢

4/96/1930

常

04常熟縣

4/91/1828

10常平縣

3/81/1635

22常山

1/24/497

常山大龜

3/61/1250

常山故城

3/61/1257

常山郡

3/61/1247

常山縣

4/97/1947

常樂縣

7/153/2960

27常緣寺

5/106/2106

30常寧縣

5/115/2332

常安水

7/162/3106

31常渠水

6/137/2673

32常州

4/92/1839

常溪水

2/49/1027

44常芬縣

7/155/2986

常林縣（廢）

7/167/3192

77常風山

4/98/1965

9023₂ 豢

01豢龍城

1/7/130

1/8/151

豢龍井

1/9/163

9033₁ 黨

32黨州（廢）

7/165/3155

9043₀ 尖

22尖山

3/56/1158

9050₀ 半

10半石山

1/5/73

36半湯山

6/126/2494

60半日村

2/29/624

71半馬澗

1/5/73

9050₂ 掌

10掌天山

4/84/1680

4/86/1717

9060₂ 省

37省宛谷

2/44/919

9060₆ 當

21當仁州

3/77/1557

22當利浦

6/124/2455

當利故城

1/20/417

32當州

3/81/1637

38當塗山城（古）

6/128/2532

當塗縣

5/105/2079

43當博縣

3/78/1582

當城縣（漢）

2/49/1035

50當夷縣

7/155/2982

60當品州

3/77/1556

71當馬州

3/77/1555

76當陽縣

6/146/2847

當陽阪

6/146/2848

9071₂ 卷

12卷水

3/56/1156

43卷城（故）

1/9/170

9080₀ 火

22火山

1/20/419

2/45/938

2/49/1033

2/50/1055

7/164/3142

火山軍

2/50/1055

55火井

3/75/1524

6/139/2710

火井縣

　　3/75/1526

9080₉ 炎

00炎帝廟

　　2/44/919

32炎州

　　3/78/1580

9083₁ 燋

22燋崖山

　　6/134/2629

9090₄ 棠

28棠谿

　　1/11/203

28棠谿

　　1/7/135

45棠棣碑

　　1/3/50

米

22米川水

　　7/155/2985

　米川州

　　3/77/1561

米川縣

　　7/155/2984

　米山

　　2/44/918

　　5/106/2119

9093₂ 糠

11糠頭山

　　7/169/3228

9101₃ 愜

22愜山

　　3/54/1107

9101₆ 恒

22恒山

　　3/60/1233

　　3/62/1276

55恒農縣

　　1/6/110

9202₁ 忻

22忻川水

　　2/42/889

32忻州

　　2/42/887

43忻城郡

　　7/171/3280

　忻城縣

　　7/168/3218

　　7/171/3280

9280₀ 剡

32剡溪

　　4/96/1933

62剡縣

　　4/96/1932

9281₈ 燈

40燈壇山

　　4/98/1965

9408₁ 慎

17慎子墓

　　1/13/260

32慎州

　　3/71/1438

43慎城（古）

　　6/126/2494

62慎縣

　　6/126/2493

　慎縣故城

1/11/211

9481₁　燒

50燒車水
　1/8/150

9501₀　性

22性山
　7/169/3228

9503₀　快

53快蛇水
　7/161/3090

9596₆　糟

72糟丘
　3/56/1157

9682₇　煬

24煬岐山
　5/109/2201

9691₄　糧

88糧餘山
　2/29/621

9705₆　惲

80惲全湯
　6/127/2517

9721₄　耀

22耀川州
　3/77/1558

32耀州
　2/31/658

9722₇　鄝

12鄝水
　6/138/2695

鄝水縣
　6/138/2695

22鄝山
　6/138/2695
　6/138/2696

鄝山郡
　6/138/2693

鄝山縣
　6/138/2695

9782₀　爛

41爛柯山

7/159/3058
7/150/2909

9782₇　郟

17郟子廟
　1/17/336

43郟城（古）
　1/17/335

9785₄　烽

80烽倉故城
　1/13/250

90烽火山
　6/125/2482

9788₂　歘

47歘起冢
　3/66/1343

9801₆　悦

27悦般都督府
　7/156/3001

32悦州
　3/79/1602

悦州江水
　4/88/1742

34悅池
　　6/136/2658
43悅城縣（廢）
　　7/164/3135

98717 鼀

32鼀洲
　　5/105/2084
　　5/107/2138

98840 燉

96燉煌郡
　　7/153/2954
　　燉煌縣
　　7/153/2956

98927 粉

12粉水
　　3/72/1465
　　6/145/2818
43粉城
　　6/143/2786

99227 瞥

10瞥石縣
　　7/164/3145

99232 祭

36祭澤
　　1/9/168
　　祭澤縣
　　1/9/168
76祭陽郡
　　1/9/165
　　祭陽縣
　　1/9/172

99427 勞

32勞州
　　5/120/2399
41勞梗溪
　　7/160/3069

99606 營

11營頭戌
　　4/100/1994
12營水
　　5/116/2343
　　5/116/2349
22營山
　　6/139/2713
32營州

3/71/1431
38營道山
　　5/116/2343
　　營道縣
　　5/116/2343
43營城
　　1/19/386
55營井
　　4/85/1696
72營丘
　　1/18/356
　　營丘城
　　3/71/1434
　　營丘城（古）
　　1/18/366

99809 熒

00熒庭城（古）
　　2/47/991
40熒臺山
　　2/50/1054

99904 榮

21榮經水
　　3/77/1554
　　榮經縣

3/77/1554

24榮德山

4/85/1700

榮德縣

5/122/2426

32榮州

4/85/1698

47榮懿縣

5/122/2427

□

00□□（静戎軍）

3/68/1384

□□（石埭）

5/105/2089

□□（銅陵）

5/105/2090

□□□（無極）

3/60/1239